霸道优雅
法国商业200年

陈润 / 著

中华工商联合出版社

图书在版编目（CIP）数据

霸道优雅：法国商业 200 年/ 陈润著. -- 北京：

中华工商联合出版社，2017. 2

（全球商业史）

ISBN 978 - 7 - 5158 - 1888 - 7

Ⅰ. ①霸… Ⅱ. ①陈… Ⅲ. ①商业史—法国 Ⅳ. ①F735. 659

中国版本图书馆 CIP 数据核字（2016）第 321716 号

霸道优雅：法国商业 200 年

| 作　者：陈　润 |
| 出品人：徐　潜 |
| 策划编辑：李红霞 |
| 责任编辑：李红霞 |
| 封面设计：周　琼 |
| 责任审读：郭敬梅 |
| 责任印制：迈致红 |
| 出版发行：中华工商联合出版社有限责任公司 |
| 印　　刷：廊坊市印艺阁数字科技有限公司 |
| 版　　次：2017 年 5 月第 1 版 |
| 印　　次：2022 年 6 月第 2 次印刷 |
| 开　　本：710mm×1000mm　1/16 |
| 字　　数：230 千字 |
| 印　　张：16. 5 |
| 书　　号：ISBN 978 - 7 - 5158 - 1888 - 7 |
| 定　　价：62. 00 元 |

服务热线：010 - 58301130
销售热线：010 - 58302813
地址邮编：北京市西城区西环广场 A 座
　　　　　19 - 20 层，100044
http：//www. chgslcbs. cn
E—mail：cicap1202@ sina. com（营销中心）
E—mail：gslzbs@ sina. com（总编室）

工商联版图书

"全球商业史"总序：
世界历史就是一部全球商业史

一

全球商业史的起源可以追溯到公元前 3000 年，美索不达米亚人遵循商业约定，苏美尔人在幼发拉底河和底格里斯河做生意的过程中建立起契约精神，连当时的亚述人都遵从合约。腓尼基人和雅典人带着这类商业机制漂洋过海，推动地中海沿岸商人信守契约。不过，公司的发明却属于罗马人，他们还想出部分公司法的原始概念，整合家族资源以合伙方式建立公司，聘用专业人士管理决策。

罗马帝国衰亡后，商业中心转往东方。在此后数百年间，商业史的演进与海权争霸、大国崛起的路径密不可分。哥伦布、麦哲伦、达·伽玛等航海家相继发现新大陆的背后，是东印度公司、莫斯科公司、哈德逊海湾公司、非洲公司、维吉尼亚公司、马萨诸塞公司等商业机构与政府联手掘取财富的雄心，政治家大国崛起和商人富可敌国的梦想高度一致，并同步实现。由此，葡萄牙、西班牙、荷兰、英国、法国、德国、美国、日本通过海战称霸和殖民统治迈入强国之列。

16 世纪之后，葡萄牙和西班牙以航海冒险野蛮掠夺率先崛起。信用体系和市场经济健全的荷兰后来居上。法国靠霸道和优雅独领风骚，时尚风潮席卷全球。英国借工业革命和科技创新傲视群雄两个世纪。美国诞生于殖民掠夺之中，却在 1776 年建国后的两百多年引领全球商业发展。日本称雄的起点是 1853 年因"黑船事件"被迫开国，由此走上"脱亚入欧"和富民强国之路。统一的德意志帝国直到 1871 年才建立，先后两次挑起世界大战，每次都因失败衰落却又迅速复兴，"工业精神"是长盛不衰的基因。

从这个意义来说，世界历史就是一部全球商业史。

纵观当今时势，全球商业引擎还是美国。IBM 和惠普的崛起意味着计算机时代到来，此后的互联网浪潮则催生出一批财富新贵，美国人始终以科技创新和商业变革掌控全球经济走向和财富命脉。与此同时，在 20 世纪 80 年代，有"亚洲四小龙"之称的韩国、新加坡、中国台湾、中国香港的经济腾飞震惊全球，中国以改革开放厚积薄发，并与巴西、俄罗斯、印度等新经济体一起飞速增长。这时候，大量跨国企业诞生，经济全球化和互联网化打破时间和空间界限，万象更新。

共享与多赢成为新时代的商业主流，跨界融合不断增强，爆炸式增长成为常态，大公司以多元化和国际化做大做强的传统路径被颠覆，新型企业以并购换时间，以扩张换空间，其诞生十年的规模和市值往往能超过老牌公司百年的积累，行业巨头轰然坍塌的悲剧与日俱增，王者更替的频率越来越快，许多百年企业盛极而衰，亡也忽焉。

尽管商业思维和经营规则正发生急剧变化，但将视野放大到全球格局与千年长河，有些规律始终未变，比如契约精神、信用体系、创新观念、商业逻辑、管理思想等。商业史如悠悠长河，波涛滚滚向前，时代变局与技术革命不断孕育新的繁荣，也泯灭昔日荣光，兴勃衰亡的故事每日上演。

二

全球商业史是一部大公司发展史，也是一部顶级企业家的创业史、成长史。

观察全球千亿美元市值公司的创业、变革史是研究全球商业史的重要方法之一。实际上，这套"全球商业史"系列图书中所讲述的诸多公司及其创始人，都在这全球千亿美元市值企业的研究范围之内。

1366 年，一家名叫邓翁的私人啤酒作坊在比利时鲁汶市创办。这一年，意大利的乔凡尼·德·美第奇年仅 6 岁，31 年后美第奇银行横空出世；欧洲最古老的私人公司斯道拉恩索获得瑞典皇家特许权已 19 年，特权带来的垄断资源令人艳羡。

在那个年头，包括邓翁啤酒、美第奇、斯道拉恩索在内，全球商业的主流是专卖权和特许经营，市值最大的公司都依附于统治权力之下，只是命运各有不同。邓翁啤酒在此后 600 多年间不断并购、重组、扩张，逐渐发展成拥有 300 多个品牌、成千上万家酒厂的百威英博公司，2014 年以 1 789 亿美元成为全球千亿美元市值企业中历史最久远的一家。

在此期间，1668 年诞生的默克公司至今基业长青，弗雷德里克·雅各布·默克收购德国法兰克福南 40 公里达姆施塔特的"天使药房"是这家企业的开端，后来由制药到化工，历三四百年风雨，市值 1 696 亿美元。

1781 年，第一家纯由美国人创办的公司北美银行诞生，3 年后，美国银行的前身马萨诸塞州银行创立，到 2014 年已创下 1 625 亿美元市值。不过，当时最热门的还不是银行业，到 1800 年全美境内 335 家商业公司中，从事运河及收费桥梁、公路的运输公司最多，银行业次之，制造与贸易仅占 4%。

此后，自 1800 年至 2016 年的两百多年里，全球大企业的发展变迁史一共经历过六次大的浪潮。

第一次浪潮出现在 1847—1852 年。1847 年，维尔纳·冯·西门子和机械师约翰·乔治·哈尔斯克共同创造西门子公司的前身西门子·哈尔斯克电报机制造公司，生产由西门子本人设计的指针式发报机。同一年，菲利普·莫里斯在伦敦邦德街开办一家出售烟草和卷烟的烟草店，经过半个多世纪的流转，1919 年被美国股东收购，5 年后万宝路诞生。1849 年，查尔斯·辉瑞向父亲借 2 500 美元，与表哥查尔斯·厄哈特在纽约曼哈顿一座红砖小楼里建立查尔斯·辉瑞公司，生产碘酒制剂、柠檬酸及驱虫塔糖等。三年之后，亨利·威尔斯及威廉姆·法高在加利福尼亚州旧金山创办威尔斯法高银行（富国银行），从事速递服务和银行业务。

英国第一次工业革命从 18 世纪 60 年代开始，到 19 世纪 40 年代基本完成，但菲利普·莫里斯公司的诞生与此并无关联，倒是能侧面反映鸦片战争的时代因由。西门子诞生时，法拉第提出发电机理论基础已有 16 年，尽管以电力广泛运用为标志的第二次工业革命尚未到来，但德国正处在技术革新和发明狂热的社会变革期。包括默克公司在内的全球最早的制药领先企业都诞生于莱茵河流域，辉瑞两位创始人生于德国，19 世纪 40 年代初期到美国发展，制药技术和商品化能力都是优势。富国银行成立于美国淘金热时期，安全可靠的运送和方便快捷的汇兑是发迹重要原因。总体而言，四家巨头在五年内密集诞生，并没有明显的共同特征和因由。

第二次浪潮出现在 1882—1886 年。1882 年，石油大王洛克菲勒通过多年兼并与收购建立标准石油公司，这是美国乃至全球首家现代托拉斯企业，埃克森美孚公司即脱胎于此。第二年，哥德利布·戴姆勒创办戴姆勒公司，1886 年他将发动机安装在四轮马车上获得成功，世界上第一辆四轮汽车因此诞生。1885 年 12 月，美国亚特兰大的药剂师约翰·彭伯顿与三个合伙人成立彭伯顿化学公司，四人享有均等股份，这就是后来的可口可乐公司。1886 年，担任过战地医疗工作的罗伯特·伍德·强生将军与两个弟弟一起，在美国新泽西州的新布鲁斯威克创建强生公司，生产无菌外科敷料。

这段时期正是美国的"镀金时代"（1877 年到 1893 年）。南北战争之后，钢铁、铁路、石油等行业都得到井喷式的发展，洛克菲勒的财富狂飙就受益于此。英国医生约瑟夫·李斯特在南北战争时发现手术室内通过空气传播的细菌，这正是罗伯特·伍德·强生创业的理论基础。可口可乐源于古柯葡萄酒，19 世纪中期美国开始约束酗酒，彭伯顿为避开禁酒令的限制而改良成糖浆饮料上市销售。戴姆勒是四家公司中唯一的非美国企业，1867 年，德国工程师奥托制造出往复活塞式四冲程内燃机，十年后他宣布放弃四冲程内燃机专利，这是戴姆勒诞生的重要契机和德国汽车工业腾飞的历史性事件。

第三次浪潮出现在 1909—1912 年。1909 年，威廉·诺克斯·达西建立英国波斯石油公司，这就是英国石油公司的前身。1911 年，华尔街金融家弗林特投资霍列瑞斯的 CTR 公司，3 年后托马斯·约翰·沃森加入，十年后更名为国际商业机器公司（IBM）。1912 年，中国银行与联邦银行这两大金融机构分别在中国和澳大利亚成立，前者是中华民国成立后的改组产物，后者成立后 50 年间也曾担负中央银行的职能。

与前三次浪潮明显不同，从第四次浪潮开始，千亿美元市值企业每次集中出现都具有明显的行业、国家特征，我们可以据此捕捉到历次浪潮带来的变革与机遇。

第四次浪潮出现在 1975—1978 年。1975 年，比尔·盖茨与保罗·艾伦在华盛顿州的雷德蒙德市创办微软。第二年愚人节那天，史蒂夫·乔布斯与史蒂夫·沃兹尼亚克、龙·韦恩一起创办苹果电脑公司。又一年，拉里·埃里森与鲍勃·迈纳、爱德华·奥茨在硅谷创办软件开发实验室（甲骨文公司前身）。美国连续三年诞生三家全球顶级高科技公司，与以电子计算机发展为代表的"第三次工业革命"（信息革命）密不可分，而 1971 年纳斯达克资本市场问世也起到推波助澜的作用。另外，Visa 与家得宝分别创办于 1976 年、1978 年，二者所处的金融与零售、快消依然是美国的创业热土。值得注意的是，这五家企业都诞生于美国，从某种程度上意味着商业史已悄然进入美国称霸的时代。

第五次浪潮接踵而至，出现在 1984—1987 年，与第四次浪潮之间没有年代分际。1984 年，中国工商银行成立，承担起原中国人民银行的工商信贷和储蓄业务。同一年，在大洋彼岸的美国，斯坦福大学的昂纳德·波萨克和桑德拉·勒纳夫妇创办思科系统公司。第二年 7 月，52 岁的艾文·马克·雅各布与安德鲁·维特比等 6 位朋友创办高通，在无线通讯领域独步天下。1987 年，吉利德科学公司在加利福尼亚州诞生，从事药品开发和销售。同年，美国德州仪器公司的三号人物张忠谋回到台湾，在新竹科学园区创办台湾积体电路制造公司（台积电）。

五家企业有三家是通信、半导体所在的高科技领域，而且分属于美国和中国（包括台湾地区）。1984 年后来被称为"中国公司元年"，联想、海尔、万科等一大批大公司都在这一年成立，而美国的思科、戴尔、高通等也诞生于 1984 年，这似乎预示着中国已赶上全球商业潮流，而且在下一次浪潮到来时会有更大的爆发。

第六次浪潮出现在 1998—2000 年，这是时间离今天最近、千亿美元市值公司出现最多的一次，两年间有 8 家公司密集问世。1998 年底，腾讯与阿里巴巴先后诞生，中国互联网领域的两大巨头自此笑傲江湖，两个月之前，拉里·佩奇和谢尔盖·布林租用朋友的车库创办谷歌。1999年、2000年，中国石油与中国移动相继成立，这两家巨型央企都是中国国企改制的时代产物，为2001年中国加入WTO提前布局。1999年，德国的赫司特与法国的罗纳普朗克合并成立赛诺菲－安万特公司。第二年，另一家生物医药公司葛兰素史克由因葛兰素威康与史克合并而成。同一年，美国的贝尔大西洋公司与GTE合并成立威瑞森。

这8家公司，中国企业占据半壁江山，互联网企业又二分其一。美国企业有两家，分别为互联网、通信行业。英法两国各占一家，都是生物医药公司。以此观之，那几年在全球范围流行的"中国崛起"的说法并非毫无根据，敏锐的商业观察家已经洞悉未来世界格局。从商业趋势来看，并购已成为企业做强做大的重要途径，全球化时代已经到来。

六次浪潮已基本描绘出近几百年间全球商业史的流变曲线，将时代变革、商业趋势和国家实力的沉浮起落速写呈现。不过，浪潮之外，如果将全球大企业发展史与更多权威排行榜数据相联系、对比，还会有更隐秘的商业逻辑浮出水面。

三

纵观2014年全球69家千亿美元市值企业，美国以34家独霸榜首，中国以9家位居次席，英、德两国各占5家，瑞士3家，荷兰、法国、澳大利亚各两家，日本、韩国、印度、比利时、丹麦、西班牙、巴西各有一家企业入选。

在全球69家千亿美元市值企业中，诞生于19世纪之前的仅有百威英博、默克、美国银行三家，数百年长盛不衰的秘密与所处行业有莫大关系，这三者所在的零售快消和生物医药以及金融至今仍是热门领域。

在千亿美元市值公司榜单中，金融和生物医药、能源矿业、零售快消分别以 14 家、10 家、10 家、8 家位居前四位行业。这种惊人的一致绝非巧合，背后蕴含的商业法则和经济规律值得探究。

以千亿美元市值企业数量与国家经济发展水平关联度来看，虽然不是严格对应，但基本相符。根据国际货币基金组织 2014 年 4 月 8 日公布的 2013 年世界各国 GDP 排名显示，位列前十位的分别为美国、中国、日本、德国、法国、英国、巴西、俄罗斯、意大利和印度。千亿市值企业数量与 GDP 排名前四位有三个相同，美国、中国、德国，这说明只有经济强国才能造就高市值公司，反之亦然。不过，日本与英国的这两项数据形成较大反差，也说明大量非高市值企业也可以成就经济强国，但市场经济一定发达。俄罗斯、意大利 GDP 高却无千亿市值企业，而瑞士、荷兰、澳大利亚、韩国等却相反，这与国土面积、人口基数等有直接关系，大国小企和小国大企的现象还将长期存在。

世界 500 强企业是千亿美元市值企业的摇篮，两者之间的对比或许更能反映各国的经济结构和企业实力。2014 年 7 月 7 日《财富》世界 500 强排行榜发布，美国有 128 家企业上榜，中国 100 家，其后分别为日本 57 家、法国 31 家、德国 28 家、英国 27 家、韩国 17 家、瑞士 13 家、荷兰 12 家。这项排名与世界 GDP 排名更吻合，前六位基本一致，只是德国与法国互换位置。与千亿美元市值企业榜单对照，更能体现日本、法国、韩国的世界 500 强企业多而千亿市值企业少，说明这些国家很多行业的市场集中度不高，而瑞士、荷兰更均衡。

从千亿美元市值企业榜单、世界 GDP 排行以及世界 500 强排行三项数据对比分析，不难发现经济发展水平越高、世界 500 强越多的国家千亿美元市值企业越多，同样，没有哪个国家企业发展水平低、市值规模小而经济发达，三者之间是互相促进、发展的因果联系。

从行业分布来看，全球69家千亿美元市值企业中，金融以14家位居第一，能源矿业与生物医药各以10家并列第二，其后是零售快消8家，互联网、通信各5家，多元制造、汽车各3家，消费电子、软件服务、半导体、传媒、烟草各2家，化工1家。将这组数据结合时代变迁来看，在过去六七百年间，金融、能源矿业、生物医药、零售快消四大领域长盛不衰，因为流动性、同质性高，容易形成寡头地位，形成高溢价。互联网、通信两大新兴产业因后来居上，汽车等制造业有所下滑，传媒、烟草、化工等传统产业已今非昔比。

2014年世界500强榜单也印证了这一点，以银行为代表的金融业55家，炼油企业40家，车辆与零部件33家，其后分别是采矿、原油生产、食品店和杂货店以及人寿与健康保险、电信等，半导体、软件等行业位居末席。虽然行业划分标准略有不同，但金融、能源矿业、零售快消、生物医药依然是强势行业。因此，世界500强与千亿美元市值公司的主要行业没有太大变化。

与GDP排名和世界500强排行榜一样，千亿美元市值企业发展史也是商业潮流和经济趋势、投资方向的晴雨表、风向标，真实反映国家经济实力和产业分布格局。如果延伸到更长远的历史跨度去考量，这就是一张近代全球商业史最珍贵的底片。

同样，以史为鉴，思辨得失，总结规律，这正是"全球商业史"系列图书的首要意义和价值所在。

陈　润

2017年1月18日凌晨于北京

序　言
法国企业家精神：霸道与优雅

一

法国最有象征意义的建筑，不是埃菲尔铁塔、罗浮宫、凯旋门或者巴黎圣母院，而是先贤祠。这里安放着法国的灵魂，是法国民族精神的殿堂。

先贤祠坐落在巴黎市中心塞纳河左岸的拉丁区，建于 1791 年，1885 年被正式确定为伟人安葬之处。包括伏尔泰、卢梭、雨果、居里夫人、大仲马等在内，共有 72 位享誉全球的伟人皆长眠于此。2014 年 2 月，法国总统弗朗索瓦·奥朗德宣布四名第二次世界大战时期的国家英雄入葬此地。法国人对进入先贤祠的荣耀秉承严苛而审慎的态度，若发现瑕疵，即便已然安葬也会被"请出去"，巴尔扎克、莫泊桑、缪塞、莫奈等呼声甚高的人物至今仍无资格。

在先贤祠正面的山墙上，刻有一句话："先贤祠，伟人在这里安息。"在正殿的廊柱上，镌刻着："伟人们，祖国感念你们。"这是法国人对待历史和先贤的态度，对思想和文化的尊崇经世代流传，早已根深蒂固。"一个懂得尊重思想的民族，才会诞生伟大的思想。一个拥有伟大思想的国家，才能拥有不断前行的力量。"正如纪录片《大国崛起》评价所说：

"正是在这一追寻理想的过程中，法国以它卓尔不群的气质走出了自己的道路。"

不过，从商业史研究的视角来看，法国走过"大国崛起"的道路，企业家的主导作用不容忽视。可是，在偌大的法国先贤祠内，却无任何企业家有资格容身于此，以伟人身份享受顶礼膜拜的同等待遇。若说尊重历史、敬奉贤明，法国不仅要让有时代影响力的商业教父安葬先贤祠，更应该再修建一座"商业先贤祠"，以纪念为法国做出重大贡献的已故企业家，并镌刻"祖国感念你们"的文辞以表敬意。

不只是法国，在世界任何一个国家，修建"商业先贤祠"都很有必要。一直以来，世界各国对企业家的价值都严重低估，对公司的力量认识不够。实际上，全球97%的财富是最近250年间才创造产生，这只是人类历史长河中万分之一的时间长度，公司才是财富的创造者和主宰者。企业的多少强弱不只是国家综合实力的指数，也是人类文明程度和进步速度的体现，跨国公司改变和影响世界的能力超乎想象。作为企业的主角——企业家，同样像伏尔泰、居里夫人等伟大人物一样，浑身上下充满创新、奉献、奋斗、勇敢等精神气质，经受历史的洗礼，结晶为思想文化和民族精神。

法国品牌享誉全球，即便鲜有人知背后的商业教父姓甚名谁。但是，要让人说出法国先贤祠中的人物并非易事，这些伟大的灵魂离异国的普通百姓其实很遥远，男人更关心标致或雷诺的新车性能如何，女人则热衷欧莱雅或香奈儿的护肤效果。公司或者品牌，同样是国家的一个象征。

在世界工商业文明史上，法国无疑是举足轻重的国家。

参照国际货币基金组织（IMF）的预测数据，法国以2.565 6万亿美元居2013年全球GDP排名第五位，前四位依次是美国、中国、日本、德国。在2013年的《财富》全球500强企业排行榜中，法国占据38席。这两组衡量经济与商业水平的指标或许还不够直观生动，对比不够震撼。

法国占地 55.16 万平方千米，还不足中国重庆市（8.23 万平方千米）与四川省（48.14 万平方千米）之和。法国人口数量为 6 417.2 万人，比中国四川省的 8 076.2 万人少 20%。但是中国四川省 2013 年 GDP 为 2.626 1 万亿元人民币，与法国的 2.565 6 万亿美元相比，显然不只是货币计量单位的差别。

数据罗列枯燥无味，却是快速纵览法国商业图景的有效方式。法国历史源远流长，商业早慧，兴盛发达，很早就在欧洲舞台以大国威严发号施令。不过，本书并未从"混沌初开，乾坤始奠"起笔，而是以拿破仑时代为开端，漫说开来。

在拿破仑之前，法国就已经在欧洲称霸。300 多年前，路易十四年幼登基，穷兵黩武，在位 54 年有 31 年南征北战，称霸一时。19 世纪初，拿破仑掌权后，继续征战，横扫欧洲。同样以武力成就霸业，拿破仑的不同之处在于，他在 1804 年正式实施《法国民法典》，在此之前，他亲自参与 102 次讨论中的 97 次，用心可鉴，以致后世将其称为《拿破仑法典》。时至今日，这部法典仍然是法国人恪守的现行法律。而且，《拿破仑法典》对德国、西班牙、意大利等欧洲国家都产生过重要影响。从这个意义上说，拿破仑是现代法国奠基人，写现代法国商业史，以此为始顺理成章。

1863 年 5 月，推进国内外企业家平等竞争的立法得以通过，商人获准成立完全有限责任的股份公司，注册资本上限为 2 000 万法郎。4 年之后，金额限制被取消，只需一般许可就能成立股份有限公司。这两项"松绑"法案，为法国商业发展和经济繁荣注入强大活力，在此后的 1870—1913 年四十多年间，法国工业生产值翻了一番，虽然与美国和德国相比有些缓慢、滞后，但是，这毕竟是在动荡和战乱中取得的成绩，难能可贵。

法国企业家以天性浪漫著称，却也在战火与危难中成长。在此后一百多年中，法国商业史如巨流一般激荡奔腾，浩瀚无际，经百转千回的流变之后，很难找寻一道泾渭分明的分水岭。巨浪翻飞，暗流汹涌，笔者溯流而上，试图梳理脉络，揭开谜团。

二

英国前首相温斯顿·丘吉尔说："你能看到多远的过去，就能看到多远的未来。"作为研究者，不仅要"看到"，还要能"看清"。回望波澜壮阔的法国两百年商业史，以发展的节点和特征而论，粗略地可以分为六个阶段。

第一阶段，从 1830 年到 1890 年，重工业时代。拿破仑时代，战火连天，连绵不绝的战争催生对石油、煤矿等资源的巨大需求，直接推动铁路迅猛发展，钢铁工业热火朝天，这正是施耐德公司迅速崛起的内在逻辑。1836 年，阿道夫·施耐德和欧仁·施耐德两兄弟创建施耐德—克鲁索公司，经过数十年发展，施耐德家族一度占有法国 80% 以上的钢铁、冶金以及铁路市场。与此同时，斐迪南·玛利·维孔特·德·雷赛布因为开通苏伊士运河名噪一时，亚历山大·古斯塔夫·埃菲尔因建成埃菲尔铁塔家喻户晓，这两位不仅是设计师、工程师，而且是智勇双全的商界领袖。

第二阶段，从 1891 年到 1930 年，汽车时代。19 世纪最后 10 年，蒸汽机已经得到广泛应用，石油与钢铁物资丰富，资本家与机械师携手创富冒险之旅，汽车工业由此蓬勃兴盛。1889 年，阿尔芒·标致生产出第一批四辆蒸汽三轮机动车，7 年后"标致汽车公司"成立。1899 年，路易·雷诺研制出雷诺 B 型车，极限速度达到 35 千米/小时。以标致和雷诺为代表，法国汽车工业崛起，到 1903 年已诞生 150 家汽车厂，年产 3 万多台，占全球将近一半的产量。第一次世界大战期间，炮兵队长安德烈·雪铁龙主动创办日产 2 万发炮弹的工厂支援军方，1919 年改建成汽车制造厂，两年后总销量达到 2.4 万辆。受益于汽车工业的兴盛，安德烈·米其林的汽车轮胎和圣戈班公司的汽车玻璃生意兴隆，前者已成为世界名牌，后者是法国十大工业企业集团之一。

第三阶段，从 1931 年到 1971 年，时尚王国。说起来，法国时尚品牌更早就已诞生，蒂埃利·爱马仕 1837 年创办"爱马仕马具工作坊"，路易·威登 1854 年开办第一家皮箱店，欧仁·舒莱尔 1908 年成立法国无害染发剂公司（欧莱雅前身）。不过，时尚品牌在法国形成潮流要等到 20 世纪 30 年代，从可可·香奈儿与艾尔萨·夏帕瑞丽两强争霸，20 世纪 40 年代克里斯蒂安·迪奥横空出世，再到 20 世纪 50 年代皮尔·卡丹后来居上，时尚界的精彩故事从未中断。与此同时，老品牌青春焕发，1956 年，爱马仕推出的"凯利手袋"风靡全球，成为爱马仕最经典的产品；1959 年，LV 第三代掌门人贾斯通·路易·威登推出"字母组合"箱包和帆布手袋，此后七年间每年推出 25 类总计 175 款新产品，到 1969 年去世时，业内认为 LV 的黄金时代就此结束；20 世纪 60 年代，舒莱尔的接班人弗朗索瓦·达勒大刀阔斧，先是在 1963 年将欧莱雅成功上市，此后开始疯狂并购：1964 年吞并兰蔻，1965 年拿下卡尼尔，1970 年买走碧欧泉，1973 年收购圣德拉堡。事实上，两百年来，法国人在时尚领域的领导地位从未旁落，无论潮流变迁、品牌沉浮，始终大师辈出，他们既将潮流传遍全世界，又从未旁落霸主地位，世界时尚中心依然在法国，在巴黎。

第四阶段，从 1972 年到 1985 年，国有化时代。1972 年马歇出任法国共产党总书记，上台后与社会党领袖密特朗和法布尔建立联系，两党联合，宣称"要打破大资本家的统治"，对大企业实行国有化。在国有化最严重的 20 世纪 80 年代中期，法国国有经济占国民经济比重高达 25%，涉及所有相关行业，法国邮政局、国营铁路公司、法国电力集团这三家公司旗下有 250 家子公司，员工超过 55 万人，总规模占法国国企的 2/3。国企通过政策扶持和制度授权控制关系到国计民生的经济命脉，并在某些行业形成垄断地位，这种经济结构对法国的自由经济体制造成极大伤害。

第五阶段，从 1986 年到 1997 年，国退民进。1986 年，新上台的法国总统希拉克实施私有化法案，让国有成分逐步退出。1993 年 7 月，法国通过 21 家国企私有化的相关法律。到 2012 年，法国政府只在 EADS、AREVA、法国电信、法荷航空、雷诺汽车等超大型企业占有股份，参股市值只有 600 亿欧元左右，改革后企业竞争力有增无减。法国国企改革的思路是先易后难，将经营状况好、盈利水平较高的企业改组、上市，彻底施行股份制改造；将亏损严重、资不抵债的企业以转让股权换取国外大公司注资并改造上市；经营状况堪忧的企业由国家注资至业绩好转再上市。国企改革的基本原则是尊重市场规律，减少政府对企业的干预，实行股权多元化改造，建立竞争机制，提高企业效率。这些经验对于当前中国国有企业改革值得借鉴。

第六阶段，从 1998—2014 年，多元化与全球化时代。马赛尔·富尼埃和路易斯·德福雷在 1960 年创办家乐福，1992 年丹尼尔·伯纳德出任董事长，1999 年以 166 亿美元收购普美德斯，2000 年收购意大利的 GSS-pa，2004 年在波兰收购 13 家大卖场，国际化步伐不断加快。地产商弗朗西斯·布依格的国际化道路另辟蹊径，从中东破局，进入西非，避开欧美等经济发达地区的激烈竞争。保罗·杜布吕和杰拉德·贝里松创办的雅高公司，依靠收购中低档酒店品牌美居，从阿尔及利亚以及欧洲进行扩张。在最近的 20 年中，法国商业呈现出明显的多元化、全球化趋势，并购无疑是最有效的捷径，各种资本运作手法眼花缭乱，商战诡诈阴狠、残酷无情。比如马丁·布依格兄弟实现家族对布依格集团绝对控制的过程，PPR 的弗朗索瓦·皮诺与 LVMH 的伯纳德·阿尔诺之间的交锋对撼，都惊心动魄，精彩纷呈。

在这本书中，笔者用相当多的篇幅记录几家世界级企业的发展以及教父级企业家的成长，以期窥斑见豹，以小见大，呈现法国商业史轨迹与企业家精神。他们是法国商业史的主角，也是改变法国甚至全世界的重要力量。

三

尽管法国的国有经济比重很高，又缺少世界顶级企业家，但法国人的创业精神和商业氛围依然热烈。早在 12 年前，法国公布一项民意调查结果，6 000 万法国人中有 1 400 多万人梦想拥有自己的企业，其中有 600 万人已有明确的商业计划，主要集中于商业、手工业和服务业。有趣的是，法国人心目中最具创业精神和经营头脑的偶像级企业家，大多数并非大企业老板，在全球范围很难被人知晓，身上却具有鲜明的法国特征。

正因为法国人对创业、经商抱有热忱，才会孕育出欧莱雅、香奈儿、迪奥、路易·威登、爱马仕、皮尔·卡丹、标致、雷诺、雪铁龙、米其林、施耐德、家乐福等闻名全球的企业和品牌。"法国制造"已成为品质和时尚的代名词，是世人美好生活的重要组成部分，这四个字关乎法国企业家的理想。

法国企业家的理想主义很优雅，但现实主义更霸道。

霸道是法国企业的共同特征和整体风格。法国著名政治评论家、退休改革委员会主席拉贝尔在著作《法国民主 101 话》中指出，法国人偏好意识形态的对抗，缺乏谈判和妥协的文化。在强硬和固执的个性中，法国人的浪漫、优雅也会转化为任性、偏执甚至霸道。

香奈儿与夏帕瑞丽是两位同时代的法国时尚大师，她们经常光顾巴黎香榭丽舍大街的"雷茨"酒吧，却从来怒目而视，即便同时前往都会分门而进，孤傲的香奈儿经常调侃对手："我走正门，她却只能够走侧门。"酒吧的争锋只是讥讽，商场上的厮杀更是毫不留情，互不服输。法国首富、LVMH 集团缔造者伯纳德·阿尔诺更无优雅可言，在收购路易·威登、爱马仕、古驰、家乐福、巴黎春天百货等法国著名企业过程中，他的手段和策略冷酷野蛮，狡黠狠辣，一步步蚕食、控制这些历史性品牌，如猛虎吞绵羊，机锋尽现，霸气毕露。

伯纳德·阿尔诺其实是法国商业教父的典型代表，在他们的思维中，合作通常为谋求控制权，因此合作伙伴往往是行业竞争者，对手股价波动、经营不善、家族内讧等事件都可能成为"被合作"的机会。尽管法国公司崇尚放权，可一旦职业经理人无法完成任务或适应变革，就会被强制性驱逐，毫无人情味可言，大多数人都认同这种文化，霸道风格深入人心。

实际上，霸道并非贬斥或指责。法国孕育的跨国公司数量远多于其他欧洲国家，家乐福、施耐德、标致、米其林、皮尔·卡丹、LVMH、欧莱雅等家喻户晓的公司纵横全球，就像当年拿破仑一样四处征战，摧城拔寨，这既有领土小、人口少、市场局限的倒逼因素，又得益于法国高度国有化制度和家族企业积淀的软实力，更源于"霸道"文化。市场经济的游戏规则就是自然界的竞争法则：弱肉强食，优胜劣汰，非霸道无以生存，非霸道无以成长。

法国的企业家精神，可总结为四个字：外圣内王。换句话说，就是外表优雅，内心霸道。溯本清源，霸道与优雅源自法国人对技艺、品质、创新的不懈追求，严谨务实，精益求精。

亚历山大·古斯塔夫·埃菲尔是埃菲尔铁塔的设计者与建造者，他具有工匠的严谨细致精神和艺术家的完美主义追求。他先后绘制 1 700 多张横图，3 629 张直型图纸，18 038 个零部件加工误差都不超过十分之一毫米，横梁安装误差保持在十分之一毫米之内，塔墩从地面延伸到 50 多米高的第一平台水平误差不超过 2.5 英寸。若论工业精神和品质追求，法国人可与德国人媲美。

从某种意义上说，对产品的极致追求也是一种创新。著名奢侈品牌爱马仕的成名之作既不是服装也不是箱包、皮带，而是一条丝巾。爱马仕丝巾制作严谨，每条丝巾至少需要 12 种颜料，最高纪录达到 37 种，从设计到完成制作需要经过七道工序，通过层层验收，最后拿到柜台上需要 18 个月。制作精良、品位非凡的丝巾不仅是奢侈品，更是艺术品，正如佩兰所言，这种创造力"要有自己的观点、意见和自信"。

每一个法国顶级时尚品牌背后，都是一个家族企业的兴衰流变与精神传承。优雅源于创新，得益于家族企业的积淀与传承。每代人继承的不只是产业，更是优雅与文明；不只是财富，更是企业家精神。曾任卡地亚集团主席的阿兰·多米尼克·佩兰说，卡地亚的成功不只是勤劳肯干就行，最重要的是创造力，这种创造力不是说要成为艺术家，而是要有自己的观点、意见和自信。欧尚家族的维克多说，欧尚的家族史与其说是传承，不如说是创新，是欧尚家族成员和合作伙伴共同不断创新、再创新的历史。两位法国著名品牌的家族传承者分别提到创造力、创新，这并非巧合，而是共同基因。

优雅与霸道的根源是法国企业家对商业规律和客户需求的尊重，也是国有企业与私人企业在市场竞争中持续创新的产物，是家族企业日积月累沉淀的硬实力。往深处说，是"自由、平等、博爱"的法兰西精神数百年形成的商业基因。

读懂这些，才能明白法国商业精神，理解法国公司的经营哲学与管理之道。只有真正走进法国企业家的内心，才能明白法国家族企业长盛不衰的秘密，揭示法国跨国企业称霸全球的真相，理解几代人积累财富、守护信仰的初心。

目 录

第1章
拿破仑时代

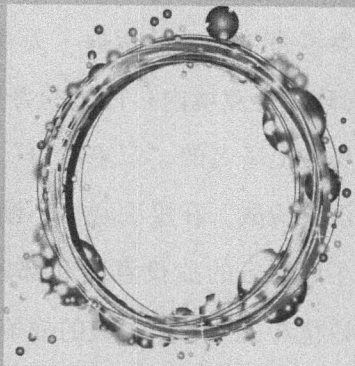

18世纪末，在法国王朝频繁更替的乱世中，来自科西嘉岛的矮个子青年拿破仑登上法国政治舞台，并且迅速攫取军政大权，最终通过"雾月政变"执掌最高权力。法国由此走上大国崛起之路，成为欧洲霸主。

政治雄霸起，商业繁盛时。站在世纪之交的新起点，拿破仑傲视天下，他能洞察欧洲时局风云变幻，却未必能感知法国商业教父的悄然崛起。法国商业史上群雄闪耀的时刻，正是从"拿破仑时代"开始。

17世纪，神圣罗马帝国的30年战争在欧洲确立"多极均势"的欧洲格局，法国、荷兰和瑞典三大新霸主崛起。这种局面持续100多年，在此期间，各国力量对比发生巨大变化，瑞典、荷兰、葡萄牙和西班牙已从舞台中央黯然退场，法国、英国、俄国、奥地利和普鲁士蓄势待发。英国最不想看到法国壮大，先后组建七次反法同盟，发动大量战事，旧王朝虽土崩瓦解，却成就拿破仑的辉煌。

1805 年，第三次反法同盟组成。俄皇亚历山大一世统帅 7 万俄军与奥皇弗兰茨二世指挥 1 万多奥军在维也纳以北 120 千米的奥斯特里茨（现今捷克境内）西边的普拉岑高地集结，企图一举攻破拿破仑的军队，历史上著名的"三皇战争"爆发。拿破仑·波拿巴指挥法国 73 000 余人沉着应战，在反法联军不断推进、阵地不断扩大的过程中，拿破仑及时了解对方的战役意图和部署，因地制宜，制定了诱敌深入、分割而治、以优势兵力各个击破的战争策略。

从地形图上看，这里分布有三条河流，一条是西面南北走向的哥德巴赫河，东面是东西走向的劳斯尼兹河，南面是利塔瓦河呈东北西南走向将两条河连在一起。三条河圈起的三角地带，地势平坦开阔，中间就是普拉岑高地，南面河流汇合处是沼泽地带，有扎钱湖和莫尼茨湖等两个较大的湖泊。沿着哥德巴赫河一带拿破仑部署了一条 10 千米的防线，自北向南依次为布尔诺、奥斯特里茨村、扎钱湖北缘的特尔尼兹村，以奥斯特里茨村为界分为南北两段防线。根据事先得到的反法联军的部队布置，拿破仑相应地对自己的部署做出调整。从兵力对比来看，法国的 73 000 人比反法联军的 86 000 人明显处于劣势，但是拿破仑做出调整后，局部兵力发生了明显的变化。法国苏尔特的第 4 军和达武的第 3 军以前后布置，2 个军共计 1 万的兵力在南段布防对阵联军的 4 万多兵力，用以引诱敌人深入。在北段线上拿破仑亲自率领，以拉纳的第 5 军和贝尔纳多特的第 1 军为先锋，后面拿破仑的禁卫军和缪拉的骑兵军占据防御阵势，以 6 万多的兵力来抵御反法联军的 4 万多兵力，因为这里有普拉岑高地的掩护，军队部署联军并不能了如指掌。

战争打响后，拿破仑的部队不断后撤放弃普兰岑高地，特别南翼部队像斗牛士一样不断将联军引诱至湖泊沼泽地带，正在敌人放弃普拉岑高地转攻法军南翼部队之时，拿破仑乘敌人中部薄弱之机命令第 4 军以其左翼 2 个师转入进攻，占领普拉岑高地并将大炮调至高地上。此时北线部队顽强抵抗，战役进行不久便转入反攻，拿破仑的北线军队成功将敌人赶回到奥斯特里茨村。此时只剩下南线军队还在和敌人主力纠结当中，拿破仑率领主力像网一样自北向南将敌人围困在扎钱湖和莫尼茨湖之间的沼泽地带。当时已经是冬天，联军南部主力无心再战，逃跑到结冰的湖面上，这时拿破仑命令普拉岑高地上的大炮齐发，顷刻之间冰碎马翻，据传近几千人葬送冰冷的湖底。最后南部联军纷纷放下武器投降。

在这次战役中，拿破仑指挥英明，以少胜多，歼灭 27 000 多联军，取得最辉煌的一次胜利。战争胜利对三国的历史都产生了重大的影响，奥地利退出反法同盟，奥皇弗兰茨二世也取消了自己"神圣罗马帝国皇帝"的封号，神圣罗马帝国的历史宣告终结。第三次反法同盟也宣告瓦解，拿破仑从此成为欧洲的霸主。拿破仑本人在刚开始胜利的时候，对于这次战役没有想象的那么兴奋，在给皇后约瑟芬的信中说道："我把俄奥两国皇帝领导的联军打败了，我感觉有点累，在野外宿营已经 8 天了，天气寒冷刺骨。"当战争结果传到英国伦敦之后，反法联盟组织者英国首相威廉·皮特陷入了绝望，以至于对自己的侄子如是说："卷起这幅欧洲地图吧，十年之内它不会有用了。"

在拿破仑统治法国的"拿破仑时代"，他先后指挥了 40 余次大型战役。而奥斯特里茨战役只是拿破仑与反法同盟作战的众多著名战役中，最典型的一次以少胜多的战役。虽然在与第七次反法同盟作战的滑铁卢战役中拿破仑损失惨重，但是第一次反法同盟的曼图亚争夺战，第二次的马伦会战，第三次的奥斯特里茨战役，第四次的耶拿战役，第五次瓦格拉姆战役以及第六次莱比锡战役共同奠定了拿破仑在法国的历史地位。拿破仑时代，不仅塑造了拿破仑本人的国际威望，而且巩固了法国资产阶级革命的成果，确立了法国作为欧洲大国的国际地位，同时法国工业经济也在拿破仑时代中得以生根发芽，不断发展壮大。

为了纪念在奥斯特里茨战役的胜利，1806 年，拿破仑用缴获的 1 200 门大炮筑成凯旋柱，并下令在星形广场建造凯旋门。随着法国各家王朝政权更替，凯旋门也几经停工复建的波折，最后历经数十年，终于在 1836 年落成。巴黎市民争先恐后一睹宏伟凯旋门的风采，陶醉于这个宏伟建筑之中，并视作法国宝贵的精神财富。

就在凯旋门开始修建的那一年，欧仁·施耐德来到人世。当凯旋门落成，他已过而立之年，人们蜂拥去看落成典礼时，他却悄然离开巴黎，前往尼维尔内地区的克鲁索（Creusot）小镇。

克鲁索是一个历史悠久的工业小镇，左右两侧，索姆河和卢瓦尔河穿行而过，水运便利。这里还有着丰富的自然资源，煤炭和铁矿石储量丰富，久负盛名，加之法国皇室的长久支持，这里的企业在 18 世纪 80 年代就开始在法国首先采用焦炭熔化炼铁。进入 19 世纪之后，受旷日持久的战争、革命影响，煤矿企业一直停滞不前，甚至沦为废墟，大部分设备停运、生锈。欧仁长途跋涉，就为这些废墟工厂而来。

欧仁曾在羊毛制造中心兰斯当过店员，后来跟随哥哥阿道夫·施耐德进入赛埃银行，后者当时在巴黎已是小有名气的商界新秀。1821 年，年仅 19 岁的阿道夫进入赛埃银行。赛埃家族靠羊毛制品的制造及销售起家，随着生意壮大，从洛林迁到巴黎，投资重点也从羊毛制品转向铁器制作和冶金业。1830 年 6 月中旬，法国波林雅克政府向阿尔及利亚派遣远征军团，开始法国的殖民主义，因为阿尔及利亚人民拼死反抗，为维持占领状态，法国不得不大费周折进行长时间的军事镇压，这给了阿道夫提供大发横财的机会。

为法国远征军团提供武器及生活装备的正是赛埃银行，而阿道夫又是赛埃银行派往阿尔及利亚的现场代理人。公司开出的条件相当丰厚，阿道夫可以从商品总值中提取 2% 作为佣金。军方大量的装备需求让阿道夫大发其财，他带着这笔资金回国，开始以棉布商人的身份独立创业，并逐渐与克鲁索的企业主们建立良好联系，对投资冶炼行业产生浓厚兴趣。在他海外敛财的十年间，留守国内的弟弟欧仁被羊毛世家普帕尔家族聘用，协助经营其旗下一家锻造厂。31 岁这年，欧仁告别旧主，另起炉灶，与阿道夫共同收购已破产的克鲁索镇铸造厂。

遗憾的是，当欧仁抵达克鲁索时，这家工厂已经在 1835 年以 185 万法郎拍卖给铁制品商人科斯特。

欧仁垂头丧气地回到巴黎，告诉哥哥工厂已经易主，没想到阿道夫势在必得，他动用自己的关系网扭转局势。他先后获得路易·布瓦格和赛埃银行的老板——弗朗索瓦·赛埃的支持，在买价基础上再加 100 万法郎，科斯特当然笑纳，转手就挣一大笔钱，还顺水推舟送个人情。

说起来，资助阿道夫的两位贵人也非等闲之辈。路易·布瓦格是阿道夫妻子瓦莱丽·艾妮昂的继父，也就是他的岳父。布瓦格家族是巴黎专门经营冶金产品生意的富商，他们位于富香博的一家大型工厂是法国最先重新采用焦炭高炉冶炼法的企业之一。身世显赫的布依格家族大多与有钱有势的贵族联姻，比如路易·布瓦格的妹妹玛丽嫁给伊波利特·若贝尔男爵，他是当时法兰西银行董事、弗朗索瓦·若贝尔伯爵的外甥、养子和继承人。另外一位借款人弗朗索瓦·赛埃是阿道夫的老东家，在金融界和制造领域皆有声望。

手握重金的施耐德兄弟并未就此罢手，而是一口气买下克鲁索的煤矿、铁矿以及附属的工厂，在此基础上整合成施耐德－克鲁索公司，由欧仁任总经理，负责生产和开发，阿道夫负责贸易和财务。施耐德家族成员对两兄弟投资实业的计划并不认同，动荡年代，战争不断，建工厂无异于建靶场，等待飞机大炮的轰炸。

当时法国资本家的投资方向主要有两类，一类是政府债券。在法国历史上，因为战争、政变频仍，政府财政长期保持赤字，经常向银行家借款，作为回报，相应地给予建筑铁路、开采矿山等各种特权，甚至对他们言听计从。因此，七月王朝亦被称为"银行家的王朝"，如 1840 年 12 月大银行家雅姆·德·罗特希尔德写道："我任何时候都可以去拜访国王，他对我完全信任，倾听我的话，重视我对他提出的意见。"①这足以见得资本对政府的青睐，政府对资本的依赖。

另一类是国外高利贷或者实业。一个十分有趣的现象是，当法国开始修筑铁路和工业发展争夺资本的时候，德国、英国和比利时基金的资本运动就会显著放缓。另外，法国资本家早就发现，本国经济增长受到制度和原材料的严重限制，因此本土家族企业对外来资本抢夺国内资源骨子里充满反感情绪，这种情感长时间的积淀，形成对国内其他资本的反感。故而，在法国资本市场上形成一个不成文的规则，国内资本很少投资国内企业。

正因如此，许多腰缠万贯的资本家对施耐德兄弟的举动不以为然，嗤之以鼻。

不过，施耐德兄弟另有高见。在世界范围内，工业革命使运输方式发生革命性变化，远途运输开始从海洋转向铁路，这样钢铁制品尤其是铁轨的需求异常强大。但是，当时钢铁制造领域应用的还是从英国引进的搅炼法，英国是最先开始工业革命的国家，也是工业革命取得最高成就的国家。作为隔海相望的传统强国，法国工业革命却进展缓慢，因此无论民间自发还是政府支持，许多有识之士跋山涉水来到大洋彼岸，学习工业技术。

---

① 沙尔丹等．显贵的法国（1815—1848）［M］．第一卷．北京：社会科学出版社，1974：212.

英国冶炼企业采用的是亨利·科特 1768 年发明的"反射炉熔融法"，俗称"搅炼法"，在 18 世纪中期以后得到普遍应用，欧美各国应用这种方法铺筑的铁路长达 7 万多千米。进入到 19 世纪，搅炼法工艺的不足日益显现，比如劳动条件恶劣、熟铁成品品质差等，其中最致命的就是效率低下，平均一次炼制不超过 30 千克，产量太低，远不能满足工业革命对钢铁的强大需求。

准确地把握时代潮流，顺应科技及市场趋势，这是每个企业家成功的重要因素。在工业革命中，具有创新精神的发明家很多，但是关注科学创新并进行商业化的却不多，施耐德兄弟有敏锐的洞察力，势在必得的气势，雷厉风行的魄力，终成大器。

英法两国在历史上一直是老牌竞争对手，在工业革命进程中也是一对老冤家。比如火车时代，英国在 1804 年就发明了第一辆蒸汽机车，到了 1829 年，英国乔治·史蒂芬生第一次商业化运行了第一列火车，但是之间的二十多年，法国在此领域却一直没有建树，虽然也开始铺设铁路网络，但是蒸汽机车必须要从英国进口。在动荡的七月王朝统治的法国时期，甚至有人认为"蒸汽机和铁路的革命必须等到再来一次改朝换代才能实现"。在民众中，建造本国自己的蒸汽机的呼声也越来越高涨。也许正是这种声音激发了欧仁建造法国第一台国产火车车头的想法，施耐德公司冶炼和制造双头并进的定位正式形成。

在工业革命时代，技术大部分来自于发明家，施耐德兄弟大张旗鼓在世界各国招兵买马，无论在法国本土还是在整个欧洲大陆，甚至在大西洋对岸的美洲大陆都有他们招贤纳士的布告。尤其是在美国，他们耗尽千辛万苦花费重金聘请著名机械工程师弗朗西斯科·伯顿。虽然初到施耐德公司，在技术上无所成绩，但是没过两年便为施耐德公司立下汗马功劳，他精心研制的庞然大物在施耐德的克鲁索工厂诞生，这就是欧仁梦寐以求的国产火车车头。初创之物难免存在诸多不尽人意之处，但无论是零件还是组装，都完全实现国产化，这是法国历史上第一台蒸汽机车。施耐德公司靠在蒸汽机领域的创举脱颖而出，迅速登上报纸的头版头条，名噪一时。以此为契机，施耐德公司进入快速发展阶段。

法国蒸汽机车的出现，相应地刺激了铁路建设，各省都积极谋划本省与首都的铁路联系，而铁轨设施的强大需求给施耐德公司提供了快速发展的机会。欧仁随后宣布施耐德公司不仅生产蒸汽机，同时生产铁轨与相关制件。这次的财富增速要比阿道夫在战场当代理人的时候来得更加凶猛，全国各地的订单如雪片般飞来，克鲁索的工厂忙得不可开交。

毫无疑问，施耐德兄弟借这个机会改变了法国的交通格局和生活方式：以前事故频发、运行缓慢的机车头，已经被时速 100 千米的新式车头所取代。以前从首都巴黎到南方海岸需要乘坐公共马车，历时一个星期左右才能够到达，现在乘坐火车只需要 16 个小时，而且能够欣赏沿途的农家庄园风景。大量订单填补了施耐德公司初创期的利润真空，在三年的时间里，他们就收回当初的投资，克鲁索工厂当仁不让成为施耐德家族的"富矿"。

对新事物充满征服欲望的施耐德兄弟，并没有被蒸汽机车的大量订单遏止野心，欧仁又带着伯顿投入下一轮技术开发中。1842 年，施耐德公司成功研发蒸汽机船，沿着塞纳河顺流而上，出现在巴黎码头；接着研制出蒸汽锤，蒸汽锤的工作原理由英国在 1841 年率先提出，英国人甚至建造出实验机械，但这次法国人没有像在蒸汽机车领域一样，被英国甩开二十余年。在英国迟迟没有将蒸汽锤应用到工业领域时，施耐德的克鲁索工厂后来居上，这次的功臣依旧是他们的伯顿。

蒸汽锤使施耐德公司的工厂效率提高十倍之多，这让欧洲同行瞠目结舌，纷纷来克鲁索找施耐德兄弟购买这种新工具。此后，施耐德公司的克鲁索工厂全力生产蒸汽锤，据统计，在 1843—1867 年二十多年间，他们先后生产出 110 个蒸汽锤，除 26 个自己工厂应用之外，其余 84 个全部卖给欧洲各大制造厂，这是克鲁索工厂取得的最大成就。

凭借欧仁的不断改革创新以及悉心经营，加上阿道夫的营销才华，背靠施耐德家族的庞大关系网络，施耐德公司稳步发展，一直持续到 19 世纪 70 年代。施耐德家族在法国算名门望族，祖上有人曾经成为拿破仑三世的参谋；施耐德兄弟的父亲安东尼·施耐德曾担任过公证人，职务相当于律师，是洛林的知名人士，结交各路企业家；施耐德两兄弟的一个外甥在大学毕业后进入军队，被提升为将军，曾经短期出任过陆军部长；阿道夫的岳父布瓦格家族是有名的银行家族；而欧仁娶了纽夫利兹男爵的孙女，出身马雷斯家族的康斯坦丝·勒穆瓦纳，她的父亲是财务税官，当时政府收取的税款在入库之前可以长久掌握在财务税官手里，他们借此机会大举投资、放债，成为名副其实的私人银行家。

凭借这些手段，施耐德家族一度占有法国 80% 以上的钢铁、冶金以及铁路市场，从克鲁索工厂的规模可见一斑。当时这座工厂已经拥有水平焦化炉 150 座，阿波尔特焦化炉 10 座，蒸汽锻造机 85 台，压延机 41 台，炼铁炉 130 座，重新加热炉 85 座，机动锻锤 30 台，工人 9 950 人，此等规模当时足以让举国惊叹[①]。小镇人口也相应从 1846 年的 6 000 人增加到 1872 年的 12 000 人，当时有将近一半的小镇的居民都是施耐德工厂的员工，如果加上与工厂相关的配套业务，估计从业者比例会超过一半以上。

法国政府为表彰欧仁·施耐德，将代表最高荣誉勋位的法国荣誉军团骑士荣誉勋章颁发给他。这不仅仅是考虑施耐德家族在法国社会中的地位，更是对欧仁的开拓精神以肯定，对法国工业史做出的巨大贡献以

---

① 吕一民. 大国通史：法国通史［M］. 上海：上海社会科学院出版社，2007：211.

褒奖。

谈到法国的荣誉勋章，与欧仁·施耐德同时代的另一位商业教父不得不提。

早在 1802 年，拿破仑担任第一执政时，为强化统治的合法性，他希望建立新的荣衔制度而创设勋章制度，用以表彰对法国做出特殊贡献的军人和其他各界人士，是法国政府颁授的最高荣誉勋位勋章。欧仁凭借蒸汽机国产化获得这一殊荣，在工业革命时期获得荣誉勋章的实业家中，还有法国经济历史上另一位重要人物——斐迪南·玛利·维孔特·德·雷赛布，他凭借着出色的外交才干与组织能力，在四面楚歌的情况下成功开通苏伊士运河。如今，很少有人把他同法国苏伊士集团联系起来，因为苏伊士集团主要涉及能源、环境等领域，其中水务只占到很小一部分，但这家企业却是从水运起家，当时还是"国际苏伊士运河股份有限公司"。雷赛布因为成功开凿苏伊士运河而功勋卓著，获得拿破仑三世颁发的法国荣誉军团大十字勋章，从 1802 年设立至今的 200 多年里，能够获此荣誉的只有 75 人。

1854 年，辞去外交官职务赋闲在家的雷赛布接到一份请呈，对方是来自地中海的埃及总督穆罕默德·赛义德·巴夏，邀请他到埃及出任私人顾问。这让雷赛布思绪万千，与埃及的缘分及赛义德的情谊瞬间涌上心头。

雷赛布 1805 年出生于法国马赛，二十岁时，年轻的雷赛布进入外交部门，他的第一份外交工作是在里斯本任职副领事，三年后调任突尼斯副领事。1832 年，法国远征军和阿尔及利亚的民族抵抗组织激战正酣，雷赛布被任命为驻亚历山大港的副领事，从此与埃及结下不解之缘，之后他生命中重要的时刻都在埃及度过。1833 年，他来到埃及开罗任职，结识了此生最重要的朋友赛义德。此时的赛义德还是个孩子，他的父亲穆罕默德·阿里邀请雷赛布担任儿子的家庭教师。其实，雷塞布一家与阿里交情深远，他的父亲也是一位外交官，曾经随拿破仑一起远征埃及，法军撤走后任驻埃及总领事，后来支持阿里成功夺权。

穆罕默德·阿里被视为现代埃及的创立者。他原本是奥斯曼帝国军队的一名阿尔巴尼亚裔军官。1798 年拿破仑侵犯非洲的时候，他被奥斯曼帝国苏丹的马哈茂德二世派往埃及击退拿破仑的军队。阿里英勇善战，指挥得当，迅速击退拿破仑军队。当法军撤出后，穆罕默德·阿里权倾一时，并迫使奥斯曼帝承认他为埃及总督，实际上就是埃及的"国王"。而阿里心目中的版图远非小小埃及，他谋划让埃及成为一股独立的地区势力，并企图成为奥斯曼帝国的继承者。野心勃勃的阿里邀请雷赛布担任家庭教师，在教学期间亦师亦友，雷赛布给了他开凿苏伊士运河的某些启发，虽然只是初步设想，但为后来雷赛布说服赛义德开凿苏伊士运河勾勒出路线图。

四年之后，雷赛布返回法国完婚。此后，雷赛布先后在鹿特丹、马拉加、巴塞罗那任职，还担任过驻马德里大使，因为参与斡旋教皇庇护九世马斯塔伊·费雷提安全返回梵蒂冈，被迫辞职在家赋闲。不过，期间雷赛布与赛义德从未间断过联系。

这个时候赛义德突然收到老朋友巴夏的来信，准备邀请担任私人顾问，赛义德不由想起雷赛布。得知此事后，雷赛布感到欣喜若狂，这是个实现开凿运河的绝佳机会，自己的梦想终于可以实现了。但是想到当时的政治状况错综复杂，雷赛布仍然踌躇不定。

1854 年，当年近五旬的雷赛布重返埃及，他继续向接任总督的赛义德建议苏伊士运河的开凿工作。雷赛布劝说赛义德，运河开通不仅能够为埃及带来巨大的经济利益，还能够作为一道屏障与奥斯曼帝国隔开，有利于埃及的独立与安全。本来就对开凿运河抱有极大兴趣的赛义德被成功说服，同意由雷赛布主持开凿苏伊士运河。雷赛布在自传中写道："如果他赞同这项伟大的计划，那么他的功业将在历史上永恒地发出如此闪耀的光芒。巴夏本人脸上展现出了友善的微笑，他紧紧握住我的双手，郑重地做出了同意的允诺。"

法国政府也没有闲着。英国主张利用从亚历山大经开罗、苏伊士、叙利亚、幼发拉底河至波斯湾的狭长地带，修筑一条铁路，这份计划在 1851 年获得了埃及当局的许可，并在同年开始修筑亚历山大至开罗的铁路。法国对这件事耿耿于怀，不能眼看着英国占得先机而自己无所作为。一旦苏伊士运河成功通航，将会为法国在地中海地区直接连接印度洋提供一个通道，打破英国全球控制的局面。实际上，法国政府极力支持雷赛布的这一计划，当赛义德同意修建运河后，法国就立即同埃及签订关于使用苏伊士运河的租让合同。

主持运河开凿工作对于这位外交家来说，可不是一件简单的事情。因为他首先不得不面对英国，原因在于，之前法国和埃及先后两次修建苏伊士运河的努力都被英国挫败。一次是 1798 年，拿破仑 3 万法国远征军进犯埃及就准备开凿运河，英国不愿看到他在埃及站住脚跟，当年 8 月在尼罗河口的阿布基尔湾，由纳尔逊指挥英国舰队全歼布吕埃斯将军的法国远征舰队，截断法国远征军与法国本土的联系，拿破仑的远征部队被迫撤出埃及。法国不得不于 1802 年与英国签订《亚眠条约》，这项条约终结了拿破仑在埃及寻求领土的野心，更不用说开凿运河的设想。另一次是阿里统治埃及时期，曾经发布一项计划：取消包税商，税收直接由自己控制；把出口农产品所得的盈余拿来购置欧洲出产的机器和聘请技术工程人员，并大规模兴修水利、道路来解决就业，开凿苏伊士运河恰是计划中最大的水利工程。但是由于英国 1839 年的突然袭击，使得众多工程被迫搁置，开凿运河刚被提上日程就被迫中断。所以英国是雷赛布必须说服的力量，由此踏上说服英国的艰难道路。

此时英法关系并不和谐。法国在大革命中，特别是拿破仑统治的阶段，曾一度想攻打英国，最终英吉利海峡成为无法逾越的天堑，拿破仑甚至说："如果让我们控制英吉利海峡 6 个小时，我们就会成为世界的主人。"他一度下令封锁欧洲大陆所有港口来遏制英国的对外贸易。虽然英国组织的反法同盟最后成功实现波旁王朝的复辟，但是英法两国一直心存芥蒂。直到克里米亚战争之后，两国的矛盾才有所缓解。时任英国首相帕麦斯顿对雷赛布的造访反应平淡，对他所说的工程更是心存疑虑。帕麦斯顿和外交大臣克拉伦登都怀疑，"这项工程是否会危及英国在埃及的地位？如果埃及再次独立或陷入动荡，如何保卫这条新近出现的贸易命脉？法国政府在何种程度上会支持雷赛布的异想天开？"①

雷赛布乘兴而来，败兴而归，英国这堵墙似乎无法逾越。在大英帝国还没有点头的情况下，谁也不敢冒险开展此项工程，即使是当时的法兰西与英国一直明争暗斗，法国急切需要这样一条运河来打破英国的远洋垄断局面，但也不想因为此项工程贸然招惹到老对手英国。如果历史在这里出现停滞，那么雷赛布与苏伊士运河都将不为人知。1857 年，印度爆发民族大起义，当时英国对印度实行极端殖民统治，在发给士兵的子弹上涂上牛油和猪油。众所周知，牛是印度教的圣物，而伊斯兰教徒又忌食猪肉，英国的举措明显对印度士兵有极大侮辱。为镇压起义运动，英国需从本土调集人力，但前提是，他们需要更加便捷的道路，否则英国将失去一块重要的财富之地。于是，英国对开凿运河的态度突然发生大逆转，口风不那么坚决了。

苏伊士运河是横跨大西洋和印度洋两大洋的运河，光是海平面高度问题就能难倒一众人等，不过，雷赛布对开凿运河的各项资料了如指掌。

---

① 朱步中 . 苏伊士运河 ［J］. 三联生活周刊，2011（11）.

"4000 年前，埃及中王国时代雄心勃勃的法老，塞索斯特利斯一世曾试图开凿一条连接红海与尼罗河支流佩罗锡克河的人工运河，将埃及在东非获取的财富：黄金、象牙、香料，源源不断地运送到尼罗河三角洲。"①这个方案曾大胆提出开凿尼罗河三角洲连接至地中海，早在雷赛布作为赛义德家庭教师时，就曾幸运地从图书馆的故纸堆里发现并仔细研究过。而在穆罕默德·阿里时期，两位担任亚历山大港改造和尼罗河堤坝修建的法国工程师加莱斯与门格尔·贝伊，在经过详细测量后，提出将红海和地中海用一条商用水道连接的方案。雷赛布组织人员对两个方案仔细研习并实地考察，形成运河的最终方案：北起塞得港，经提姆萨湖、大苦湖、陶菲克注入红海，运河全长 162.5 千米，如果连同伸入地中海和红海的河段，运河总长将近 174 千米。这个方案同时能够实现欧洲与亚洲之间的南北双向水运，而不必像以前那样，从船上卸下货物通过陆运的方法在地中海和红海之间实现运输。

修建如此巨大的工程，投资可不是私人财团所能支撑得起来的。只有国家出面才能负担，以当时的局势看，只有埃及和法国可能掏钱。法国的拿破仑三世早已经有修建运河的打算，何况还有雷赛布的表妹从中斡旋。雷赛布的表妹正是欧洲的传奇才女、曾经三次摄政的——欧仁妮皇后。在欧仁妮皇后以及拿破仑三世的支持下，雷赛布终于在法国成立国际苏伊士运河股份有限公司，并在 1858 如愿获得资金，雷赛布的个人愿望与法国的殖民利益已经完全融合到一起，这个公司以 500 法郎每股的价格发行 40 万股股票，筹集 2 亿法郎资金。在发行的这部分股票中，绝大部分被法国及埃及政府购买，其中法国控制 207 111 股，占 52%；埃及购买 177 602 股，占 44%。由于法国为第一大股东，因此运河开通后实际上控制了苏伊士运河，从而导致之后几十年的运河之争。当时的巴黎，

---

① 朱步冲. 苏伊士运河 [J]. 三联生活周刊，2011 (11).

苏伊士运河股份公司的股票引起金融和企业投资人士的疯狂抢购，由国家占大头的生意在他们看来稳赚不赔。随后，雷赛布的苏伊士运河公司与赛义德签订合同，约定运河租让期为 99 年，期满后运河归埃及所有；埃及政府无偿提供运河开凿所需要土地，并提供所需劳动力的五分之四，免税进口施工机械，等等。

1859 年 4 月 25 日，在海岸古城佩鲁西的工地上，雷赛布亲自铲下第一铲沙土，工程正式动工。雷赛布不仅是一位出色的外交官，还是一个充满智慧的企业家，他在工程施工中精打细算，而依靠赛义德的支持，他以极低的工资雇佣数十万埃及民工。在浩瀚的沙漠中进行十年的施工后，苏伊士运河终于在 1869 年 11 月 17 日正式通航，当天欧仁妮皇后也为苏伊士运河举行落成庆典。据统计，10 年间，埃及民工共挖土 7 400 多万方，约有 12.3 万人丧生，耗资 4 亿多法郎。

运河修通之后，河面宽 58 米，河底宽 22 米，水深 6 米，沿途无船闸装置，航运畅通无阻，船只通过运河约需 48 小时，相比绕道英国控制的好望角，平均缩短 5 500～8 000 千米的航程。如果从英国的伦敦港或法国的马赛港经过苏伊士运河到达印度的孟买港，可比绕道分别缩短全航程的 43% 和 56%。地中海各国到印度洋的航程缩短 8 000～10 000 千米，黑海沿岸各国的航程缩短 12 000 千米。苏伊士运河极大地促进了国际贸易和航运事业的飞速发展，也给法国带来几十亿法郎的通行税收入，因此成为西方各国互相争夺的目标，鹿死谁手犹未可知。

苏伊士运河的成功使雷赛布声名显赫，先后被授予为法兰西学院院士、法国科学院院士、印度星形勋章，而且被英国皇室授予伦敦荣誉市民称号，重要的是获得拿破仑三世颁发的法国最高荣誉勋位勋章——荣誉军团大十字勋章。

随着滑铁卢战役的失败，拿破仑的军事和政治生涯宣告终结，一代枭雄从此日薄西山，无力回天。

然而，这场战役却让有"第六帝国"之称的罗斯柴尔德家族大发横财，这既是金融史上对信息完美运用的经典诠释，更是世界金融史上最早采用"对冲"手段成功的先例，家族团队天衣无缝配合的大手笔。拿破仑的霸业重点，正是罗斯柴尔德家族的兴盛开端。

罗斯柴尔德原本不是姓氏，在德语中是"红盾"的意思。"富一代"迈耶·阿姆谢尔·鲍尔大约生于 1743 年或 1744 年，当时犹太人在德国像"犯罪嫌疑人"一样被监视，聚居于高墙内的贫民窟中，身份卑微低贱，出生年月不详也属情理之中。迈耶以收集并出售中东、俄国及欧洲古旧钱币起家，因此结交酷爱古币收藏的黑森王国王储威廉王子，从而得到"皇室供货商"的身份，这家门口悬挂"红色盾牌"的店铺声名鹊起，罗斯柴尔德由此得名。

不过，推动罗斯柴尔德家族迅速崛起的人却是迈耶的三儿子内森·罗斯柴尔德，"滑铁卢战役"则成为真正意义上的第一桶金。在此后历次大规模的战争中，都隐藏着罗斯柴尔德家族翻云覆雨的身影，他们是"货币战争"最早的策划者和实施者。战争既打破国家边界，也削弱统治能力，分布欧洲各国的罗斯柴尔德家族成员在与政府的较量中，拥有决定胜负的权力。

1815 年 6 月 18 日，在比利时布鲁塞尔近郊打响的滑铁卢战役不只是拿破仑与威灵顿军事较量的生死决战，也是千万投资者的巨大赌博——英、法两国的胜利者将主宰欧洲，战胜国公债必将猛涨，战败国则狂跌。因此，在英、法证券市场上，在哪头做多、哪头做空是最疯狂的赌博，押对的人将一夜暴富，押错的人会倾家荡产。而对错的关键，就看谁最先得到滑铁卢战役的准确战报。

早在这场战役开始之前，内森就在即将开战的几个战略要点奥斯唐、根特、布鲁塞尔及巴黎、卢森堡进行了周密布置，提前一个月派出了罗斯柴尔德家族最优秀、最能干的情报员，不停地向内森发送备战信息。在两个阵营的军队里，罗斯柴尔德家族都安插了眼线。反法同盟军队里，罗斯柴尔德家族在惠灵顿的军队里安插了一位高居参谋军官之位的眼线。在黑森和普鲁士军队里，阿姆谢尔请布达拉斯安排了一位上校和一位将军。

拿破仑军队方面，萨洛蒙通过达尔堡公爵的介绍，认识了一位拿破仑的贴身侍卫官与内伊元帅部队里的一名骑兵军官。在隔英吉利海峡相望的英国多佛港与法国加莱港，内森各布置了 5 艘性能一流的快船，昼夜待命。此外，还有 6 位独立的罗斯柴尔德情报员，以随军商人的身份，分别跟着两个阵营的大军开进滑铁卢。在他们装货物的马车里，都放着一个鸽笼，里面装有 24 只经过训练的信鸽，准备在最后的战果出来后，就飞往巴黎与伦敦的詹姆斯与内森居住地报信。

到傍晚时分，拿破仑败局已定。罗斯柴尔德的情报员们快马加鞭，第一时间内就把法军战败的消息送到巴黎总部詹姆斯·罗斯柴尔德的居所。詹姆斯迅速将各份报告综合，写成一封只有两行字的密码信件，做成 6 个抄本，同时派出 6 位罗斯柴尔德信使，乘坐专用的轻便马车，从 6 条不同的线路奔向加莱港。很快，获知确切消息的内森便立即动身，赶在政府急件快递员之前几个小时返回伦敦。

得到消息之后，内森立刻把这个消息告诉英国政府，那还是在战役结束的早上，比英国将军惠灵顿的信使早到好几个小时。可是人们没有相信他的话，不过他最终还是得到政府的赞赏和钦佩。

在履行作为一个奉公守法的英国人应该履行的义务后，内森走进伦敦股票交易所的交易大厅。许多天以来，这里都笼罩在极度的紧张与不安的阴影中。在开盘后一个多小时，在官方公报未公布之前，内森指挥自己的那群代理人开始做空英国公债。代理人个个像发了疯一般地疯狂抛售，很快地，场内其他经纪人开始沉不住气，也加入了抛售的行列，抛！抛！抛！英国公债就像跳水一样直往下跌。恐慌笼罩着整个证券交易所。这时候，连最老练的经纪人也动摇了："罗斯柴尔德都抛了，我们还等什么！再不抛，公债就要成废纸了！"于是，英国公债以前所未有的速度狂泻，到了这天下午收盘时，英国公债的价格居然被打到崩盘的价位！市场立时一片恐慌！此时内森的那批秘密代理人却在底部悄悄吸货。

第二天清晨，伦敦的所有报纸在头条刊登"滑铁卢大捷"的消息，伦敦证券交易所一开市，英国公债就跳空高开，内森兄弟一举赚进 2.3 亿英镑！相当于现在的 500 亿美元。要知道，股神巴菲特投资了 60 年，截至 2007 年也就是 2009 年金融危机之前，身家不过才是 500 亿美元。

罗斯柴尔德家族在滑铁卢这件事上未卜先知的能力，让英国政府的官员们瞠目结舌。伟大的罗斯柴尔德也由此赚了个盆满钵满。一个世纪之后，伦敦的罗斯柴尔德家族又比日本驻英国的使馆早两天获得日本海军全歼俄国舰队的消息。由于罗斯柴尔德家族消息灵通，被人们称为"无所不知的罗斯柴尔德"。

为了保密，他们有自己专门的信使，彼此用密码进行联系。例如，老罗斯柴尔德的代号是"阿诺迪"，称威廉伯爵为"戈德斯坦"，把在英国的投资称为"鳕鱼干"。数年之后，当罗斯柴尔德家族扩展到美洲后，他们仍用这种方法保持欧美之间的联系。当美国内战即将结束时，伦敦的列昂内尔（内森之子，1808—1879 年）收到他的代理人从美洲发来的一份电报，内称："夏勒姆先生将至"。夏勒姆（Sholem）是意第绪语"和平"的译音。英国维多利亚女王有时也宁愿用罗家的信使来传递她的信件，而不用英国的外交邮袋，就是因为罗斯柴尔德家族内部的情报传递系统迅速又可靠。

精明如罗斯柴尔德的商人，都善于捕捉有价值的信息。罗斯柴尔德家族第六代掌门人大卫·罗斯柴尔德的这段话应该能作为罗氏家族情报系统如此发达的解码：

"我们这个家族所从事的领域当然需要你有很好的判断力，但前提是你要掌握大量的信息和情报，如果你自我封闭，然后闭门造车的话，那肯定是不能成功的。所以我们这个家族一直保持着一种传统，就是我们跟政府靠得很近，所以我们知道政府在想什么，我们也知道公众在想什么，公众害怕什么，同时我们也和那些大公司很接近，所以我们对于他们的战略都了解得很清楚。几代人的努力积累下来，那么你的判断力肯定就更加敏锐了。"

滑铁卢战役结束后，詹姆斯·罗斯柴尔德决定留在巴黎发展。这时候，罗斯柴尔德家族在法国的根基已经很深。根据老罗斯柴尔德早年定下的支持"反革命"的潜规则，罗斯柴尔德家族一直向流亡的法国贵族普罗旺斯伯爵提供经济支持。

普罗旺斯伯爵是被送上断头台的法国国王路易十六的弟弟，路易十六当国王的时候，因为独生子年幼，立伯爵为摄政王。法国大革命后，普罗旺斯逃亡到布鲁塞尔，发表反对革命的宣言，组织流亡贵族团体，请求其他国家的君主同大革命做斗争。路易十六死后，其侄子路易十七在狱中被保王党遥奉为国王，伯爵自任路易十七的摄政。1795 年，路易十七死于狱中，伯爵自立为路易十八世。至此，詹姆斯在他身上的投资也等到"开花结果"的时刻，同一年，法国罗斯柴尔德银行宣告成立。

可以说，1815 年的滑铁卢战役，对于一代枭雄拿破仑来说是事业的末路，而对于罗斯柴尔德家族来说，却是发迹的始端。罗斯柴尔德家族的第二代，即阿姆谢尔、萨洛蒙、内森、卡尔和詹姆斯五兄弟，从此正式登上欧洲的金融舞台。

在日后的法国商业史中，我们还将看到罗斯柴尔德家族幕后操控的身影，詹姆斯·罗斯柴尔德及其后人堪称掌控法国政治、经济格局的"无冕之王"。

虽然拿破仑时代已经终结，但是他对法国经济的影响并没有因此结束。拿破仑确立的一系列国家社会经济措施，对法国乃至全球经济的发展都起到至关重要的作用。

在法国本土，拿破仑颁发一系列的法律法典，特别是《民法典》成为法国最重要也是世界上第一部资本主义的法律法典，保障资本主义经济的持续发展。他创办的法兰西银行推动了工商业的复兴以及国家经济的振兴，公立中学和法兰西大学在科学研究和技术教育方面培养大批人才，保障法国工商业对人才的渴望。

拿破仑对西班牙的战争削弱了对手的国家实力，他的传统殖民地拉丁美洲得到喘息机会，拉丁美洲独立运动从此爆发。他将在北美洲的殖民地路易斯安那州出售给美国，后者从此不断壮大。战后的维也纳体系更是确立了很多新兴国家的雏形，他对于欧洲一体所作的努力也为其后欧洲一体化提出了许多借鉴之处。

虽然拿破仑战争最终以拿破仑兵败结束，但是拿破仑通过战争向欧洲大陆输送了革命。战后确立的维也纳体系，没有抵住革命浪潮的冲击，迅速走向瓦解。到 1830 年法国"七月革命"之时，这个体系已经名存实亡，欧洲 1848 年革命将这个体系彻底瓦解。维也纳体系的设计是为了维护欧洲均势，当其瓦解之后就出现欧洲霸权的争夺。法国作为战败国，受到压制与剥削，不仅失去大片领土，而且失去了重要的工业原料产地。

法国在战争中的惨败以及与德意志民族的矛盾并没有使得法国的工业经济一蹶不振，反而激发法兰西民族不断加快国家经济的发展速度，甚至在几十年之后，他们在经济壮大时重新集结民族仇恨。当德意志统一已经变得势在必行，普鲁士和法国首先站在对立面。法国为了维护在欧洲的霸权地位以及欧洲均势，阻止德意志统一形成对法国霸权的威胁；德意志资产阶级已发出统一德意志的"号令"，欧洲大陆也将有德意志民族的一席之地。

战争烽烟再起，普法战争一触即发，谁将成为新霸主？谁又将在乱世中，上演大商崛起的神话？

第2章
大逆转与大败局

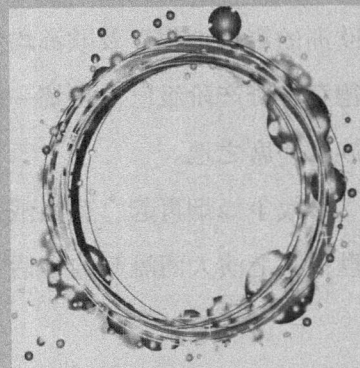

历史上重要的转折点，总是与战争密不可分，甚至以战争为标志。对于商业史而言，战争的标志意义则更为明显。一方面，战争既打破国家边界，也削弱统治能力，在与政府的博弈中，商人拥有平等对话甚至决定胜负的权力，企业家阶层得以站立；另一方面，战火中的商业冷酷中积蓄火热，萧条中饱含生机，几乎每次战争都会带来行业洗牌和经济变革。

当掠夺和入侵成为积累财富的捷径，新崛起的强国便对商业的漫长而理性的进化失去耐心，军队取代公司，枪炮替代商品。

拿破仑时代之后，法国商业教父崛起的新机遇，仍然以又一次大规模战争为开端。乱世出英雄，战争无疑是快速攫取财富的捷径，在商人们追逐财富的历程中，有些人逆势而上，实现逆转，有些人则兵败如山倒，黯然落幕。

1868 年，西班牙发生政变，国王宝座出现空缺，西班牙政府意欲将王位传给利奥波特亲王。这本来与法国没什么关系，但是亲王的霍恩索伦家族是普鲁士国王威廉一世的远亲，而普鲁士正统治北德意志联邦，一旦国王的远亲控制西班牙，就会对法国形成双面夹击。法国无法容忍，多次向普鲁士提出交涉，国王威廉一世口头答应法国的要求，拒绝利奥波特亲王继任西班牙国王，无奈却中了俾斯麦私自改动电报文稿的圈套，修改后的电文宣扬法国大使的咄咄逼人与普鲁士国王的无可奈何。

这些莫须有的内容被故意泄露给媒体，瞬间在欧洲大陆广泛传播，法国陷入舆论旋涡之中。1870 年，不肯屈从的法国向普鲁士宣战，普法战争爆发。在战争第一个阶段，法国军队惨败，巴黎公社接管政权。巴黎公社的出现激发起全国各地的公社活动，无产阶级政权在各地风起云涌，他们在法国主要大城市发动革命，如马赛、里昂、里摩日、圣太田、土鲁斯等地，建立公社。

在施耐德兄弟工厂所在地克鲁索，工人暴动频繁发生，人心思变。

此时阿道夫·施耐德已经去世，弟弟欧仁·施耐德年迈多病，掌管施耐德家族的是欧仁·施耐德的儿子亨利·施耐德。亨利所面临的困境并不比父辈轻松。法国在普法战争中惨败，拿破仑三世下台，本来在拿破仑身上押注大量心血的施耐德家族已六神无主。与此同时，达官贵族以及银行家纷纷逃亡国外，留下的有些被杀害，这些施耐德家族所倚重的存在几十年的关系网络瞬间崩塌。无论是政治裙带还是资金来源上，施耐德家族都面临绝境。

雪上加霜的是，施耐德工厂的工人罢工愈演愈烈。临时掌权的巴黎公社代表无产阶级利益，各地工人都效仿巴黎公社开展夺权运动，克鲁索的工人运动热火朝天，施耐德工厂内工人阶级也数次发动罢工争取更多权利。亨利临危受命，此时刚过而立之年，与 27 岁的弟弟欧仁二世走到台前。

实际上，第一代施耐德兄弟对待工人从没有像其他资本家那样压榨盘剥。他们自幼受到良好的人文主义教育，在当时资本家当中算是比较开明的。而且欧仁从小对机械着迷，很早就与工人打成一片，对工人有着深厚的感情。在他们掌权期间，曾推出一系列改革政策，在工作时间方面，他们把工人的工作时间缩短到 12 个小时。在待遇方面，他们适当提高工人的薪水，并且保障工人每年有 8 天的带薪休假。另外，施耐德工厂内部开设有商店，所售商品比市场价格便宜很多，同时还开办工厂子弟小学、幼儿园和托儿所等，消除工人的后顾之忧，让他们全身心投入到生产当中。在当时看来，施耐德兄弟绝对是资本家中的异类。

然而，世易时移，工人罢工逼迫亨利不得不坐到谈判桌上，几近绝路的施耐德家族显然无法满足工人提出的要求，谈判破裂，工人试图开展更加猛烈的罢工运动。

亨利没有被眼前的惨状吓倒，混乱之中仍然坚信家族还是有复兴的机会。虽然关系网络千疮百孔，但是家族声望还在。另外，工厂资源还没有被巴黎公社领导的工人阶级接管，还掌握在自己的手中。亨利采取针锋相对的措施。一方面，下令严禁工厂停工，要求保持工厂正常运转，哪怕产生大量库存。亨利相信战争乌云终将过去，生活会回到从前，他们的钢铁制品在不久的将来一定会回到热销状态。另一方面，他仍然像父辈那样坚信，工人资源是施耐德的重要资源，是他们创造了家族的巨量利润。目前技术工人大量失业，基本断掉经济来源，其他工厂要么不复存在，要么低价招工勉强支撑。大街小巷挤满罢工和求职的员工，工人要求政治权利和经济利益之后，最终要回归正常的生活，他们还是需要工资来支撑家庭生活。

在亨利看来，这正是改善工人与工厂紧张关系的大好时机，他没有像其他厂矿那样压低工人工资，反其道而行之，将工资提高一倍，这对广大的工人阶级充满诱惑力。对于施耐德公司来说，此举既能够缓解劳资双方的紧张关系，又能保障工厂连续运转。本来克鲁索工厂的丰厚待遇就人尽皆知，如今又提高工资，大量工人在大门口排起长队，期望进入施耐德工厂工作。

然而，在动乱时期保持产能实在是赌博，家族内部一直反对，外界充满质疑之声。从公司运营上来说，工厂产出仍然保持现状，但是销售却出现直线下滑，这意味着大量资金被占用，钢铁冶炼行业对资金链的良性运转有很大依赖。而且，工人工资不降反升，这又是一笔不小的开支。没有人相信亨利会力挽狂澜，拯救施耐德家族于水深火热之中，反而觉得他在主动将工厂推向破产边缘。

当时国内的资本市场惨不忍睹，来自国内银行家的资金支持已不复存在。但是，国外资本市场仍然存在机会，亨利在欧洲市场遍寻各大贵族以及银行援助，东奔西走，最后终于说动权势熏天的罗斯柴尔德家族，得到他们的资金支持，但条件是用工厂作为抵押。亨利必须冒险一搏，破釜沉舟用工厂抵押，换来大量资金，施耐德公司一招制胜，满盘皆活。

处于动荡时局，企业得以存活已是万幸，更不要说在技术上有所创新，大多数企业家已经无暇顾及，颓废度日。但亨利似乎永远充满活力，而且逆势而行，他匪夷所思地主张引进一种名为"托马斯炼钢法"的全新技术。不知道从什么时候开始，亨利厌倦了对无磷矿石的依赖，"托马斯炼钢法"能够通过化学手段解决含有磷元素矿石的脱磷问题。这种方法一旦引入，将使储量丰富但价格低廉的高含磷的矿石得以充分利用，既能够解决原材料问题，又能缓解高价采购无磷矿石带来的成本压力。

技术更新换代的效果可以预见，但是在效率提高之前必须对现有工厂设施设备进行改造，这又是一笔不小的花费。施耐德家族成员再次表达不满，他们压抑已久的情绪急需一个出气口来宣泄，就像暴动的工人一样蠢蠢欲动，亨利的地位岌岌可危。孤军奋战的亨利急需一个强有力的支持者，艰难时刻，重病缠身的欧仁站了出来，可以说他声望犹存，也可以说倚老卖老，倚重过去的辉煌成就和对事实的独到见解，他力排众议，说服大家支持亨利的经营策略。

法国局势也在发生变化，呼风唤雨的巴黎公社很快走向灭亡。1871年5月28日，聚集在巴黎西南方向几十千米的凡尔赛政府军进攻巴黎，加上反法同盟的协助，他们成功实现复辟，轰轰烈烈的巴黎公社如昙花一现。取而代之的是梯也尔政府，化解资产阶级政权被工人阶级摧毁的危机。不过，梯也尔在总统位置屁股还没坐热，就像废弃的棋子一样被以麦克马洪为首的君主派势力撤走，如果不是因为德国军队的占领，他们也许早就动手了，被恩格斯称为"法国最大的笨蛋"——麦克马洪上台。

虽然梯也尔在动乱结束初期仅仅执政两年，但是在恢复正常秩序方面的各种举措卓有成效。他在加强国防、整顿和改革国家机构、恢复和发展经济等方面做了大量工作，其中有一项内容成为施耐德工厂的救命稻草，这就是时任公共工程部长、工程师夏尔德·弗雷西内提出的著名的弗雷西内计划。这项计划旨在全力发展全国交通业，由政府出资完善法国以铁路网为主、航运为辅的综合运输体系。施耐德家族由此迎来第二次复兴的机遇。

战火硝烟中，法国大多数钢铁冶炼公司都处于停产状态，此时政府突然采购大量铁路设备，拥有大量库存且在钢铁、重工业、铁路与造船业等领域都极具竞争力的施耐德工厂成为耀眼的明星。大家不会忘记法国第一辆蒸汽机火车就是在这里诞生的，亨利引进的"托马斯炼钢法"和招聘的大量熟练工人也为政府所重视。冒险也好，远见也罢，再加上一点运气，亨利获得大量政府订单，施耐德公司逐步垄断全国的冶金生产。

无论家族内部，还是法国商业界，所有人都对这名后起之秀刮目相看。他意气风发，指点江山，渐具"教父"气质。

普法战争最终以巴黎沦陷、法国战败而告终，但最大赢家，不是胜利方普鲁士，而是罗斯柴尔德家族。

此时，罗斯柴尔德家族已经传承至第三代，进入一个全新的黄金时期。当时的英国首相迪斯累利说："现在欧洲有六个强国，他们是英国、法国、俄国、奥地利、普鲁士和罗斯柴尔德家族。"各个强国之间希望利用罗斯柴尔德渠道来转述口信，而罗斯柴尔德家族成员也在各国之间游说，不希望战争爆发影响时局，危害既得利益。

阿尔方斯·罗斯柴尔德是与法国政府高层来往最密切的人，他能随时见到拿破仑三世、普鲁士首相俾斯麦，以及由父亲詹姆斯·罗斯柴尔德一手扶上王位的孟蒂约王后。俾斯麦也是阿尔方斯的密友，他正式访问法国之前，特地抽出时间去法里埃拜访罗斯柴尔德家族，两家的密切关系由此可见一斑。

普法战争进行到 1870 年 11 月，奥地利的罗斯柴尔德就主动向俾斯麦提出希望能为普鲁士提供服务，代收法国未来的战争赔款。当然，奥本海默和其他国际银行家族们也都竞相要求提供服务。俾斯麦征求他的私人银行家布雷施劳德的意见，这样一个肥缺当然大家都想自己揽着，布雷施劳德自告奋勇，迫不及待地于 1871 年 2 月 7 日来到凡尔赛。他拿到最想要的两个大单，为巴黎筹集 2 亿法郎的战争赔款和安排协调整个法国的战争赔款。

在战争赔款数额上，法国梯也尔政府设想的是 50 亿法郎，但俾斯麦向法国提出极为苛刻的条件：五年之内向普鲁士支付 60 亿金法郎的战争赔款！梯也尔像被狗咬了一口，一下子跳了起来。两人为此争吵不休。俾斯麦对法国的反对怒不可遏，其中还有一个原因就是英国方面突然介入，要求俾斯麦适可而止。梯也尔认为，过多的战争赔款既不公平也不现实，法国拿不出这么多钱。俾斯麦暴跳如雷，不依不饶。

最后，震惊的梯也尔建议请出阿尔方斯·罗斯柴尔德出面周旋。俾斯麦与罗斯柴尔德家族交往已久，深知阿尔方斯会使他的巨额勒索泡汤，于是千方百计阻挠，但梯也尔顶住压力，争取到一天的缓冲时间，急电通知阿尔方斯来凡尔赛。阿尔方斯在突破了普鲁士军队的重重封锁后，日夜兼程赶到了凡尔赛，与普方的金融专家布莱施罗德和多纳斯马克进行了紧张的谈判。暴跳如雷的俾斯麦，把火全部发泄到了阿尔方斯的身上。阿尔方斯毫不让步，坚持 50 亿法郎是个"可持续"的赔偿数额。

发火归发火，罗斯柴尔德在国际金融市场的地位不可撼动，不接受他的条件，就休想在欧洲市场上募集足够的战争赔款，普鲁士大军就得无限期驻守在充满敌意的法国境内，部队每日的一切供应开销都在迅速增加，而普鲁士国内和欧洲各国对俾斯麦的不满也在快速积累，随时有腹背受敌之危。

而在此之前，阿尔方斯已经通过英国的罗斯柴尔德家族成员向英国政府施加影响，警告普鲁士不要过分削弱法国，权衡利弊之后，俾斯麦只得接受罗斯柴尔德的 50 亿法郎报价。法国梯也尔政府搞不定的事，罗斯柴尔德家族一出面立刻搞定。

在罗斯柴尔德家族的周旋之下，法国成功地将战争赔款削减 10 亿法郎，并把还款期由五年延长到八年。1871 年，普法签订著名的《凡尔赛和约》，其中规定欧洲所有显赫的银行家须为法国的战争赔款作保，对于罗斯柴尔德家族来说，这当然是一笔大生意。同时，法国罗斯柴尔德银行也在新政府中重新建立主导地位。

随即法国方面开始筹备第一笔 20 亿法郎的战争赔款债券，利率设定为 5%，以布雷施劳德为首的德国承销财团建立起来，奥本海默、沃伯格等家族参与发行。结果债券发行获得极大的成功，超额认购高达 14 倍。赔款总额提前完成，并由罗斯柴尔德家族银行直接汇到布雷施劳德银行和汉斯曼银行。1872 年，第二笔 30 亿法郎的战争赔偿债券超额认购达 13 倍，奥本海默家族单独承销了 49 亿泰勒，其中他们自己持有 7 400 万泰勒。赔款工作进行得出奇顺利。1873 年夏，惊人的 50 亿法郎的战争赔款全部完成。普鲁士军队开始撤出法国领土。

有句俗语说："大炮一响，黄金万两。"这是"战争经济学"最通俗的说法，往往一次大型战争就能造就一个"富翁"。罗斯柴尔德家族通过自己的影响，一方面扮演问题的解决者，另一方面却又是问题的制造者。他们为战争双方提供从军火公司上市、发行军火债券、运转融资，到国家战争债券发行、战后的赔款债券承销、赔款资金划转、国家重建融资等业务的一揽子战争综合解决方案。

正所谓"福兮祸所伏"，一场前所未有的危机正悄悄逼近，法国罗斯柴尔德家族将遭受灭顶之灾。

在 19 世纪 80 年代，一股反犹浪潮开始在法国兴起。来自于一名曾经在威特姆斯坦家族工作的人的说法最能证明这一点。此人名叫卡尔，尽管他在公司工作得比大多数犹太雇员都要卖力，但还是被解雇，他因此非常痛恨犹太人，并且认为犹太人应该为经济危机的后果负责。此言获得 1873 年经济崩溃后苦苦挣扎的众多德国人的心理共鸣。

在犹太人当中，地位显赫、富可敌国的罗斯柴尔德家族很自然地就被当作首要的攻击目标。英国的罗斯柴尔德后代华尔特打猎时被几个失业工人从马上拉下来，险些丧命。更严重的，还有两次暗杀未遂事件。当时，有一本著作《工人领袖》极力丑化罗斯柴尔德家族，称他们为：

"一群吸血的人，他们是在这个世纪以来欧洲所发生的数不胜数的麻烦和灾难的源头，而且主要是通过在那些从无过节的国家之间挑动战争来为自己积累大量的财富。无论在欧洲的什么地方出现麻烦，那里马上就会有战争的谣言四处流传，人们的心理就会因为对剧变和灾难的担心而发狂，这个时候，可以肯定的是，一名长着鹰钩鼻的罗斯柴尔德就会在离骚乱不远的某个地方操纵他的把戏。"

在这种情形下，罗斯柴尔德家族与法国本地金融家的竞争，在某种程度上更为这股反犹浪潮火上浇油。1876 年，法国国民议会中的一位右翼议员庞多在议会中煽风点火，称以罗斯柴尔德家族为代表的犹太人是附在法国金融体系上的"吸血鬼"。1880 年，庞多写了一份招投书，号召由他主导成立一家商业银行，将欧洲天主教徒的积蓄汇集起来，推翻罗斯柴尔德的金融主宰地位。庞多的计划得到了教皇利奥八世的支持，他很快筹集到 400 万法郎，成立反犹色彩强烈的联合民众银行。

联合民众银行的股票在巴黎证券交易所上市没几个月，便从 500 法郎一路飙升至 2 000 法郎。庞多认为时机到了，于是联合了几家奥地利罗斯柴尔德的竞争对手，试图向中欧扩张。但庞多没想到的是，在尔虞我诈的法国金融市场上千锤百炼过的罗斯柴尔德家族，早已识破了他的如意算盘。在与庞多的较量中，罗斯柴尔德兄弟们运用智慧，沉着迎战，化险为夷；他们更是凭借财富和非凡的商业智慧，令对手算盘尽失，无可奈何。

在联合民众银行刚上市的时候，法国罗斯柴尔德三兄弟通过秘密代理人在低价位吃进大量股票，然后连续两年按兵不动。1882 年 1 月 5—20 日期间，爱德蒙统帅下的法国罗斯柴尔德银行利用手中持有的大量筹码，在股市上猛烈打压联合民众银行的股价，仅用了半个月的时间，就使联合民众银行的股价从 3 000 法郎跌至 900 法郎。

三兄弟选取的反击时机也非常精准。联合民众银行成立两年来，政客出身的庞多在经营金融方面也是一个外行，银行内部管理混乱，在生意方面又过度投机，气数将近，在内外夹击下，联合民众银行很快就垮台了。联合民众银行的破产，使成千上万信奉天主教的法国中小投资者一夜之间沦为赤贫阶层。

罗斯柴尔德家族的影响力并未因反犹浪潮遭到削弱，反而与日俱增。比如幕后操控苏伊士运河控制权争夺战，使得法国最终遗憾失手，被老对头英国算计成功。

1875 年，一个星期天的晚上，莱昂内尔·罗斯柴尔德（罗斯柴尔德家族第三代，英国分支机构掌门人内森·罗斯柴尔德之子，1808—1879年）在伦敦宅邸宴请英国首相迪斯雷利。此前，迪斯雷利与罗斯柴尔德家族交往已经十几年，关系密切。1846 年，莱昂内尔曾经帮助迪斯雷利在法国铁路上进行投机，几年后，又帮助迪斯雷利处理他的债务纠纷（当时的金额超过 5 000 英镑）。他们之间的情谊远远超越金钱范围，彼此欣赏对方的智慧和才干。迪斯雷利作为小说家最高产的时期，罗斯柴尔德家族提供过最大限度的帮助，毫无疑问，他们之间的关系非同寻常。

席间，莱昂内尔收到一份来自法国的情报，罗斯柴尔德家族法国分行透露：埃及国王因缺少资金，打算把他掌握的 17.7 万股苏伊士运河股票卖给法国政府，但不满意法国方面提出的报价，所以要卖给其他国家。

迪斯雷利和莱昂内尔意识到这是一个千载难逢的机遇。思忖良久，探询道："大概需要多少钱？"巴黎方面再次发来密报，"报价 400 万英镑。"迪斯雷利毫不犹豫："要不惜一切代价买下运河。"莱昂内尔没有表态，他再次进行核实，证明情报准确无误。

事不宜迟，要抢在其他国家前头拿下运河，就必须在确保高度机密的情况下迅速敲定这桩生意。然而，英国议会正在休假，来不及重新召集开会进行冗长的辩论。迪斯雷利也不愿意找"老太太"般反应迟钝的英格兰银行，不仅手头一时拿不出这么多现金，即使有，也不符合法律规定——在议会休假期间，英格兰银行没有权利放贷给政府。找股份制银行也来不及，走公开市场募集更行不通，这样动静太大容易走漏风声。思来想去，迪斯雷利觉得唯有罗斯柴尔德银行是最佳选择。

英国如愿控制苏伊士运河，罗斯柴尔德家族因此带来巨大的政治、军事和经济利益，通过这笔关于苏伊士运河的财政融资向英国内政外交的核心决策层进一步靠拢，把关系拉得更近。这件事成为一个战略拐点，此后罗斯柴尔德家族对英国和埃及的外交政策和事务可以名正言顺"插上一脚"，对英国公共政策和事务的影响力逐渐开始超过"政治挂帅"的巴林银行，并渐渐将后者甩在身后。

这是莱昂内尔的胜利，更少不了罗斯柴尔德家族法国分行的情报支持，作为功臣、手足，他们将分享苏伊士运河带来的衍生利益。

随着英国势力范围向埃及扩张，罗斯柴尔德家族也搭上顺风车，把融资业务全面铺进埃及。在 1885—1893 年，罗斯柴尔德银行和布雷施劳德联手，由罗斯柴尔德家族在伦敦、巴黎和法兰克福的机构主导，包揽埃及最大的四宗国债发行，总额接近 5 000 万英镑。

法国并没有因为普法战争失利而一败涂地，尽管财政拮据、债台高筑，1885 年，法国政府仍计划在 4 年后举行一个盛大的万国博览会，以庆祝法国大革命胜利 100 周年。官员们希望建造一个能象征 19 世纪艺术成果的建筑以展示法国实力，在博览会上作为重要展品登台亮相。

当时，美国高 160 米的华盛顿纪念碑是世界上最高建筑，法国希望超越这一纪录。

埃菲尔铁塔因此诞生，亚历山大·古斯塔夫·埃菲尔一夜成名。

埃菲尔是一位出色的设计师、工程师，也是埃菲尔公司总经理，一名企业家，也是一位商业教父级人物。因为修建埃菲尔铁塔，施耐德与埃菲尔两个不相关的家族才产生联系。

埃菲尔出生于 1832 年，父亲是部队文职人员。但是由于家境贫困，母亲不得不将埃菲尔托付给娘家抚养，腾出手来经营小煤栈，补贴家用。在这段时间，母亲和外婆的教育养成埃菲尔独立思考、善于发现、勇于创新的精神。

在创作埃菲尔铁塔之前，埃菲尔的作品已遍布欧洲和美洲。巴黎博览会的机器展览馆，葡萄牙杜洛河的铁桥，布达佩斯火车站，多瑙河大桥，加拉比高架桥，中南美洲玻利维亚、秘鲁、智利等国的一些桥梁和楼阁，等等，这些成功的作品使得埃菲尔声名远播，成为欧洲顶尖设计师。在施工工艺上，他大胆突破，在主持修建波尔多吉隆河铁道桥过程中，他首次使用高压驱动桥墩技术，在吉隆河上立起 6 根桥墩，然后将 500 米长的钢构构件成功架设在这些桥墩上，这是工程技术上的创举。

在埃菲尔众多的作品当中，最不为人知的是远在纽约港的自由女神像。这尊女神像名义上出自于当时著名的雕刻家弗雷德里克·奥古斯都·巴托尔迪之手，他生于 1834 年，1851 年 11 月 8 日晚上，巴黎民众抗议路易－拿破仑·波拿巴恢复帝制，有一位英勇女子手持火把，一边越过路障一边高呼前进口号，不幸被枪弹击中，还没有来得及变换身体姿势便倒在血泊中，亲眼看见惨剧的热血青年巴托尔迪对这一幕印象深刻。为庆祝美国独立 100 周年，巴托尔迪在 1876 年开始设计自由女神像。

在选材及工艺上，巴托尔迪准备采用铜片镶钉的办法建造，却顾虑飓风袭击会轰然倒塌。他找到在工业建筑界小有名气的埃菲尔求助，埃菲尔很快提交新方案，他设计出一座形状类似铁塔的金属架构，下面安装四个支架，像脚一样嵌入 8 米深的石选台基座，外部造型再一片片固定在这个铁塔架构上。巴托尔迪对这个设计赞叹不已，就这样，两位天才设计师成功完成自由女神像的设计方案。

1875 年，巴托尔迪牵头建立法美联合会，在当年 11 月召开的联合会宴会上，他将建造完成的自由女神像摆在中央大厅，赢得交口称赞。后来巴托尔迪携自由女神像参加费城艺术博览会，在美国本土引起极大轰动，美国政府批准接受法国送来的象征自由与友谊的礼物，从此，自由女神像屹立在纽约港，至今 140 多年。

1886 年 5 月 2 日，法国政府面向公众举行设计大赛，研究在巴黎市区竖起 300 米高塔的可能性。但是，政府并不希望这个高塔作为永久建筑存在，达到一定年限后将予以拆除，因此所有参赛作品必须能够满足两个条件：第一，高塔具有较强的观赏价值，可以募集资金，建成后的门票收入能够支撑整个工程的建设以及维护费用；第二，高塔是临时建筑，达到一定年限后随时能够被拆除。比赛收到 107 份参赛设计稿，设计作品大部分表现平平，有些让人哭笑不得，比如有人提议建造一个巨大的断头台，还有人设想出一个高大的喷水装置，这样在旅游季节可供欣赏，而干旱季节还能灌溉整个巴黎农田。

这一年，埃菲尔已年过花甲。他的设计方案是，把 5 根横梁立起来，组成塔的结构，这就是埃菲尔铁塔的原型。这个灵感来自于他此前在索尔河上建造的高架桥，在这座高架桥施工中，埃菲尔公司在山谷中架设两座 59 米高的铁塔，两座铁塔作为支撑向上逐渐变细，最后撑起整个高架桥。有鉴于此，埃菲尔经过精心设计与理论测算，设计出独特的金属结构高塔，高度完全可以达到 300 米，这比当时巴黎著名建筑罗浮宫、凯旋门、巴黎圣母院等高度加起来还要高。选材方面，钢材质地坚韧，不易折损，但是晃动幅度偏大，如果放在 300 米高的地方，在风力作用下来回摆动的后果简直无法想象。最终，埃菲尔决定采用铁质材料。

埃菲尔最大的竞争对手是布尔代，他的作品是一座 300 米高的花岗石材料的灯塔，他的口号是"让灯塔照亮整个巴黎"。按照他的设计，建造完成的灯塔顶端安装一个巨大灯泡，巴黎市区的明亮程度是之前的 8 倍，夜间市民完全可以在大街上阅读报纸，连安装与维修路灯的费用都能省掉。埃菲尔对此不以为然，仅建筑自重就会使灯塔陷入泥土之中，倒塌的危险极大，美国华盛顿纪念碑也是类似的花岗石结构，建造了 35 年，最后仍没有突破 160 米。

但是，法国政府将布尔代的方案列入备选。埃菲尔求助于老友——时任商业和工业部长的爱德华·洛克鲁瓦，老朋友心领神会，在参赛细则中又加上一条：如果是高塔，则必须是金属结构。这无异于宣判布尔代被淘汰出局，埃菲尔胜出毫无悬念。

然而，埃菲尔的设计在街头巷尾却引发热议，人们认为这是一个毫无用处的摆设，而且浪费资源，议员们也认为这个结果有失稳妥。埃菲尔说服巴黎的记者对这个项目进行客观报道，正是这次偶然的公关之举，使得整个埃菲尔铁塔的建造全过程得以记录下来，反对之声有所减少。

工程很快从设计转入施工阶段。首先是土壤勘测，按照设计图纸，埃菲尔要在圣战广场打下四块塔基，塔基成正方形分布，它们的直线距离为 125 米。其中两个塔基在做土壤勘测测试的过程中，发现土壤太过松软，因为这里处在塞纳河近端，水量偏大，每下挖一立方米，就会有泥土回流，松软土质会使塔基极不稳定，高塔定会摇摇欲坠。这对埃菲尔造成不小的打击，工程被迫停工，附近军校骑兵队又回到施工工地恢复马术训练。

埃菲尔另辟蹊径，提出在塔基处挖一个 8 米深的大坑，进行气压沉箱施工，但是预算超支 5 万法郎。他再次找到洛克鲁瓦支持，却被告知："议会主席因为这件事情正想取消这个项目，甚至不想与你打招呼。"埃菲尔被逼无奈，为避免伟大创作胎死腹中，当场表示超支部分由自己负责。跟踪报道的记者觉得不可思议，"就像一个活棺材沉入水底进行施工"，埃菲尔解释说，这就像把一个小杯子倒着压入水中，杯子里面会被压入一些空气，工人们就在这样的环境下进行施工。其实，这种办法在埃菲尔建造加拉比大桥时就曾用过。

没想到，新方案再次激起更大的反对之声。包括左拉、古诺德、小仲马、莫泊桑在内的 300 多名社会精英联名公告反对兴建铁塔，认为这是在亵渎法兰西的文明，他们在抗议书中写道："我们深爱巴黎之美、珍惜巴黎形象，现在以法国色彩被蔑视、法国历史遭威胁的名义，义正严辞地抗议这座建筑在我们美丽首都的心脏位置的荒谬的怪物。请试想一下，巴黎的美丽建筑怎么能与一个使人头晕目眩、怪异可笑的黑色大烟囱放在一起？黑铁塔一定会用它的野蛮破坏整个巴黎建筑氛围，令巴黎建筑蒙羞，巴黎之美将在一场噩梦中彻底丧失。这是滴在纯净白纸上的一滴肮脏的墨水，是魔鬼强涂在巴黎美丽脸庞上的可怕污点。"[①] 有一位科学家计算，当铁塔盖到 748 英尺（228 米）时就会自然倒塌。在不同场合，左拉说它是"插在巴黎心脏上的一把刀"，小仲马称之为"巴黎的一盏不幸的路灯"。

这一次，埃菲尔沉默以对，他将以事实让反对的保守主义者闭嘴。在一片抗议声中，埃菲尔团队很快完成 39 000 立方米的挖方施工，他是个完美主义者，对每一个部件都精确计算，每一道工序都科学安排，每一张图纸都仔细绘制，禁止出现任何差错。为了保障这个完美之作能够成功问世，他们先后绘制 1 700 多张横图、3 629 张直型图纸，在 18 038 个零部件的加工过程中，每个误差不超过十分之一毫米。

新问题出现了：横梁安装遇到麻烦，埃菲尔用横梁将四根高达 180

---

① 埃菲尔铁塔诞生记：http://www.jianshe99.com/new/201206/xu2012062009571172 560699.shtml。

英尺的塔墩立柱连接起来，承担 800 英尺高的塔身，如何平稳连接并保持误差最低是一个棘手的技术问题。时值冬季，工人申请改善待遇，埃菲尔全部满足，因为他们才是解决最终问题的人。工人们自主采用漏沙施工的办法，先把横梁放高，在横梁与基础之间铺垫装满沙的盒子，当横梁放下之后，沙子将从设计好的漏口处流出，最后用人眼对齐完成定位和安装。当横梁成功安装完毕，拿望远镜在远处观看放置过程的埃菲尔说了一个词："完美。"横梁安装误差保持在十分之一毫米范围内，塔墩从地面延伸到 50 多米高的第一平台水平误差也不超过 2.5 英寸。铆工倾尽汗水，他们 4 个人一组，总共 40 个小组，平均每天完成 3 200 个铆钉安装。他们先将铆钉放在准备好的火炉里加热到 1 200 度，然后用钳子将铆钉放入钉孔，用锤子锤打至合适的位置，待铆钉冷却后就将固件连在一起。

当埃菲尔铁塔建造完成后，工人恋恋不舍地走下铁塔。以后他们再想爬上这座高塔，就需要买票进入了。

埃菲尔铁塔最终如期竣工，法国总统到场庆贺并剪彩。然而，反对的声音并没有淹没在庆贺音乐中，特别是当 8 月 9 日下午一场雷雨突如其来，那些反对者冷眼旁观这个铁怪物能否禁得住大自然的袭击。果然，一道闪电击中铁塔顶端通过电缆连接塞纳河的避雷针，当场损坏，但是铁塔的重要设施却安然无恙。面对现实，反对者哑然无声。

万国博览会期间，埃菲尔铁塔首次向世人亮相，引得巴黎人民争相观看。世界各地成千上万的人们慕名来到法国，只为一睹风采。波斯国王兴高采烈，却恐惧铁塔的高度，只得让随从代替自己登上塔顶。

埃菲尔铁塔建成后，莫泊桑经常跑到铁塔一层的餐厅用餐，当别人质问时，他诡辩道："只有在这里才看不到铁塔。"没有人知道他的真实想法。作为当时法国钢铁技术与艺术品位的结合，埃菲尔铁塔仍然吸引艺术大师的目光，毕加索曾经为它创作一张美丽的画作，诗人阿波列奈尔歌颂它是"云朵里的牧羊女"，罗兰·巴特赞叹"它总是那么友善，融入巴黎的日常生活"[①]。

在这场博览会上，除了埃菲尔铁塔，还有法国汽车工业先驱阿尔芒·标致研制的塞波莱－标致车，另一位汽车工业教父路易·雷诺当时还是观众。

可是，盛名之下却藏隐痛。法国政府早已表示不负担全部工程款，埃菲尔本人只好承担 740 万法郎工程预算的 80%，法国政府与巴黎市政承担其余 20%，作为交换，埃菲尔本人保有铁塔 20 年的经营权。作为企业家，埃菲尔当然不会放过这个赚钱的好机会，铁塔有别于其他公共建筑，在设计之初就有经营盈利的规划。

铁塔共设计三层平台，每一层埃菲尔都物尽其用。第一层平台离地面 57 米，主要有餐厅、咖啡厅和商店等。第二层高 115 米，设立有邮局、面包店和画廊等，整个铁塔可以同时容纳 10 416 名付费的游客。第三层是埃菲尔的私人会所，可以承办重要人士的接待活动。在这里，他接待过美国发明家爱迪生，两位世界上伟大人物坐在一起，而其后埃菲尔铁塔也因为爱迪生的伟大发明被拯救，免于被拆除的命运，这些都是后话。

访问结束后，爱迪生给埃菲尔留言评价道："埃菲尔先生作为勇敢的工程师，建造了现代工程伟大的、独创的典范。"[②] 在后来成功安装电梯后，如果游客厌烦徒手攀爬，还可以选择乘坐电梯到达各层平台，但他们需要支付相应费用：从地面乘坐电梯到第一层平台，需要支付 2 法郎，到达顶层俯瞰巴黎全景则需花费 5 法郎，四部电梯可以同时容纳 100 人上下。凭借埃菲尔的经营天赋，就是这座不被看好的"垃圾钢架"，包括

---

① 吴锡德编．法国制造 ［M］．上海：生活·读书·新知三联书店，2012：197.
② 埃菲尔铁塔诞生记：http：//www.jianshe99.com/new/201206/xu2012062009571172560699.shtml。

门票收入在内，埃菲尔在当年 5—9 月份的万国博览会期间，就收回 740 万投资中的 90% 左右。可想而知，其后 20 年的经营权他还将获益丰厚。

值得一提的是，埃菲尔铁塔共耗费 7 000 吨钢铁，由 12 000 多个金属部件，295 万个铆钉组装而成，而这些钢铁部件大部分来自于同一家工厂——施耐德公司。施耐德的工厂将部件初步加工完后，运至埃菲尔自己的加工车间，进行打孔等进一步加工，最后用泊船运到施工现场，所用泊船的发动机也由施耐德工厂发明制造。

在铁塔落成之后，法国政府不仅以埃菲尔的名字命名，还授予他一级荣誉勋章。同时，亨利·施耐德的父亲欧仁·施耐德的名字被镌刻于塔身之上，以此纪念他对法国所做出的贡献，与他享受同样荣誉的，还有其他七十一位科学家。

埃菲尔名满天下，社会各界对他寄予厚望，当时恰逢一项重要工程——巴拿马运河修建遇到困难，负责人雷赛布遭遇严重的资金困境，这位成功开凿苏伊士运河的功臣进退两难。在苏伊士运河开通的第十个年头，法国政府又瞄上巴拿马运河的开凿权。

1879 年，雷赛布从哥伦比亚政府手中取得巴拿马运河开凿权。没过几年，他成立巴拿马运河公司，准备进军哥伦比亚，还发行大量股票，发财心切的中小资产阶级将巴拿马运河公司的股票抢购一空。

雷赛布照搬苏伊士运河的经验，认为可以利用巴拿马星罗棋布的湖泊修建一条海平式运河，因为这里的地质条件和苏伊士运河十分相像。在巴拿马运河修建 4 年以后，现实彻底击碎雷赛布的自信心，他发现太平洋一端海面要比加勒比一端高出五六米，如果仍然按照苏伊士运河的方案，再多的付出都是徒劳。此时巴拿马运河公司已经投入几十亿法郎，如果就此停工，则意味着前面的巨额投资付诸东流。但是，继续施工的话，所有工程需推倒重来，还需要继续追加大量资金，可是在法国本土融资已困难重重。真是祸不单行，在巴拿马运河施工现场，一种不起眼的蚊子引起黄热病，疫情迅速蔓延，数万工人死于这种疾病，幸存者惶惶不可终日。对于雷赛布来说，巴拿马运河公司已陷入绝境，可他不肯就此认输，四处寻找合伙人，希望打场翻身仗。

声音漂洋过海，悄然传到法国本土。因为埃菲尔铁塔在法国工商界名闻遐迩，埃菲尔威望甚高，人们都认为他是拯救巴拿马运河的唯一"救星"。埃菲尔也希望老骥伏枥，再创辉煌，安然接受重任。果然不负众望，埃菲尔很快就设计出一个修建船闸的方案，他认为运河两边巨大的水位落差是给运河施工造成困阻的瓶颈，因此需要修建船闸来平衡水位。按照 6 米的水位落差计算，他设计出 11 米高的船闸。筹资方面，埃菲尔找到老朋友、银行家雷纳克男爵。

雷纳克与埃菲尔签订协议，贷款一亿两千万法郎，光佣金就要二百多万法郎。这笔资金让埃菲尔的女儿心惊胆战，因为此前埃菲尔铁塔的成本才七百万法郎，要投入到巴拿马运河的资金相当于铁塔的近 20 倍，她认为巴拿马运河是个无底洞。但埃菲尔已别无选择，他已背负"民族英雄"的名声。当埃菲尔宣布进入巴拿马运河公司之后，原本奄奄一息的巴拿马运河公司免于破产命运，他不仅拯救了原来的股东，还拉进新的投资者，他们完全冲着埃菲尔而来。

可是，事与愿违，事情并没有往人们设想的方向发展，所有努力都如同危重病人临死前的挣扎，无可救药。1889 年 2 月，巴拿马运河公司在仅仅完成三分之一工程的情况下，即因为负债 12.8 亿法郎宣布破产。厄运以雷纳克男爵之死为开端。在一个阳光明媚的下午，埃菲尔被告知雷纳克死于家中。工商界一片哗然，有人认为男爵是寿终正寝，有人认为巴拿马运河失败引来投资者暗杀，因为此时雷纳克已经赔进去数亿法郎，也有人说他是无法承受打击而自杀，警察局没有立刻给出答案。

　　陪着雷纳克一同失去财富的还有购买公司股票、债权的无数中小投资者。一石激起千层浪，巴黎的司法系统随后介入调查，雷赛布与埃菲尔均被起诉，因为在公司资金危机的时候，雷赛布曾通过发行按期抽签还本的债权来筹集资金，"但这就需要议会的立法授权和政府的批准，为此公司通过银行中间人动用大量钱财贿买议员、政府高官和新闻界名流。这些在政界和报刊舆论界呼风唤雨的人士在接受贿赂后，很快使议会和政府同意公司大量发行这种债权"①。

　　坊间传闻，以雷赛布为首的公司高管在公司难以为继的情况下侵吞大量资金，而且为了掩盖事情真相，曾大肆贿赂政府官员，先后贿赂的新闻人士和政府官员多达 150 多位。但是无论如何，雷赛布靠庞大的关系网络迅速摆脱干系，没有受到任何实质性的惩罚。当他来到上诉法院时，法官认为埃菲尔在巴拿马公司倒闭过程中以权谋私，将超过 3 000 万法郎的不明收入据为己有，埃菲尔成为替罪羔羊，被判处两年徒刑及两万法郎罚款。

　　虽然实际埃菲尔最终没有被投入监牢，但他已晚节不保。不久，埃菲尔的出生地——第戎的火车站更名，不再叫"埃菲尔火车站"。作为企业家，埃菲尔从介入巴拿马运河之初，就明白企业家对社会应该承担的义务和责任。他不忍看到众多投资者因为自己赔得一干二净，出于多方考虑，最后从自己的腰包拿出 1 000 多万法郎补偿给股东。就这样，在法国历史有着辉煌业绩的两位教父，却在巴拿马运河项目上败北，雷赛布从此退出商业舞台，没有几年便抑郁而终，也许巴拿马是他一辈子的痛。

　　埃菲尔的故事还没有结束，埃菲尔铁塔对法国历史的影响力仍在延续。

---

①　吕一民. 大国通史：法国通史［M］. 上海：上海社会科学院出版社，2007：248.

第3章
发明家的时代

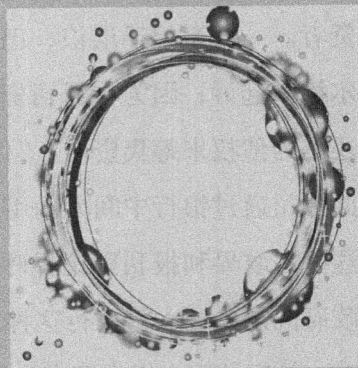

在 19 世纪最后十年中，法国先后发生巴拿马丑闻和德雷福斯事件，政府信誉扫地，经济进程也没有在工业革命的带动下实现飞速发展，甚至有学者认为，这十年是法国经济停滞的十年。据欧洲经济史学家分析，法国各个部门的生产活动都在 1880—1884 年达到顶峰，之后任何部门都没能维持这一水平。"在随后的 27 年中，建筑行业产出平均下降了五分之二；同一期间，铁路工程量的下降程度与建筑行业大体相当。更引人注意的是，在世纪之交，在其他西欧国家开始出现的经济复苏，并不足以将法国经济带向好转并恢复到以前高峰水平的程度"①。

但是，19 世纪 70 年代开始的第二次工业革命浪潮席卷整个资本主义世界。革命的最终成果，是在世界范围内建立资本主义制度，而资本主

---

① M. M. 波斯坦等主编. 剑桥欧洲经济史 [M]. 第七卷上册. 王春法主译，北京：经济科学出版社，2004：328.

义的竞争逐步从生产规模转向生产效率。特别是自然科学知识的普及与发展，使得发明热潮在世界范围内一浪高过一浪。科学与技术的真正结合，很大程度上促进了生产效率的提高与生产技术的改进，而这反过来又推动新生技术与发明的推陈出新。

随之而来的是财富的来源和增长方式都发生巨大变化。原先通过占有资源或提升管理水平，现在变为技术发明和制度创新。虽然在当时的法国，发明家还不是一个让人仰慕的职业，但是在接二连三的战争结束后，第三共和国的社会局面趋于稳定。此时发明家不断涌现，他们开始孕育并收获工业革命的科学成果。

一个国家的科学技术水平，直接反映这个国家对科学发明的重视程度。当知识产权只停留在民间层面，而对出现的侵犯产权视若不见，那么这个国家不会取得重大的科学进步。幸运的是，法国不是这样的国家，这在一定程度上鼓舞了发明家的热情。

法国是世界上最早建立知识产权保护制度的国家之一。早在 1551 年，法国国王亨利二世就曾给一个威尼斯商人发放特权证书，准许他运用威尼斯方法在法国制造 10 年玻璃器皿，从此，法国开始以特权证书的形式对发明进行保护。1791 年，《关于有用发明及保护有用人产权的手段》颁布，规定"各种工业中的每一项发现或新发明均属发明者的财产"，法国进一步从立法的角度确立保护知识产权。

随后，法国政府设立发明专利管理局，专门对新的发明专利及知识产权进行保护和管理。1844 年，法国制定的第二部法律更是把专利权的年限延长至 20 年，这部法律沿用了 125 年，期间不断修改和完善。法国对知识产权的保护，保障了在科技和工业领域的世界领先水平，尤其是汽车领域。当然，知识产权对商业环境和经济发展的促进作用，也同样重要。

巴黎公社之后，施耐德公司凭借亨利的经营才干与领导魄力顺利渡过最困难的岁月，哥哥亨利·施耐德和弟弟欧仁二世带领施耐德工厂实现家族复兴。进入 19 世纪最后十年，早已在钢铁、铁路与造船业占据霸主地位的亨利已经掌握大量资金，他期望在不同的领域创造新的霸业。

19 世纪的法国多灾多难，战争不断。从世纪初开始的法国资产阶级大革命、拿破仑战争、1848 年大革命、1870 年普法战争以及普奥战争等，给法国人民留下的喘息机会不多，但就是在这短时间的战争间歇，法国仍然能够保持发展的活力而没有被其他资本主义国家甩在身后。在战争年代，百业具废，唯有军火行业风生水起。这种现象被心思缜密的亨利发现，在哲学家和道德家眼中，军火是社会的不安定因素，是战争的根源；在科学家看来，军火能够促进相关技术的进步与新技术的研发，促进民用领域的技术创新；但是在企业家看来，这是一片暗藏暴利的"蓝海"。

亨利决定大张旗鼓地涉足军火制造，这是施耐德公司产业扩张的最佳选择。在冷兵器向热兵器改革的时代，如果想制造出经久耐用的枪炮，就必须有成熟的钢铁冶炼技术，这正是施耐德工厂的优势。加上在克鲁索控制大量煤铁资源、熟练的技术工人以及高效的生产效率，他们完全有能力在军火领域放手一搏。军火明显是跨国行业，在欧洲大陆操此行业的没有几家，他们操控欧洲整个军火市场，其中最大的军火商是德国的克虏伯，也是欧仁的最大竞争对手。说到克虏伯，两个家族的恩怨由来已久。

1843 年之后的二十年间，施耐德工厂外销欧洲国家八十多台蒸汽锤，这惹怒了欧洲大陆钢铁领域的传统老大——克虏伯。他们绝对不允许在自己的领域内出现强大的竞争对手，克虏伯也开始研制蒸汽锤。其后两家工厂的蒸汽锤体型不断升级，直到 1861 年克虏伯对外宣布成功研制世界上最大的蒸汽锤，重达 50 吨。这个记录保持了 16 年，施耐德克鲁索工厂终于在 1876 年打破纪录，宣布成功建造出重 80—100 吨的蒸汽锤，并在 1878 年的万国博览会上展出一个 1∶1 比例的木质模型，向老冤家克虏伯示威：施耐德公司终将在机械制造领域占据举足轻重的地位。这个蒸汽锤也一直用到 20 世纪 30 年代才退役，拆除后放在工厂厂区供游客参观。

此次亨利兄弟进入军火领域，无疑是再一次向克虏伯宣战。克虏伯能够在军火领域取得绝对优势，主要得益于出色的钢铁制造技术。他们发明的坩埚铸造大钢块技术，能够制造出其他军火厂商望尘莫及的大口径钢炮。在战争年代，这样的钢炮威力无穷，甚至成为战争双方的制胜法宝。在钢铁制造领域占据霸主地位的施耐德公司也有独特优势，用他们生产的钢材制造大炮，炮身不易破裂。此外，他们还有另外一项领先技术，那就是断隔螺式闭锁机，而且使用压缩进塞具。众所周知，大小炮都有很强的后坐力，这就要求炮膛底部坚硬稳固，能够承受火药释放的巨大压力。施耐德公司的这项技术很好地解决了后坐力的技术难题，闭锁机以及压缩进塞具能够更好地密封炮尾。这样，施耐德公司制造的大炮，炮弹射程与威力大幅提升。这也是他们在军火领域能够与克虏伯一决高低的撒手锏。

凭借技术优势，施耐德公司的军火逐步打开销路，不仅受到欧洲各派武装力量的青睐，亚洲两大强国——中国和日本也装备了施耐德公司的产品。在甲午战争之前，李鸿章自智利购置七艘铁甲舰，其中最先进的"卜拉德"号的主炮就是由施耐德工厂制造的。1894 年甲午海战爆发，日本人为了对付清政府北洋舰队丁汝昌任管带的定远号舰船 350 毫米的钢甲，引进了施耐德工厂生产的加纳炮，以改进松岛级战列舰的火炮。这项举措使北洋舰队在战争中深受其害。

施耐德在军火制造的先进技术，引来一个神秘客人——李鸿章到访。当时甲午战争已经结束，中国被迫签订不平等条约。李鸿章奉命来到西方国家考察，有两个目的：一方面寻求强国之路，一方面考察西方的军火企业。德国的克虏伯与法国的施耐德勒克鲁索工厂都被列入考察名单。先后访问俄国与德国之后，李鸿章来到法国克鲁索，施耐德工厂的工艺与效率使他赞不绝口，但是甲午战争中施耐德军火所起的作用也使他气愤不已。考察结束后，深受触动的李鸿章力主发展军工产业，增强中国军事实力。

如果亨利一直沉迷在军火创造的巨大利润空间里，那么施耐德公司的历史可能在第二次世界大战结束后就画上句号，因为第二次世界大战之后，世界进入和平年代，对军火的需求急速下降。涉足军火之后，弟弟欧仁二世并没有坐享其成，而是延伸到新领域——电力，正是这个举动，才使得今日的施耐德电气闻名于世。

电的发明从最初的理论认识到实际应用经过了几个世纪的发展，直到 1860 年法国的普兰第发明蓄电池。第二次工业革命中，电力技术发明不断涌现。利用丹麦人奥斯特发现的电流磁效应以及英国科学家法拉第发现的电磁感应现象，1866 年德国人西门子发明直流发电机。1882 年，法国学者德普勒发现远距离送电的方法。1877 年，美国的爱迪生开始在纽约建造第一个火力发电厂供电灯使用，电力资源的神奇效用才逐渐走进人们的视野。正是这次工业革命，将人们由"蒸汽时代"带入"电气时代"，但是在法国，电力行业刚刚起步，应用电器更是屈指可数。欧仁二世凭借对高科技的痴迷与重视，说服哥哥亨利，在电力领域进行投资。

在这十年中，施耐德家族的产业格局已形成三足鼎立之势：钢铁与铁路、军火制造、电力应用，在不同时期都能独当一面，实现施耐德急速发展。在这十年间，施耐德公司的钢铁与铁路产业继续占据法国本土霸主地位，成为实际上的托拉斯；直到 19 世纪末，施耐德公司的军火制造使其成为世界第二大军火制造商，紧随克虏伯之后；而电力应用代表施耐德公司的未来，将在几十年后拯救施耐德公司于危亡绝境。

尽管世界各国的经济发展走势各不相同，但客观规律基本一致，脉络相似。以法国为例，连绵不绝的战争催生对石油和煤矿等资源的巨大需求，直接推动铁路迅猛发展，钢铁工业热火朝天，这正是施耐德公司迅速崛起的内在逻辑。到 19 世纪末，石油与钢铁成为汽车工业的两大引擎，资本家与机械师的结合产生化学反应，汽车工业由此蓬勃兴盛。

19 世纪还是火车和马车的时代。短途运输依赖马车，但是其舒适性与安全性不断受到质疑，而蒸汽机已经在各领域得到广泛应用，从小痴迷于机械制造的阿尔芒·标致开始改变运输方式的思考。既然火车头能够用蒸汽机代替，马车为何不可以？阿尔芒经常和兄弟谈起自己心中的疑惑，那时候，与他一样整天思考机动汽车制造的科学家众多。因为从第一辆蒸汽机发明开始，科学家们就没有放弃把发动机安置于马车的尝试。

最早发明汽车的是德国的"奔驰之父"卡尔·本茨，他在 1885 年成功生产出蒸汽机三轮车。1886 年 1 月 29 日，德国曼海姆专利局批准他的专利申请之后，汽车的各项技术发明不断涌现。汽车在法国引起轰动的依然是本茨，1887 年，他将第一辆汽车卖给法国人埃米尔·罗杰斯，这是世界上第一桩汽车销售生意，也使得法国第一次出现汽车的身影。

在这桩交易产生的一年之前，1886 年，德国人哥德利布·戴姆勒把发动机安装在四轮马车上获得成功，世界上第一辆四轮汽车由此诞生。但戴姆勒并不幸运，他的发明在德国遭到冷遇，只好远走法国找门路。法国机械制造商潘哈德和勒伐索慧眼识珠，买下戴姆勒的发动机图纸，并于 1889 年成立汽车制造厂，这是法国第一家汽车制造公司，他们采用戴姆勒的 V2 发动机，并获得戴姆勒发动机在法国的代理权。

阿尔芒听说发明汽车的戴姆勒把图纸卖给潘哈德和勒伐索之后，专程拜访过戴姆勒。这次谈话印证了自己对汽车发展的设想，他决定带领标致公司进军汽车领域，蒸汽动力学专家莱昂·赛波莱是他心目中的合伙人选。1888 年的一天，阿尔芒来到赛波莱的住所，两人相见恨晚，一见如故，很多想法不谋而合，阿尔芒的第一个汽车研制计划正式提上日程。

标致家族在 1725 年开始经营小磨坊，后来拥有一间榨油坊和一间染坊，磨坊逐渐发展成铸造厂，标致家族实现从农业到工业的转型。1832 年，"标致兄弟公司"成立，到 1850 年已兴建 3 座新工厂，生产锯条、弹簧、伞架、咖啡磨等五金制品，后来涉足猎枪、收音机、缝纫机、钟表等精密工具以及外科手术器械和耕种机械等工业设备。1871 年，阿尔芒·标致接手"标致兄弟公司"，将重心转向自行车，并在 1882 年生产出第一辆自行车。1886 年，带有"狮子"商标的"标致"自行车开始量产，迅速风靡整个法国。

1889 年，阿尔芒整整 40 岁，经过将近一年的研究实验，第一批四辆蒸汽三轮机动车终于研发成功，它们有三个车轮装有奔驰的转向机构，这四款车被命名为"标致 1 型"。这是法国汽车的雏形，在汽车史上具有标志性意义。"标致 1 型车"被送到 1889 年巴黎万博会，作为重要展品展出。在这次展会中，阿尔芒见到前来参展的戴姆勒燃油汽车，燃油发动机具有加速快、动力足等优势，他意识到这才是未来的发展趋势，果断放弃蒸汽机车。1890 年，第一批四辆装备燃油发动机的四轮标致汽车在瓦朗蒂涅诞生，车轮仿照戴姆勒，安装上钢质轮圈。

但是，当时整个欧洲市场都将戴姆勒与汽车画上等号，标致亦步亦趋，很难脱颖而出。有一次在工厂进行性能测试时，阿尔芒突发灵感，打算将工厂内部的测试过程放在公众眼前，这不仅是展示汽车质量的大舞台，而且能改变有钱人对汽车的观望态度。

1891 年，阿尔芒亲自驾驶标致 3 型汽车，以唯一参赛汽车的身份，参加在法国和俄国之间的自行车拉力赛。为了进一步刺激观众对汽车的好奇心，9 月份，阿尔芒邀请里古莱和多里奥驾驶一辆以燃油为动力的四轮汽车，以平均 14 千米的时速进行一次长达 2 200 千米的行程测试。这次长途跋涉，从瓦朗蒂涅出发，经过巴黎，抵达大西洋沿岸的布雷斯特，然后返回瓦朗蒂涅。行程测试充分展示标致汽车的非凡品质与耐力，这次冒险在一定程度上也拉近了汽车与达官显贵的距离。这次长途行车测试结束不到半年，阿尔芒就收到远在异国的突尼斯国王的订单。标致家族富有创造力的团队，为突尼斯国王打造出一款独一无二的"标致 4 型车"。

这次测试活动的另外一个收获，就是里古莱和多里奥的驾驶感受。标致汽车装备的老式轮胎经不住长时间摩擦，轮胎损毁及车轮变形现象时有发生，甚至导致车辆失控。这些都会使车辆的驾驶感受大打折扣，而且会危及生命安全。阿尔芒立即进行新式轮胎分析，恰好，当时米其林公司正在研发新式轮胎。

安德烈·米其林是一名建筑工程师，1886 年毕业于中央学校，33 岁临危受命，接手外祖父陷入困境的橡胶工厂。米其林家族在 1832 年开办小型机械厂，专门用硫化橡胶制作橡皮球玩具、印章、橡皮带、气门、农业生产管道和马车制动块等。当安德烈接手时，他对橡胶还一无所知，他说服刚完成美术学院课程的弟弟爱德华·米其林一起创业，后者的理想是成为一名画家，那年他 29 岁，精力都花费在"印象主义"前卫大师的画室里。米其林兄弟联手成立米其林公司，爱德华任总经理，主要生产橡胶轮胎。

橡胶轮胎的发明者是兽医邓禄普。1888 年的一个下午，邓禄普正在花园浇花，儿子放学后推着自行车进门，兴奋地告诉他第二天要参加学校举行的自行车比赛。邓禄普瞅了一眼儿子自行车的轮胎，觉得不太好看，打算改进一下。当时他手里正握着浇花用的橡皮水管，于是灵机一动，将橡皮管按照自行车轮子的周长截成两段，弯成自行车大小的圆环，两段之间用胶水黏结住，然后在水管中充满空气。第二天，儿子回家后兴高采烈地告诉邓禄普，他在比赛中获得胜利。这个偶然发明开启了邓禄普的轮胎事业，不久之后他就获得"帘布保护层充气橡皮轮胎"的许可证——允许在自行车和三轮车上使用橡胶轮胎的专利。

当时法国的马车和自行车装配的都是一次性可充气轮胎，标致自行车同样如此。但是，这种局面将在爱德华手上得到改观。1891 年春天，一位顾客把爆胎的自行车送到米其林公司维修，这辆自行车的轮辋由邓禄普公司制造。当时，轮胎是由橡胶轮胎牢牢黏合在木质轮辋上，不可拆卸，将损坏的轮胎撕下，然后重新黏合新轮胎，整个过程需要花费 3 个小时，工序十分烦琐，修理手册就厚达 60 页，而且还要等 6 个小时橡胶胶水干了之后才能使用。

爱德华认为，自行车轮胎如果容易更换一定很好卖，速度更快，使用方便，人人都能修理。经过兄弟二人潜心研究，1891 年，米其林公司研制出可拆卸的自行车轮胎，拆卸时间缩减到 15 分钟之内，他们因此获得国家颁发的三项专利。

米其林兄弟不断改进产品性能，广告宣传才华也得到充分展示。当时能够利用比赛进行精妙宣传的厂家并不多，米其林兄弟雇佣 34 岁的运动员泰洪参加巴黎—布雷斯特—巴黎 1 200 千米环城自行车赛。这位选手采用装配米其林可拆卸轮胎的自行车，耗时 71 小时 18 分钟，以超过第二名将近 9 个小时的成绩获得冠军。在比赛现场，爱德华派技术人员现场表演 1 分 55 秒内完成自行车轮胎拆卸，这让现场观众惊呼不已。在比赛结束后，米其林兄弟连夜撰写出一则妙棋横生的广告，充分显示米其林轮胎的优越性，他们在结尾处描述道：

7 月 14 日，路易十六从拉斐特那里得到巴士底狱的消息时。

路易十六："那么，这是一场暴乱"。

拉斐特侯爵："不，陛下，这是一场革命"。[①]

米其林兄弟的发明仍在继续，不过实验对象已从自行车转向马车。1894 年，米其林在公共马车上装配橡胶轮胎取代铁质车轮，乘客感受到前所未有的舒适与安静，来自地面坑坑洼洼的颠簸感被橡胶的伸缩特性完美吸收，他们不用再为马头前面的小水坑提前做好屁股被颠簸的准备，就像屁股也要掉进水坑一样。而且，乘客不用再忍受铁轮压在坚硬路面上发出吱吱的刺耳声。爱德华兄弟的两个发明，提升了自行车与马车在交通运输工具中的地位，也为他们进军汽车轮胎行业提前准备，尽管当时他们并未意识到，他们的发明即将开创一个新时代。

汽车问世之后，大部分人还难以接受这个会自己行走的铁疙瘩。价格贵得惊人，但速度并不比自行车快多少，舒适程度简直就在延续之前坐马车的噩梦，铁制轮子使汽车颠簸不堪，而且很容易造成车身出现裂痕甚至断裂报废。这正是阿尔芒在瓦朗蒂涅到布雷斯特长途测试之后的疑虑所在。

1894 年，米其林公司参加了巴黎组织的一场汽车比赛。比赛获胜者是一辆蒸汽旧式四轮车，它以每小时 20 千米的速度完成 110 千米的赛程，但是这个速度仅比自行车赛车手快了 4 千米。安德烈看到这个结果，突然意识到，如果在汽车上安装充气轮胎，速度肯定会有飞跃。爱德华没有忘记，汽车是由马车不断改进而来，那么汽车的轮子一样可以尝试改进为可充气轮胎。

---

① 王玉波主编．王者之剑［M］．济南：暨南大学出版社，2005：372．

发明不等于创意。在这个发明家的时代，大家铆着劲推陈出新，新的发明只要和汽车挂上钩，就必须加快步伐，一项汽车技术还处在试验阶段，别人就可能已经得到国家颁发的专利，你的设想随时会成为他人的赚钱工具。米其林兄弟深谙此道，他们加快对马车轮胎进行技术更新，升级为可以安装在汽车上的橡胶轮胎，这种轮胎具有多种优点：可拆卸、有内胎和可充气。1895 年，"巴黎—波尔多—巴黎"汽车大赛再次举行，米其林兄弟为了宣传这种轮胎的优点和价值，准备参加汽车比赛，阿尔芒也想通过此次比赛测试自己的新型发动机。此前阿尔芒的标致汽车一直配用戴姆勒发动机，而作为汽车技术的核心，没有自己的核心动力，能否走得更远无从知晓。

普法战争 20 多年后的 1895 年，德法两国又一次出现领地争端。普法战争胜利的德国得寸进尺，主张法国东北部的阿尔萨瑟和瑞士是它的领土。在欧洲大陆上，这遭到很多国家的明确拒绝。本来是一场政治闹剧，却在汽车行业引发波动。戴姆勒为了显示自己的爱国热情，不允许使用戴姆勒发动机的标致汽车在上述两个地方出售，阿尔芒义愤填膺，一气之下与戴姆勒终止合作。汽车生产是标致的重要业务，取消合作对戴姆勒来说影响不大，但是对标致却是不小的难题。他们必须另谋出路，经过商讨，最终采用其他发明家的水平对置发动机装配标致汽车。

在这场汽车大赛中，阿尔芒采用装配新式发动机的标致汽车参赛，米其林公司采用标致汽车车身、戴姆勒发动机以及自主研发的新式轮胎组装的新车参赛，米其林兄弟将其命名为"闪电"，意指装配米其林轮胎的汽车快如闪电。但是，充气轮胎的路感与以往的车辆完全不同，而且这不比马车，一旦出事将损失惨重，处在最危险位置的赛车手们望而却步，无人敢驾驶，这反而激发爱德华的斗志。爱德华本来就对赛车情有独钟，他亲自上阵，只是安排一名技师骑着自行车紧随其后，随时对轮胎进行更换。由于这种充气轮胎研制不久，其结构和材料都不够成熟，即使应用在马车上也不到一年时间，因此在比赛中每跑 150 千米就得换一次轮胎。最后结果差强人意，爱德华以第九名的成绩跑完全程，甚至没有达到比赛规定的在 100 小时内完成 1 200 千米的比赛规则，因为他们花费了大量时间来更换轮胎。第一名是德克什兰，他驾驶的正是装配新式水平对置发动机的标致汽车。

这场比赛引起巨大轰动，在法国汽车发展史上也具有特殊意义：首先，标致汽车证明了水平对置发动机并不亚于传统的戴姆勒发动机，而且他们这次改装大获成功，使公司彻底摆脱从进口商潘哈德和勒伐索处购买戴姆勒发动机的控制。同时，米其林公司证明了汽车自身的重量并不妨碍轮胎的旋转，验证了米其林充气轮胎在汽车上的适用性。比赛结束后，许多汽车厂家都争取与米其林公司的合作，其中最积极的就是阿尔芒。

阿尔芒早就想在轮胎上面做文章，以此来扩大标致的销量和知名度，所以在引进米其林新型汽车轮胎上跃跃欲试，两个制造业巨头就这样走到一起。不久，标致公司就给新出厂的 29 辆汽车首次装配米其林硬橡胶圈车轮，并大量装配法国工程师自己研发的发动机。

潜心研究，专职制造，这是标致家族的基因，几百年来，标致家族从未质疑过这个基因对家族的庞大控制力和影响力，这个基因被阿尔芒很好地继承下来。为了执着于自己的内心向往，阿尔芒决定独自走完汽车之路，他似乎忘记整个家族产业，生产汽车成了他一个人的事业。

1896 年 4 月，阿尔芒脱离家族产业，在里尔成立"标致汽车公司"，集中于旅行汽车和卡车的生产，公司名义资本 80 万法郎，总共分成 800 股，每股 1 000 法郎，阿尔芒掌控其中的 350 股[①]。此后，阿尔芒将传统

---

① 兰德尔·K. 莫克主编. 公司治理的历史［M］. 许俊哲译，上海：格致出版社，上海：上海人民出版社，2011：140.

产业留给家族其他成员——他的侄子皮埃尔、罗伯特和于勒，他们继续生产工具、自行车和动力三轮车，但是家族对汽车这个新生事物还心存怀疑，所以这次家族产业分离使阿尔芒失去了使用立狮家族图案的权利。

阿尔芒不会把标致的技术仅仅应用在研发实验汽车上，面对法国人提出的不同车辆要求，标致家族不断开发新产品，1894—1899 年五年时间里，标致推出近十款汽车，包括双座"5 型""6 型"和"7 型"轻便车，"8 型"折篷车，两排对面坐的"9 型"车，客货两用"10 型"车，以及随后的两座"11 型"车和封闭式客货两用"12 型"车。

全心专注于汽车的研发与生产，顺应商业潮流和科技趋势是阿尔芒毕生的追求。特别是家族不允许他使用家族的"立狮"图案后，他破釜沉舟，独自上路。阿尔芒不会忘记，戴姆勒控制发动机生产技术对标致汽车的损害，作为汽车的心脏，总靠移花接木组装毕竟不是长久之计，长此以往，核心竞争力必然会急速下降。阿尔芒从未放弃过科学技术在标致产品上的应用，机械的魔力就在于此，能量的相互转换像魔术一样使得整个世界奇妙多彩。

阿尔芒对发动机急速转动时的状态特别神往，新一轮的技术攻关又出现在工厂的实验车间。标致汽车公司成立的同年，阿尔芒的水平双缸发动机在车间内研制成功。翌年，他们开始生产自己的发动机，并借此更新产品系列，包括延续之前的双座系列"14 型"车、敞篷系列"15 型"车、对座式的"16 型"车、微型车"17 型"车和掀背 8 座"18 型"车，这些车型都装配标致公司生产的汽车发动机。阿尔芒并没有因为产品更新而停止发动机的研发脚步。几年后，标致汽车又研发出四缸发动机，并且很快把四缸发动机装配在标致汽车上。

这次更换发动机的成功给标致汽车带来突飞猛进的发展，到 1900 年，标致汽车年产量已经达到 500 辆。汽车工业的科技发展日新月异，而且消费者对汽车的购买欲望逐步被激发起来，标致汽车的规模已经不能满足市场需求。

1898 年，阿尔芒增加资本投资，追加 1 600 股，每股 1 000 法郎，当年公司名义资本增加到 240 万法郎。1900 年，阿尔芒在里尔接连建立两个新的汽车工厂。在新工厂生产的标致"28 型"汽车，时速能够达到 35 千米每小时。

法国人对新兴技术充满热情，当汽车出现之后，法国人希望本国也能够在这个领域走在世界前列。法国的汽车天才开始不断涌现，有的尝试整车的再创新，有的只在某项技术上攻坚克难。法国政府开始关心起汽车问题，只不过他们的焦点是汽车牌照的问题，1892 年 8 月 14 日，巴黎颁布警察条例，明确规定所有汽车都必须挂上载有车主姓名、地址以及登记号码的金属牌照，而且牌照必须放在车身左侧随时都能够看见的位置。第二年，法国政府颁布世界上第一张牌照和驾驶证。自此之后，法国科学技术界更是充满对汽车技术的研究热潮，其中有一位汽车天才，名叫路易·雷诺——雷诺汽车创始人。

路易·雷诺 1877 年出生于巴黎，他的父亲阿尔弗雷德靠纺织品和纽扣生意发家，家境殷实。当父亲去世时路易刚刚 14 岁，这一年，他没有同哥哥一起继续经营着家族生意，而是在比扬古的另外一处住宅中建立车间，开始研究小机械。不久之后，他被应征入伍，征战疆场。

其实，路易·雷诺与另一位汽车教父阿尔芒·标致有很多相似之处：都出生在巴黎，都成长在中产阶级家庭，都含着金钥匙长大，都是从小就对机械充满兴趣。唯一的不同是，阿尔芒属于"领路人"，他生产的汽车对雷诺起到启迪作用。

1889 年，法国大革命胜利 100 周年，法国如期举行万国博览会，作为展品的埃菲尔铁塔首次向世人亮相，引得数万人蜂拥而至。人群当中有一位 12 岁富家小孩，他就是路易·雷诺。他在一辆三轮车面前长时间驻足观看，吸引他极大好奇心的，是一种叫作汽车的新奇交通工具，他被汽车的神奇与钢铁机械的魔幻力量所震撼，而这辆汽车正是标致研制的塞波莱——标致之车。这次不经意的相遇，却成为日后两位强劲对手最早的"握手"。

路易参加完万国博览会后，一个崭新的世界向他展开胸怀，他把握时势，追逐科技，对汽车痴迷向往，醉心其中。1898 年圣诞节的前一天，对大部分法国人来说没有什么不同。但是对雷诺来说，这天却只属于他一个人。21 岁的路易将自己的德·迪翁牌机械三轮车改装成当时还很少见的小型四轮汽车，他邀请朋友前来参观，并且打赌说，这辆车能够爬上勒皮克街的陡坡。

路易将这辆车命名为"微型车"，外形没有其他车型那样美观，在旁人看来甚至有些"丑陋"，车身尺寸也比当时流行的戴姆勒和奔驰要小得多，自重仅 250 公斤，装配单缸迪地昂 273c.c. 引擎发动机，动力输入仅有 1.75 英制马力/1500rpm。但是这些并不影响第一辆雷诺车的性能，这辆车极速达到 32 千米/小时，雷诺开着这辆并不好看的微型汽车，沿着陡峭的勒皮克街前行，成功爬上巴黎的蒙马特高地，而后顺坡而下，来到艾尔德路参加一个朋友的圣诞夜聚会。

就当时的汽车工业技术水平来看，雷诺此举简直不敢让人相信，有着"弱小"身躯的雷诺汽车最后竟然成功，这是因为汽车上装配了他的一项新发明——直接传动系统。这也是变速器的原型，雷诺汽车搭载直接排档变速装置，有三速前进档位。从此，汽车历史上第一次采用万向节和差动轴齿轮。对汽车充满兴趣的巴黎人并没有吝啬给雷诺的赞美，雷诺汽车的优异性能得到人们的肯定，当天就有 12 人下订单，而路易则以汽车发明家的身份迅速名满巴黎社交界。

1899 年，路易·雷诺的两个哥哥马塞尔·雷诺及费尔南·雷诺在巴黎比扬古成立雷诺兄弟公司，他们的主业并不是汽车，而是家族传统的纺织品和纽扣，这些产业路易并未参与。两个哥哥只是承诺，路易可以继续从事汽车研究，如果取得成果则给他一笔不小的报酬，当时他们并不看好这个新生事物。当雷诺出名之后，两个哥哥发现这个副业前景广阔，于是兄弟三人将汽车制造调整为公司主业。这也是雷诺汽车公司最初的标志是四个菱形徽章的原因，它象征着三兄弟与汽车工业融为一体，后来简化成现在的一个菱形。

标致汽车的强劲对手出现了。阿尔芒将以一敌三，真有些"三英战吕布"的意思。

雷诺兄弟三人中，两个哥哥负责公司经营，路易继续负责车辆制造和设计。凭借路易发明的传动系统，传统的链传动和嵌齿传动很快退出历史舞台，整个汽车工业进入一个新纪元。不久之后，路易又发明涡轮增压器。在公司初创期，工厂只雇佣 6 名工人，生产最早的雷诺 A 型汽车，一年仅制造 6 辆。雷诺很早就开始注意车辆的舒适性。1899 年，路易研制出雷诺 B 型车，这种车型是汽车业界早期少数装置车篷的车种之一。雷诺 B 型车采用 450c.c. 排气量的发动机，马力达到 2.75 英制马力，极限速度甚至达到 35 千米/小时。

作为雷诺汽车的创办人，路易既是发明家，又是设计师。他设计的第一辆微型车似乎不易被大众所认可，但是当他设计到第三款车——C 型车时，他的设计已经颇具美感。这款车型设计得十分圆润，内部增加了第三人座椅，这在当时绝对是个创举。这款车采用 450c.c. 引擎，发动机马力达到 3 英制马力，极速在 30 千米/小时。路易设计出色，创意十足，这款车型一经面世就吸引大量订单，总产量达到四千多辆。

随着雷诺汽车的不断壮大，雷诺汽车公司也逐步涉足赛车领域。

1899 年，雷诺兄弟参加了巴黎—特卢维尔的车赛，这是他们第一次参加车赛。在此后三年间，他们都在车赛中保持不错的成绩，特别是 1900 年，雷诺公司在巴黎—柏林等城市公路赛中接连获胜，雷诺汽车名声大振，公司发展明显提速。

进入 20 世纪以后，雷诺大有后来居上之势，法国汽车工业也迅速兴旺。据 1903 年第一次关于全球汽车的统计显示，法国的汽车厂达到 150 家，年产量超过 3 万台，差不多占全球产量的一半。20 世纪 50 年代，为了与雷诺竞争，法国最早的汽车制造商——潘哈德和勒伐索的公司与雪铁龙联合，1965 年被雪铁龙吞并，逐渐烟消云散。

在 19 世纪的最后十年中，法国的发明家以及各项发明不断涌现，尤以汽车领域的影响力为甚。百家争鸣中，有的企业依靠发明实现复兴，有的企业凭借发明成功转型，还有些从此确立日后的霸主地位。热衷创造与发明，成为这个阶段企业家的共同特质。也许发明并不能立刻转变为经济效益，甚至会影响企业的战略规划和经营目标，但是，它往往是企业脱颖而出的核心竞争力，也是未来方向和市场需求所在。

从法国的产业格局来看，这些发明创新是法国汽车工业崛起的引擎，也是未来傲立全球名牌车企行列的基因所在。它的影响甚至超脱出汽车领域，融入商业血液中，成为法国企业家精神的一部分。

在公司内部，随着发明创新不断涌现，企业的战略方向和经营策略、管理方式都会发生变化，甚至面临挑战。尤其是过了初创期之后，这种变革任务更加艰巨，内外部的形势也更严峻。

发明家面临角色与定位的转换，企业也面临转型升级，在即将到来的变革中，法国的企业家将如何华丽转身？

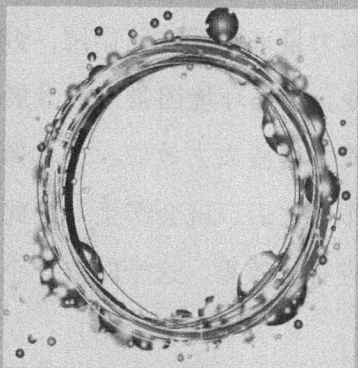

第4章
变革的力量

英国小说家查尔斯·狄更斯在 1859 年问世的《双城记》开头写道："这是最好的时代，这是最坏的时代；这是智慧的时代，这是愚蠢的时代；这是信仰的时期，这是怀疑的时期；这是光明的季节，这是黑暗的季节；这是希望之春，这是失望之冬；人们面前有着各样事物，人们面前一无所有；人们正在直登天堂，人们正在直下地狱。"

半个世纪之后，全球局势仍然如他笔下所写的那样，好坏参半，琢磨不定。20 世纪到来之际，世界各国都陷入变革激流和思想交锋之中，这是 1914 年第一次世界大战的伏笔，也是商业潮流的转机。

得益于 19 世纪技术创新的积淀和市场环境的成熟，在 20 世纪的初期，法国企业的成长活力得到充分释放，技术作为企业推动力的作用充分显现。企业家更加注重技术创新，特别是在第二次工业革命中成长起来的汽车工业，成为技术创新的巨大试验场。

企业发展的普遍规律，通常会呈现出波峰—波谷震荡式发展。而每次有内生力量推动企业走到波峰，就需要外部力量来延续推动作用，否则必将走向低谷。因为内外部环境都在发生变化，当环境因素最终发展到适应推动力的运转模式，那么这种推动力就会慢慢失去效应。这就像医学中的抗药性，当机体慢慢适应某种药物作用之后，就会产生对抗此种药物的能力，这种药物对该机体也会失去应有的效果。这个时候，企业发展就走到变革的关口。

20 世纪的头十年里，企业面临着改革的压力，旧的生产方式，旧的组织结构，管理者原有的思维模式，都将因为时代的改变而面临挑战。

依靠当初发明汽车时赢得的 12 个订单，雷诺公司成立并开始了新的研发活动。1900 年左右，路易·雷诺相继推出 B 型、C 型以至 L 型车，这些新车型具有更先进的技术和更出众的质量。但是使雷诺家喻户晓的，是他们对赛车运动的疯狂痴迷与独到见解。如今回望，享誉全球的汽车品牌大多出自世纪之交的时间点，但当时汽车仍然属于奢侈品，普通工薪阶层还望尘莫及。拿雷诺最小型的汽车来说，当时售价 3 000 法郎，而一般工人的年收入也不过 300 法郎，一辆便宜的雷诺车相当于他们十年的薪水总和。

在汽车仍然是奢侈品的时代，如何激发人们对汽车的热情，让克制于理性与单纯好奇情感下的拥有感与安全感迅速迸发，成为雷诺兄弟头疼的问题。好在，激情与浪漫的法国人，在科技革命后热衷于大工业新机器发动机的轰鸣声，特别是疯狂执迷于赛车冒险运动。1887 年 4 月 20 日，世界上第一场赛车运动在法国巴黎孕育而生，自此之后，赛车运动在法国经久不衰。这一潮流给了雷诺灵感，他们发现可以借由赛车进行很好的借势宣传，提升品牌知名度。雷诺在法国举办的一次"城市到城市"赛车夺冠之后，名噪一时，声势浩大的宣传和营销活动让公司快速扩张。

最好的宣传方式莫过于企业管理人员的亲力亲为，无论是广告宣传的需要还是法国人骨子里对刺激的疯狂追逐。路易与马塞尔多次投身赛车运动，驾驶赛车参加各种比赛。1899—1903 年，巴黎举行了多次汽车赛，路易·雷诺和他的哥哥几乎包揽了全部车赛的前两名。出色的车赛成绩也促使雷诺汽车的销量一路攀升，雷诺汽车所产的 60 多辆 A 型车早早被一抢而空。

但是在扩大生产，追求知名度的同时，他们也付出了惨痛的代价。

集危险性与冒险性于一身的赛车运动，在缺乏必要的安全赛道与保障措施的前提下，赛车是在拿生命作赌注，以博取人们的喝彩声和荣誉感。厄运开始袭击这三位富有才情和胆魄的创业兄弟。先是在 1903 年的巴黎—马德里城市公路赛上，马赛尔·雷诺不幸身故——这条赛道以险峻著称，在此前的比赛中已经吞噬了 6 个赛车手的生命，还有 15 人受伤，不久之后，相关国际组织就迅速取消了这条赛道上的比赛。三年之后，费尔南·雷诺因为身体状况不佳而退休，年仅 29 岁的路易·雷诺完全接掌公司，他将面临角色变化带来的挑战。

马赛事故之后，虽然雷诺公司仍然积极参与赛车活动，但是路易不再亲自驾驶赛车。他果断放弃了无休止的赛车事业，将其交给公司的职业赛车手，自己逐步将日常工作重点转向经营管理，特别是销售网络的建立。他不仅在国内建立起雷诺公司的销售网络，甚至将触角伸向英国、德国、西班牙以及美国等国家。靠着坚实的技术以及市场的不断培育，1903 年雷诺公司一年就有 9 种型号汽车上市，年销售量达到 1 600 多辆，这个数字超过以前产量的总和。

1905 年对于雷诺来说是关键的一年。这一年，巴黎市政部门决定组建出租车公司，虽然当时在人们的生活中，汽车只是有钱人的代步工具，但这恰是巨大的市场需求，出租车既能满足人们的虚荣心，还不至于花费买车的庞大支出，这中间有着极大的利润空间。巴黎政府创造了这个市场机会，雷诺公司顺应时势，推出了雷诺 AG 车型，这款车采用 1 060 c. c. 的发动机，功率达到近 5 900 瓦，最大速度达到 65 千米/小时。凭借雷诺汽车的名望与质量，雷诺公司一举拿到巴黎市政一份 250 辆出租车的订单，这成为雷诺的历史转折点。出租车的推出获得了极大成功，这成为雷诺汽车公司迅速发展的经济增长点，此后，雷诺汽车累计供应法国出租车公司 1 600 辆出租车。

英国与法国一衣带水，两个国家关系错综复杂。英国经济水平也一直领先于法国，伦敦已经成为拥有几百万人口的大都市。在当时来讲，优雅的英国人从来没有想到过，街道上到处纵横驰骋的出租车会是来自大洋对岸的法国公司生产的。出乎意料的是，两年以后，巴黎的故事又一次在伦敦上演，雷诺公司成功拿下伦敦出租车生意。自此之后，无论是伦敦还是巴黎，几乎所有的出租车市场都被雷诺占据。在美洲地区，雷诺的出租车甚至出口到美国的纽约和阿根廷的布宜诺斯艾利斯。

此时，雷诺已拥有资本家与企业家的思维，不再是当年仅仅热衷于机械研究的小伙子。他甚至将一款车改造为三个不同的版本，1906 年雷诺汽车公司研制了 XA 车型，这款车可谓是集雷诺科技大成的杰作。雷诺在此基础上，开发出三个版本，普通型、加长型与轻量化型，如今的汽车生产仍然采用这种一个车型多种版本的模式。经济资本无孔不入，哪里有利润哪里就有资本主义产品的进入。军队作为法国最重要的部门，也没能跳脱雷诺汽车的“入侵”。当时雷诺汽车已经创造时速 100 千米每小时的成绩，成为世界上第一个超越这个速度的汽车品牌，而且当时社会上以拥有一辆雷诺汽车为荣的风气盛行。雷诺的经营范围迅速扩展到军方市场，路易成功说服当时的军方代表大量购买雷诺牌汽车。

　　真正打动军方的，是雷诺公司自始至终致力于汽车的安全质量与驾驶舒适。技术与质量乃汽车之根本，特别是领头人路易，他是一个很有天分的车辆工程师。1877 年降生在巴黎富商家庭，是五个孩子中最小的一个。他的父亲阿尔弗雷德是一个兢兢业业的商人，靠着销售纺织品和纽扣创立自己的事业；他的母亲路易斯是一个店主的女儿，富裕的家境让她从小就对娱乐和艺术充满兴趣。而正是父母亲的基因，给予雷诺成功的两个最关键因素：敏锐的直觉和优异的实践能力。他在少年时就迷上汽艇，曾经设计出一种高效蒸汽机，并申请到专利。雷诺公司成立之初就显现其发明实力，在 1899 年雷诺量产第一台四门房车，同年取得涡轮增压的发明专利。雷诺汽车的超强品质没有辜负军方的信任，雷诺军车在战场上表现不俗。正是与部队这样的大客户的稳定合作，使雷诺公司在规模、资金、技术等各方面都迅速坐上法国汽车业的头把交椅。

　　为了满足不断增加的市场需求，现有的生产方式已经很难满足大规模批量生产的要求，与此同时，美国福特汽车公司的经验正在世界汽车市场广泛传播。亨利·福特是第一个发明汽车的美国人，他后来被誉为"给世界装上轮子的人"，人们将他视为 20 世纪工业产业变革的主要推动者。他将一体化管理和流水线生产发挥到极致，通用零部件和标准化库存让福特汽车公司成为高效率、高产量的代名词，他建立的生产、装配和运输体系让汽车制造提前进入大规模生产阶段，销售价格随之直线下降。他深信消费拉动生产的观念，并据此做出"员工日收入提高到 5 美元"的决定，使得每个人都买得起 T 型车，美国人的消费和生活习惯也由此改变。

　　福特在 1908 年 9 月 27 日造出第一台坚固、简便、廉价的 T 型车，这是世界上第一辆属于普通百姓的汽车，这种变革思潮在汽车业界引起震动，法国汽车教父皆受到启发。T 型车风行 19 年，卖出将近 1 700 万辆，它不仅让无数人自由远行的美梦成真，还促进了美国公路网建设和城市化进程，结束了城乡分离的局面。1913 年，亨利·福特首创流水线作业方法，这年秋天装配汽车底盘要 12 小时 20 分钟，到第二年春天就锐减到只需 1 小时 33 分。他的灵感来自于一份报告，报告讲述了肉类包装的过程，工人把肉类放到一个传送器上，将肉运送到生产肉的工人身旁，工人把肉取下来进行加工。福特敏锐洞察到这种生产方式可以引入汽车制造，随后他开始对福特的生产线布局、生产流程与企业结构进行系列改造。

1911 年，路易·雷诺前往美国拜访亨利·福特的汽车厂，虽然当时流水线生产还没有启动，但他在福特那里学到汽车服务于普通人的造车理念，讲究汽车的实用性和经济性。在此理念下，雷诺推出 AX 车型，这款车采用与 AG 车型一样的发动机，只是将最大速度下调到 55 千米/小时。

雷诺汽车的生产规模迅速扩大，1912 年雷诺汽车年产量达到 5 318 辆，第二年这个数字已超过 1 万辆，雇员达到 5 000 人。无论是从公司规模还是员工数量，都继续保持法国最大的汽车制造商地位。

经过米其林兄弟十几年的苦心经营，米其林公司不断壮大。爱德华·米其林干劲十足，安德烈·米其林则面临不同选择，他要么选择所学的建筑事业，要么彻底放弃，专心投身于公司的经营管理。最终，安德烈选择后者，专心于公司的公共关系和广告事务。兄弟二人致力于橡胶轮胎的事业，米其林公司一百年来也一直专注于轮胎的研究和制造。在公司创立几十年内，仅靠一个橡胶轮胎业务就能够保持米其林公司兴旺发达，这与米其林公司的战略方向、科学管理和出色的营销息息相关，与安德烈的广告营销才能密不可分。安德烈的很多堪称创举的广告宣传措施，引领了米其林公司的改革潮流。

从 1901 年开始，安德烈·米其林开始制作米其林广告，并定期投放于报纸杂志上，这在当时看似是疯狂之举，能像他这样深刻认识到广告效用的企业家还寥寥无几。当时在报刊上做广告大多没有计划，更没有连续性，安德烈打破了这一传统。他在当时热销的杂志《汽车——自行车》上采用每周专栏的形式，将上个星期的各项运动赛事的成绩以及自己的文章发表在每周一的专栏上，因为每个星期天都会举行相关的比赛，而周一想知道比赛成绩的受众也最多。"米其林的星期一"为米其林开辟了一个长期的营销阵地，更培养了一批潜在的客户。这个专栏的内容涵盖汽车的方方面面，包括怎么样装配轮胎、新产品介绍、驾驶证考试等。这种广告宣传取得了显著的效果，宣传方式也被人广为效仿，而"米其林的星期一"一直延续到第一次世界大战爆发，在这 13 年里他们共出版了 69 期。在专栏中，为了形成直观印象，安德烈的团队在每篇文章上都配有插图，而插图上自然少不了米其林的标志——"必比登"的身影。

必比登品牌形象是米其林兄弟在 1898 年参加里昂展览会的时候发现的。当时夕阳西下，在太阳余光照射的墙角，堆放着一堆大小直径不相同的轮胎，从他们的角度望去宛如一个人形，这给了安德烈灵感，随后聘请画家奥加罗普根据他的构思组成特别的人物造型，形成了必比登的最初形象。因为兄弟二人当时看见的是自行车轮胎，所以必比登初始的形象是偏瘦的。随后，公司为必比登设计了二三百个形象，经过不断完善，最终才形成必比登活泼、圆胖的形象，并且被赋予独特的性格，其中也融合了米其林兄弟的行事风格。1900 年，时任法国工商部长决定：邮局用的自行车上全部装配邓禄普轮胎。这让米其林兄弟气愤不已，因为米其林轮胎已经对邓禄普轮胎进行了很好的改进，但是工商部却仍然钟情老式的外国品牌的轮胎。这个时候，必比登又出现在报纸杂志上，它以爱国者的身份对政府进行尖锐批评和强烈抵制。

安德烈为了提高自己的宣传效率，在米其林公司内部还专门成立由具有创意才能的人组成的写作班底，定期为公司撰写评论文章并刊登在报纸杂志上。不是每个人都像安德烈这样，对广告宣传与公司形象、公司利润之间的关联有着深入的见解，很多从业者认为安德烈浪费资金，只有安德烈坚信这是有利可图的。当时有很多杂志特别是高端沙龙性质的报刊，是不接受宣传广告的。所以安德烈在"米其林的星期一"开办一周年之后，带领这套写作班子编写以"轮胎剧场"为主题的系列广告。安德烈此举使米其林公司可以把公司的宣传，拓展到那些把广告拒之门外的某些杂志上面。

安德烈选择了当时著名的《名流》杂志的画报特刊《名流舞台》，他买下特刊的封底，将米其林的各种特点编写成小话剧刊登在封底上。其中就曾经为宣传米其林轮胎使用寿命长的特点编写了话剧《服务》，这种话剧形式的广告一直被安德烈灵活运用，直到第一次世界大战爆发才被迫停发。广告与戏剧的结合，在现今的年代人们早已司空见惯，特别是影视制作方更是驾轻就熟，但是安德烈在一百年前能够把二者结合起来，这是开创性的变革。

可以说，米其林早期的各种广告宣传文案与活动策划均出自安德烈之手，也正是安德烈的这种宣传策划，迅速构建米其林独有的企业形象与品牌形象。一个公司能够如此重视品牌宣传，这在当时寥寥无几。后来爱德华为了缓解哥哥安德烈的压力，专门设立一个广告负责人的职位。虽说实际工作已经有人接手，但是安德烈的心一直没有离开广告宣传，他经常要求广告负责人不要固执己见，要听从别人的意见，并且经常与顾客接触，在他们那里会得到不一样的收获。在广告业务上，安德烈建议广告词要短小精悍，既不要公然反对竞争对手的广告作品，也不要贸然模仿对手，要有自己的想法，而且图片通常更容易被受众接受。就是这样几近苛刻的要求，找到一位符合要求的广告负责人让安德烈花费了近一年时间，这足以见得米其林公司对宣传的重视程度。后来米其林专门成立广告设计师队伍，有近二十个设计师、编辑以及艺术指导专门进行米其林公司的形象宣传。

安德烈在广告策划方面费尽心思进行公司品牌形象宣传的同时，并没有对其他宣传手段视而不见。借由公共关系事件进行公司宣传，就是一个很好的美化公司形象的手段。当时在法国，全国的马路并没有全部编号，这给国家的邮政业带来不小的困扰，而且安德烈在《米其林指南》上对各家店铺进行评价及摘要撰写的时候，地址一栏经常让他们无从着手。为了推动这一活动的开展，1912 年 10 月，安德烈亲自拟定一份给全国马路编号的请愿书，并且在一次沙龙上追到法国总统阿尔芒·法利埃，请求他为这份请愿书签字。安德烈对这一次好似逼宫似的请愿有周详的计划：如果在公共场合总统拒绝签字，那么政府形象将受到严重的影响；如果总统最终签字，那么就给了事先安排好的摄影师机会。安德烈意识到这是个千载难逢的机会，可以借由总统为他们做宣传。

事件的发展正如安德烈预想的那样，在总统签字的一刹那，安德烈安排的摄影师从容不迫地按下快门。于是一张新颖的广告画出现了，中间是总统坐在桌子中间为请愿书签字的照片，四周是法国国旗的红白蓝三色装饰线条，总统后面站着一排必比登，他们以不同的造型呈欢呼雀跃状，双目紧盯着总统的签字动作。下面的文字画龙点睛：请大众以总统为榜样，在请愿书上签字。

随后米其林公司在全国发起签名活动，而民众在签名的时候都会看到米其林的必比登。最后这份请愿书上交给法国政府，受此影响，1913 年 3 月，在全国范围内给马路编号的活动正式开展起来。这次宣传活动效果显著，必比登俨然成为公益事业的代表，进一步加深米其林品牌形象在客户心目中的地位。而把总统行为植入宣传活动，公司的形象也上升了一个档次。

随着汽车行业的迅速发展，米其林公司也不断壮大。轮胎作为汽车配件供应商，其实是另外一个产业，米其林轮胎既要跟随汽车技术改进的脚步，又要独立研发不同系列、不同功能的产品。汽车与轮胎是一种相辅相成相互促进的关系，汽车的技术进步可以推动轮胎技术的改进，轮胎技术的不断创新也能够促进汽车技术的发展。因此，在技术发明方面，米其林从没有停住前进的步伐。1908 年，他们发明了双胎并列的产品，这就是我们现在看到的在车轴同一端并列两个轮胎，不仅能够将一个轮胎承载的重量分摊在两个轮胎上，而且能够增加轮胎与地面的摩擦力，增强重型车的抓地性能。虽然牺牲了一定的速度作为代价，但是载重量大的汽车对速度的敏感性没有轿车那么强烈，因此大货车、牵引车非常适合采用双轮胎，甚至多轮胎。同时，原本采用一个轮胎的情况下，一旦轮胎有所闪失，车辆将损害严重，采用双轮胎就是多上了一道保险。米其林发明双胎并用的技术很快得到广泛采用。

作为汽车的重要部件，备胎对于长途行车的汽车来说必不可少。但是很少有人知道备胎并不是汽车制造公司的最先发明。而之前在大多数的汽车生产线上，汽车的轮圈和轮轴是一体下线的，但是米其林公司并没有将心思完全沉浸在橡胶的世界里，就像安德烈对广告负责人的要求一样，他们与客户保持着良好的沟通。爱德华在一个偶然的机会中发现，如果轮圈一直和车身一体，那么在汽车轮胎出现事故之后，唯有专业维修人员才能解决问题，要是在郊外或者野外出现问题就非常麻烦。1913 年，米其林公司发明了可拆式铁质胎圈。就像米其林研发汽车橡胶轮胎一样，他们的每次重大发明都会带来汽车业的革新。米其林公司的可拆式铁质轮圈又一次解决了汽车制造商的难题，也解决了汽车使用者的后顾之忧。

与米其林兄弟形成鲜明对比的是，1900 年之后，阿尔芒·标致的日子过得并不如人意，他也没有雷诺汽车公司那样幸运地获得巴黎出租汽车公司的订单。

1900—1902 年，阿尔芒的汽车公司出现大规模亏损。因为这时汽车技术革新的速度超乎想象，各家汽车公司都以新技术作为吸引客户的手段，逆水行舟不进则退。阿尔芒也紧跟技术更新的步伐，不断推陈出新，但是他们很难跟得上众多汽车公司的研发团队。法国汽车公司有一百多家，如果每家公司研发出一种技术那加起来就是 100 多个，这么强大的研发队伍轻而易举就打败了阿尔芒。引擎的改进、新车型的引入、装配线的改进等，要想在这个产业生存下来，就需要苦心经营。当阿尔芒反应过来，新的技术发明没有多长时间就已经过时，而这部分过时的型号占据了标致公司的大部分资金支出，加上为这些型号生产的零部件折旧，共同导致标致汽车出现亏损。

危机时刻，更能彰显一位企业家的经营才干。阿尔芒发现问题症结后，立刻对公司进行战略调整。凭借技术上的积累，标致汽车公司放弃了全面进行汽车技术开发的思路，专门致力于有前车身和方向盘汽车的生产。不久就研制出"36 型"标致车，这款车获得了巨大的成功，以此为契机，标致公司迅速停产老款汽车。从此之后，标志汽车借生产安装有发动机和方向盘的新款汽车领先于世。从里昂信贷分析员对标致汽车的投资分析中可见端倪，在 1896—1907 年的 12 年中，标致公司总共盈利354.7 万法郎，其中 59% 的 210 万法郎作为股份分红分配掉，另外的41% 作为留存收益保存在企业当中①。里昂信贷评估认为，标致汽车公司是一个不错的投资对象，认为他们的经营和财务状况良好稳健。可想而知，在 12 年当中，去掉几年的初创期和几年的亏损期，阿尔芒进行政策

---

① 兰德尔·K. 莫克主编. 公司治理的历史［M］. 许俊哲译，上海：格致出版社，上海：上海人民出版社，2011：140.

调整对公司利润的巨大贡献。

　　此前阿尔芒为了专注于汽车生产，将家族产业"标致兄弟之子"公司托付给侄子们，此时他们也看到了汽车时代的来临，开始跟随阿尔芒的脚步涉足汽车领域。"标致兄弟之子"公司主要生产大众化低端汽车，这在市场上与标致汽车并不形成直接竞争。也许是出于标致家族产业的完整性，1910 年，在家族的建议下，"标致兄弟之子"公司与标致汽车公司达成合并协议，分隔十多年的家族兄弟企业合并为一。这次合并不仅为阿尔芒的标致汽车带来研发团队，重要的是带来了可直接用于汽车生产的宝贵资源与资本。在当时，来自法国本土与国际市场的激烈竞争，保存灵活的内在资源是非常的重要。因为阿尔芒和法国其他企业家一样，他不认为银行和资本市场是融资的有效渠道，外部融资缺乏资本供给应有的稳定性，他们更喜欢运用自有资金进行扩张。

　　两家公司合并，标志着标致汽车公司的完全形成，标致汽车由此开启了新的篇章。在阿尔芒的带领下，他们为了赶超汽车市场潮流，在新公司成立的第二年就与著名跑车布加迪汽车创始人埃托·布加迪签订合作协议，共同研发新型的大众型汽车，就像是福特汽车在美国掀起的福特 T 型车潮流一样，他们也准备在法国制造平民大众都买得起的汽车。

　　第二年，布加迪设计的标致宝贝汽车开始投产，这款车共计生产 3 095 辆，一直到 1916 年才停产。取而代之的是标致公司研制的新型汽车，这是世界上第一款采用顶置四凸轮轴、每缸四气门发动机的汽车。正是靠着标致产品线的不断更新，标致的产量从 1911—1913 年翻了三番，共生产 9 338 辆汽车。

　　在此后的第一次世界大战中，标致的民用汽车生产基本处在停滞状态，其他工厂也部分转为战争物资生产。然而，更令人遗憾的是，阿尔芒就在企业危难关头溘然长逝，1915 年因病医治无效去世，他无力挽救企业，至死都未看出标致转危为安的迹象，更无法预见标致汽车公司今日之辉煌。第一次世界大战结束后，生产大众型汽车成为主流理念，标致汽车公司开始生产低廉的 163 型轿车，同时采用四轮刹车系统，这使得标致汽车公司率先夺得竞争的制高点，这种汽车销售旺盛时，标致的市场份额升至 20% 以上，这意味着法国街道上奔跑的汽车中，每五辆新车就有一辆是标致汽车。

20 世纪开始至第一次世界大战爆发之间的十余年，是汽车工业飞速发展的时代，而汽车行业的企业家也大多从发明家转型而来。他们将技术研发的锐意进取的精神移植到企业经营上，发明家的智慧加上资本的推波助澜，他们的企业迅速发展起来。然而，不是所有的新发明都能够轻而易举地被实业家所采纳，某些发明在有些资本家看来可能不值一文。欧莱雅创始人欧仁·舒莱尔是幸运的，他的发明没有付诸东流，千里马遇到伯乐。之后，他运用自己的智慧和经营才干，在关键时刻大胆变革，使得欧莱雅不断发展壮大。

1908 年，舒莱尔用 800 法郎的积蓄成立法国无害染发剂公司。这家染发剂公司位于阿尔热大街，公司办公地点只是一室一厅的小房间，为了有效利用资源，餐厅被舒莱尔改造成演示厅，用以向客户展示和讲解产品，卧室则被用作实验室。当时公司只有舒莱尔一个人，他既是公司经理，又是产品研发生产经理，还是销售人员。初创时期，舒莱尔的工作举步维艰，辛酸疲惫，晚上要充分利用时间进行产品生产，白天则走街串巷，向理发师推销他发明的新型无毒染发剂。

研制这种染发剂的念头，是舒莱尔在法国中央制药厂负责染发剂研究时萌发的。舒莱尔发现，以散沫花等植物为基础而制成的染发产品还不够完美，还存在很多的不足。因此他在 1907 年独自研发一种无害染发剂，这种染发剂主要成分是从一种植物中萃取的色料，效果清新自然，他将这种新的染发剂命名为"奥莱雅"。这种新型染发剂在当时是一个重大的技术突破，与市场上其他使用指甲花和矿物盐的染发剂形成鲜明对比，后者看上去过于明亮且多少有些不自然，舒莱尔提供的染发剂色种更精细，饱和度更丰富。

1908 年 3 月 24 日，法国专利局同意舒莱尔申请的染发剂专利。市场也给予新专利良好的反应，舒莱尔在向巴黎的理发师推荐过程中收到不错的效果，大家对这种染发剂的效果比较满意，这才催生了舒莱尔独自创业的念头。在现在看来，舒莱尔的创业路径相对保守，有"脚踏两只船"的嫌疑，但是这并没有阻碍法国人对这家公司以及舒莱尔本人的尊重。如果没有舒莱尔创办的这家公司，国家可能会丢掉欧莱雅上交的几十亿甚至上百亿法郎的财政税收。

在法国的知名企业家中，白手起家的企业家并不多，要么是家族企业的"富二代"，要么父母有雄厚的创业资本，或是有丰富的社会关系网络，包括社会知名人士的资助或者帮助，但是对于舒莱尔来说，他一穷二白，孤身一人，有的只是自己的创业热情。

1881 年，舒莱尔出生在巴黎，上小学时就在家里的蛋糕店帮忙，按照法国家族的通常做法，舒莱尔以后要顺理成章地接管家族小店铺。当舒莱尔十岁的时候，父亲因为投资金融行业不顺而破产，被迫放弃巴黎的产业而迁到讷伊。父母在圣克鲁克学校旁边支起一个小店铺，继续从事蛋糕生意，主要是为圣克鲁克中学提供蛋糕。这里虽然不如巴黎繁华富有，但是舒莱尔却有了一个更好的求学场所，就是圣克鲁克中学。这所中学声名远播，培养出大批的外交官、将军和其他政府官员。他们对进入学校的学生非常挑剔，非富即贵，要不就是有真才实学。来到这所中学，舒莱尔拥有更广阔的学习空间。但是好运不长，厄运又来到这个漂泊不定的家庭，债主们对他们穷追不舍，上门逼迫偿还债款。父母不得已卖掉小蛋糕店，还清债款。

走投无路之际，舒莱尔一家只好回到阿尔萨斯的老家，舒来尔也不得不放弃这个"重点中学"。为了生计，母亲在街头经营布料生意，舒莱尔则在母亲身旁忙碌，帮忙干活。父母虽然对舒莱尔的学业并不苛求，但是知识改变命运的想法早就印在舒莱尔的脑海中。1900 年，舒莱尔考取巴黎化学专科学校，对化学的研究热情使得舒莱尔在学校表现优异，4 年后，他顺利毕业。

毕业后，舒莱尔来到索邦大学担任奥热教授的助手，继续从事化学研究。如果按照这个走向，一个穷人家出生的孩子通过努力学习考取一所知名大学，毕业后在大学任职，通过助教、讲师最后成为一位教授，这是大多数人向往的生活。

但是舒莱尔又一次拒绝了命运之神的橄榄枝，资金不足、设备陈旧的巴黎索邦大学的化学实验室，远远不能满足舒莱尔对化学研究的理想。在亦师亦友的奥热教授帮助下，舒莱尔转到实验设施比这里好无数倍的法国中央制药厂。舒莱尔成功地进入实验室，负责染发剂的研究，对化学研究着迷的他如鱼得水，生活也有些起色。法国中央制药厂为舒莱尔成功走向创业的道路提供了舞台，在中央制药厂工作期间，富有研究精神的舒莱尔很快发现，公司研制的染发剂还不够完美，还有很多可以改进的地方，他很快发明出"奥莱雅"无害染发剂，后来又走上创业之路。

公司在创业初期就发展迅速，尽管舒莱尔将前期获取的利润全部注入公司，这种资金量终究还是有限。与此同时，仅有一室一厅的条件及设施明显不能满足公司迅速发展的需要。显而易见，没有哪家银行对于这样的新发明有着像舒莱尔一样的兴趣和自信，市面上如此多的发明足以让银行应接不暇，很少有银行愿意贷款给一个做染发剂的小公司。在这关键时刻，舒莱尔在 1909 年结识了埃佩尔奈的一名会计安德烈·斯佩里，安德烈对舒莱尔的研究成果以及公司的发展计划充满兴趣，他将继承所得的 2.5 万法郎全部投入公司，由舒莱尔自由支配。他从此成为舒莱尔的重要合伙人，拥有公司 20% 股份。

舒莱尔是幸运的，但是冥冥之中也是他应得的，白手起家建立一家有着前景的公司，任意一个敢于冒险的投资者都会对舒莱尔的公司感兴趣。这笔资金犹如雪中送炭，为公司注入动力，舒莱尔的经营才能也得以充分发挥。他先是将公司迁往卢浮宫大街的一套四居室的大房子，有了更宽松的办公环境，同时将公司名称改名为"欧莱雅"，这个词语来自希腊语，意为"美丽"之意。

孤军奋战毕竟不是长久之计，舒莱尔决定招兵买马。他要求新进入者必须对染发剂有一定了解，最好是以前做过理发师，在这个领域有一定的权威，这样才能够迅速地把产品推向市场。最终，舒莱尔如愿聘请到俄罗斯皇宫以前的理发师，这绝对是再合适不过的人选。

像安德烈·米其林一样，舒莱尔也深刻明白广告宣传对于公司的重要性。因此不久便买下《巴黎发型》杂志，这家杂志的投稿主要以医生、作家和化学家为主。杂志第一期于 1909 年 10 月份出版，舒莱尔曾在创刊号上发表过一篇关于染发的文章，特别是文章中提到为染发做皮肤接触实验的理念，在染发界开辟了新的领域。

之后，欧仁·舒莱尔担任杂志的编辑，主要负责杂志的科学专栏。后来他买下版面，对栏目进行简单改变，侧重于对巴黎染发市场及供应商的宣传。初看起来，舒莱尔似乎在为他人作嫁衣裳，实则不然，正是这样的宣传在营销上树立了欧莱雅公司的权威，这比直接做广告的效益要强烈得多。这些措施带动了公司业绩的迅速扩大，直到第一次世界大战爆发，舒莱尔被征兵参战，他将公司交由妻子来管理，按照事先的规划稳步执行，持续发展。战争结束后，舒莱尔重新接管公司，到 1920

年，公司又雇佣 3 名药剂师，年营业额已经达到 350 多万法郎。

舒莱尔自称是"6 000 小时连轴转先生"。用他自己的话说，"就是一个能够每天工作 16 小时，每年工作 365 天的人，没有星期六，没有星期天，没有节假日"。他精力旺盛，除了企业管理之外，他笔耕不辍，至少有 6 本书和 10 本小册子出版，其中包括著名的《第二份工资》《工资与产量》《走向合理经济》和《能量税》等。他也认为，自己好像闲不下来，在 1941 年出版的著作《经济革命》中，舒莱尔写道："一个真正的老板，首先而且特别要有个性……是一个平和的竞争者，这个人永远闲不下来，永远对他的现状不满意，永远为明天着想……他被内心无法抗拒的动力推动着，这动力好似一个内心深处的魔鬼……对他来说，最理想的莫过于：行动……一个真正的老板要有战士的灵魂，只有在战场上他才完全感觉得心应手。"这些，就像他一生的真实写照。

在第一次世界大战爆发前的十余年间，改革与创新交织在一起，在法国企业界迸发出不一样的活力。面对经营环境的变化，企业的领导者大胆变革，积极创新，带领公司迎来新的发展高峰期，将保守落后的企业淘汰出局。但是这种潮流没有持续太久，1914 年，第一次世界大战爆发，这种高速发展的势头戛然而止。

在战争中，法国企业的变革仍然进行着。大多数企业家面临发展方向的抉择，或者继续在原有行业维持生存，或者配合国家战略调整公司发展方向，转型到军事相关产业。不同的选择也决定这些企业在战争中的不同表现，有的轰然倒下，有的勉力维持，有的扩大规模实现飞跃……

这真是一个希望与绝望并存的时代，变革者正欲含苞怒放，却又遭遇严寒冰封。全球局势剑拔弩张，战火一触即发。风雨飘摇之际，贯看苍茫商海，谁将成为战争时期真正的王者？

第5章
战争与商业

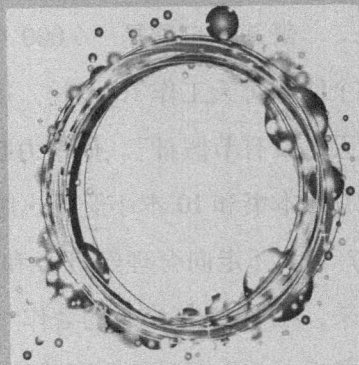

1914 年 6 月 28 日，一个风和日暖的星期天，波黑首都萨拉热窝的火车站前，迎宾的皇室汽车队缓缓驶过鼓乐齐鸣的街道，路旁负责警戒的宪兵神情严肃。

这天是举国欢庆的圣维图斯节，也是弗兰西斯·费迪南德大公与妻子索菲·肖特克结婚十四周年纪念日。这位奥匈帝国皇位继承人、武装部队检察长将通过视察年度军事演习，让出身卑微的妻子得到在维也纳从未享受过的皇室荣耀。然而，并不是每张礼貌、热情的笑脸都代表拥护，许多人将费迪南德视为奥地利统治、压迫波斯尼亚的象征，由 7 名塞尔维亚年轻人组成的暗杀团伙正潜伏守候，他们发誓要除掉费迪南德。

上午 10 点多钟，车队刚驶入市区，一颗炸弹就呼啸而至，从费迪南德的帆布车篷上弹落地面，所幸无人伤亡。逃过一劫的费迪南德不惧暗杀，继续前行，没过多久，19 岁的加夫里洛·普林齐普突然掏出一把比利时小手枪，向费迪南德夫妇连射两枪：费迪南德的颈静脉被打中，鲜血喷涌；索菲腹部被打穿，切断一根动脉。上午 11 时许，夫妇二人因失血过多不治身亡。

正在夏季别墅避暑的奥匈帝国皇帝弗兰西斯·约瑟夫闻讯后闭目良久，然后怒吼道："可怕！"他多年来一直为吞并塞尔维亚苦等良机，没想到，这一天来得如此突然，却又如此沉痛。德皇威廉二世收到费迪南德被暗杀的报告时正在"霍亨索伦号"游艇上庆祝，那天北海和波罗的海终于连接贯通。他听说好友的死讯后曾有一瞬间的忧郁哀伤，然后难掩兴奋地叫嚣道："这是千载难逢的机会！"

此后，各国的慰问、哀悼从四面八方传至皇帝弗兰西斯·约瑟夫耳中。伍德罗·威尔逊总统表达了"美国政府和人民的真诚慰唁，和我本人的深切同情"，乔治五世国王宣布英国宫廷将志哀一周，尼古拉沙皇则将志哀时间延长到 12 天。

满怀哀思的外交举措并未换来友谊与和平，整整一个月之后，全球烽烟四起，战火蔽日：7 月 28 日，奥匈帝国向塞尔维亚宣战；8 月 1 日，德国对俄国宣战；4 日，比利时和英国同时对德国宣战；6 日，奥匈帝国对俄国宣战，塞尔维亚对德国宣战，意大利宣布中立；12 日，英国向奥匈帝国宣战；18 日，威尔逊总统宣布"美国中立"；23 日，日本对德国宣战。就这样，一场席卷环球的大战终于爆发，世界各国第一次在同一片战场厮杀、竞争。

1914 年 8 月，法国大街小巷的报纸上刊登一条新闻：当月 2 日，法国向全国发布战争动员令，因为周边国家都在防御德国进攻。第二天，法国人没有幸运到能够逃脱德国人的入侵。当天，德国向法国宣战，第一次世界大战的战火烧到法国边境。

43 年前，阿尔萨斯和洛林的泪水尚残留在法国人的眼角，法国国民议会批准普法战争合约之际，两省议员泪流满面："我们阿尔萨斯和洛林人，千秋万代都要保留作为法兰西民族一分子的权利。我们为我们自己发誓，为我们的选民发誓，为我们的儿女发誓，也为我们的子子孙孙发誓，要采取一切手段在侵略者面前永远坚持这一胜利。"今天，政府信誓旦旦地宣称报仇雪恨的机会来了，普法战争的阴影将从人们心头散尽，1870 年协和广场披在斯特拉斯堡雕像身上的丧服，法国人民要英勇地扯落撕毁。

法国加快了扩充军备的步伐，要想在现代战争中取得胜利，强大的军事设备不可或缺，来自战场的需求很快经政府之手传递给施耐德公司。工业基础不甚发达的法国此时只能依靠施耐德公司这样的垄断企业。政府给出的订单包括火枪、火炮和军舰等，不一而足，因为施耐德的军火、造船等工业都极具生产能力，在甲午战争期间，施耐德就曾为交战双方直接或间接提供过作战装备。

战争对法国经济和商业界的影响不言而喻。工厂、商店纷纷关门倒闭，百业萧条。企业家心存疑虑，工业革命后法国经济已经一步步落后于英、美、德、俄等国，进展缓慢的法国工业再也经不起战争的摧残。但是，38 岁的路易·雷诺却不这样认为，他清醒地意识到，在战争中，无论是汽车还是大炮都有巨大的需求。战争开始不久，法国就很快丢失几个主要的武器制造中心，军方迫切需要制造新武器，特别是 75 毫米野炮的补充。所以，像施耐德家族当初迈向军火制造一样，1914 年，路易做一个让世人震惊的决定，宣布雷诺公司进军军火制造领域。

汽车制造转向军火生产在当时的法国还没有先例，但是雷诺坚信自己不会失败，就像在汽车领域的竞争一样，路易总能在适当的时机展现机敏与沉稳，而且雷诺已不是第一次与军队打交道。从汽车生产到军火制造，虽然看似不可能，但事后证明，路易·雷诺的决定是正确的。在第一次世界大战中，雷诺汽车公司不仅生产一般汽车，还生产计程车、巴士、运输货车、坦克以及飞机引擎，成为领先的飞机发动机制造商。

战争爆发初期，法国和德国都认为战争很快就会结束，坚信己方部队强大的战斗力以及超强的火力，在几个星期之内就会把对方打得落花流水。但是战争没有想象的那么容易，很快战争就陷入阵地战、消耗战和拉锯战。简单的防御壕沟也变成由壕沟、铁丝网、地雷阵、机枪火力点构成的强大防御阵地，交战双方僵持不下，因此都迫切需要一个漂亮的胜利来激励人心，鼓舞士气。军事科技被视作重要因素，军队迫切需要一种同时具有攻击、机动和防御三种功能的新式武器，以期率先攻破对方阵地，夺取战争的主动权。

首先提出这种新作战武器概念的是英国人斯文顿，他构思出一种坦克战车，这种战车融合了农用拖拉机、汽车、冶金和枪炮等多种技术。当时任法国战斗车辆发展部门总监让·巴蒂斯蒂·欧仁·埃斯蒂安听说英国人的发明后，兴奋难耐，仿佛一项技术就让协约国看到胜利的曙光。埃斯蒂安即刻赶赴伦敦，与英国设计师达成协议——英国研制重型坦克，法国研制轻型坦克，然后马不停蹄地回到巴黎组织坦克设计工作。遍寻整个法国，能够同时具备钢铁制造、军火生产、机械装配与汽车技术的企业基本没有，具备钢铁制造与军火生产的有施耐德，具备机械装配与汽车技术的有雷诺汽车，但是坦克作为新生武器，还停留在研发阶段，必须由生产能力强大的企业来担此重任。包括施耐德与雷诺汽车公司在内的四家企业参与政府组织的招投标，最终施耐德公司脱颖而出，竞争失败的雷诺公司继续生产多种类汽车。

1914 年 9 月 5 日，法国总统普安卡雷将政府迁往波尔多省。总将军沃尔弗决定集中火力攻击敌人最薄弱的环节，调集近可能多的兵力到德军暴露的侧翼。而德军则准备乘虚而入，攻占法国首都巴黎，在这危难之时，拯救法国的是埃菲尔与雷诺汽车。

1909 年，在埃菲尔持有铁塔 20 年期限即将到来之时，巴黎市政因为要重建战神广场而准备将其拆掉。政府为此召集技术委员会，专门研讨是否拆除埃菲尔铁塔。由十余位技术专家与政府官员组成的技术委员会形成两个派别，一派主张保留埃菲尔铁塔，因为它在万国博览会期间以及其后的数年间，为法国带来了可观的收入，而且已经逐渐成为巴黎的标志；而另一派主张拆除，他们认为这就是个无用的钢铁怪物，影响了法国的形象，应该主动为新建广场让步。在最终的投票中，保留派以一票优势获胜，埃菲尔铁塔得以保留。但是这次表决结果只表明埃菲尔铁塔没有为新建广场让步，是拆是留的争论此后一直没有中断。

此后不久转机出现了。还记得当年埃菲尔在铁塔第三层的会所上接待过的美国友人爱迪生吗？在那次友好会晤中，埃菲尔向爱迪生介绍了铁塔的设计建造过程以及象征意义，爱迪生为埃菲尔介绍了自己的新发明，并在埃菲尔的通讯录里留言。20 年后，埃菲尔铁塔被保留下来不久，爱迪生发明的电报机就被引入法国。作为军事设备的电报机，其发射天线的高度与电报的接受范围有密切关系。军方人员找到埃菲尔，申请在埃菲尔铁塔上面设立电报站以及发射天线，埃菲尔对这个能够发送信息的铁盒子充满好奇，特别是当得知这是老朋友爱迪生的发明之后更是兴趣盎然。因为在两个人初次相识之时，对电力知识所知甚少的埃菲尔就对爱迪生的理论产生浓厚兴趣。

当军方人员开口之后，埃菲尔当即表态赞成，同意在埃菲尔铁塔上安装电报机以及发射天线，而且主动承担所有投资。正是埃菲尔的无私精神，四条 425 米的钢缆从铁塔顶端垂下，连到不远处的小树林里，构成了 2.5 千米的巨大天线。军方用最原始的设备，仅靠这根天线就能接受到距离巴黎 60 千米的贡比涅的信号。战争胶着之际，当德方准备跨过马恩河从南部包抄巴黎的时候，德方电报人员在炮火的震动下忘记做加密措施，就将作战计划发送到前线。这份绝密情报被位于埃菲尔铁塔上的巨大天线接收到，很快传送给指挥部。

拯救巴黎命运的使命就像是接力棒，从埃菲尔铁塔传到巴黎汽车上。这次让法国铭记于心的，是雷诺研制的出租车。巴黎军事长官约瑟夫·加列尼得知这个情报后，在巴黎市区紧急调集 700 辆雷诺计程车，将一整支步兵旅运往前线，抵御离巴黎 25 千米外的德军。在巴黎各个地区，警察命令乘客下车将雷诺出租汽车征用。这个晚上，出租车队组成一道众志成城的感人风景。出租车司机不计疲惫，来往于巴黎与前线之间，两个来回下来，他们已将六千多名士兵运送到马恩河附近的阵地。"马恩河出租车队"也因此成为历史上第一支机械化步兵部队。

此役进行不到一个星期，德军就因为遭遇意料之外的顽强抵抗而丧失作战良机，不得不调整作战部署，快速撤回主力。就这样，德国人迅速占领的计谋失败，巴黎免遭沦陷的危险。而正是埃菲尔无私的支持以及雷诺汽车及时运送兵力，才打赢"巴黎保卫战"，此后雷诺公司声名鹊起。实际上，在 1911 年爆发的意大利与土耳其的战争中，意大利就曾用汽车运送过战争物资，但是各国保守的将军们并未把汽车看作战争的一部分，因为汽车极不稳定，而且所消耗的汽柴油在当时非常昂贵，他们更喜欢马车与火车相结合的运输方式。

直到这次战役中雷诺出租车发挥神奇作用，使法军迅速弥补战线上被德军突破的缺口，稳住阵脚，决策者才发现汽车比马车具有更大的运输效率。法国陆军也开始向雷诺订购大批军用卡车。

1917 年，埃纳河战役爆发，战役结束后，埃斯蒂安突然找到路易斯·雷诺，这让他吃惊不已。因为在三年之前，雷诺与施耐德竞争坦克生产时已经遗憾出局，埃斯蒂安的突然造访莫非与军火生产有关？果不其然，原来政府与施耐德的合作陷入僵局。

赢得设计制造坦克的合同后，施耐德家族坚信施耐德公司进一步壮大的机会到来，恰如几十年前普法战争之后的政府采购实现了施耐德复兴，这次他们仍然不会放过良机。施耐德公司迅速组织研究设计人员，由尤格恩·布洛林带队研发，这位机械设计师曾经为西班牙设计过装甲车。施耐德公司不负重托，自 1915 年 5 月坦克立项后，只用了半年多时间就研发成功。在测试场上，贝当总统亲自前往观看测试过程，结果几近完美，动力输出强劲，坦克能驰骋在各种路况和环境中，而施耐德自身的火炮系统也能够很好地与车辆控制系统相配合。由于施耐德家族在钢铁制造以及军火制造领域的巨大声望，以及车辆发展部门总监的推荐，又有贝当总统的支持与鼓励，新式武器很快为军方所接受。1916 年，军方宣布订购 CA1 型坦克 400 辆，每辆五万六千法郎。

订单纷至沓来，但是问题也接踵而至。其实有些问题在测试阶段就已显现，但由于大家对新事物好奇，只看到坦克的耀武扬威，对细节问题不够重视。当时只进行机动及火炮系统的测试，还有很多其他方面的专业测试并未展开。此外，虽然在各种地形中进行了机动测试，但是并没有经过长途运行测试，一旦坦克投入行军当中，需要长距离的行车过程。实际上，由于 CA1 型坦克存在诸多技术问题，最后施耐德公司无计可施，只能延长交付期限。

1916 年 7 月，索姆河战役爆发，英国在此次战役中投入了自主研发的重型坦克，这种坦克在战场上表现神勇，力克敌方多个阵地，因此英国军队在盟军面前也趾高气扬。法国领导层看到英国能够拿出如此厉害的超强武器，而几乎同时进行研发的施耐德却依然没有动静，怒火攻心，压力全部转到施耐德公司，勒可佐勒工厂甚至拿出 50% 的资源放在坦克的研发上。

迫于战争形势严峻，设计和制造标准一降再降，非必需的零件被取消，非核心的功能被抛弃，研发人员夙兴夜寐，终于在 1916 年 9 月将第一台坦克交付部队使用。这辆坦克自重 13.5 吨，平均速度每小时 8 千米，主武器是装在坦克上方的一门 75 毫米低速短身管火炮。直到 1917 年 3 月，共交付军方 208 辆 CA1 型坦克，其中包括施耐德公司后来研制的改进型"圣夏蒙"坦克。

军方接手后，这些坦克共同组成两个坦克团，急于打破僵局的法军司令命令坦克团配合法军步兵冲破敌人战壕。对于从未接触过坦克的法国士兵来说，训练时间只有 6 个月。驾驶员与火炮手不仅要熟练配合，而且要应付不断出现的机械故障，还得适应在 90 厘米高的空间内忍受 60℃高温，这令他们苦不堪言。

初登战场的法国坦克令所有人大吃一惊，这种机械怪兽很轻易就压碎敌方铁丝网，为紧随其后的步兵扫障开路，但是，进入到敌方阵地后，坦克就变成缓慢的爬虫，很快就成为德军攻击的活靶子，其中 170 辆坦克被德军摧毁，而其余 30 多辆坦克也基本报废。这让法国军方十分震怒，同样的坦克却与英国有天壤之别。此时，受到责备的埃斯蒂安只能取消施耐德公司的生产资格，回过头来找路易·雷诺紧急援助。面对调整，施耐德也无话可说。

路易·雷诺大喜过望，这将是雷诺涉足军火生产之后的最大一笔订单。无论民族大义还是公司利益，他都应该接下这项任务。路易吸取施耐德公司的教训，设计宗旨是坦克体积要小型化、生产规模要大型化，这同埃斯蒂安当初研发轻型坦克的想法如出一辙，著名的雷诺系列轻型化坦克就此诞生。

雷诺 FT 坦克最初命名为"机枪坦克"，后来又演变成其他类型。"'机枪坦克'采用雷诺公司自主研发的 18VC 直列 4 缸冲程水冷汽油发动机，排量接近 4.5 升，转速为 1 500 转/分钟，功率 25.7 千瓦，最高功率 28.7 千瓦。"① 雷诺 FT 坦克仅需要单个驾驶员，被安置在坦克车体前部。这种坦克有两种主武器可以选装，一种是 1 挺 8 毫米哈奇开斯机枪，另外一种是 1 门皮托 SA18 型 37 毫米加农炮，他们被安置在车体中部顶置的炮塔上，炮塔可以俯仰和 360°旋转操作，关键是所有动作完全可以实现人力操控，这两种武器的不同选装也形成雷诺 FT 系列坦克两种不同型号：机枪坦克和 37 炮坦克。

日后，雷诺坦克被认为是世界军事史上第一种严格意义上的坦克，因为除了上述现代坦克的基本特征外，雷诺坦克还实现了发动机与驾驶人员隔开，主动轮后置、诱导轮前置等技术。这些技术可不是靠钢铁起家的施耐德家族完成的，而是由热衷汽车技术研发、善于不断创新的路易·雷诺潜心研发。雷诺 FT 系列坦克后来被法军装备了 2 800 辆，加上此系列的改进型坦克，雷诺公司共生产 4 100 辆坦克。而且，路易·雷诺后来拓宽了意大利和美国的坦克研发思路，为苏联成功设计出第一辆坦克提供了技术基础。

通过坦克生意，雷诺汽车公司不仅增加了巨大利润，而且赢得良好的信誉，此后法国政府购买军火更偏向雷诺，后者也借此机会转向更为精密的飞机制造。

可以说，正是因为雷诺的军火供应，在很大程度上改变了第一次世界大战中欧洲大陆的战况和结局。

1918 年 8 月，为了收复亚眠至巴黎一线附近的铁路，击退索姆河一带的德军，从而将战线推向绍恩和鲁瓦，英法联军发动了亚眠战役。法国出动 90 辆雷诺 FT 坦克，与英国坦克组成坦克兵团，利用暗夜的掩护，

---

① 独树一帜：法国坦克史话：http//：news. xinhuanet. com/mil/2010 - 06/09/content _ 13640117. html。

采取严密的伪装措施，采用坦克与步兵、骑兵相配合的方式突入敌方阵地，8 日当天就突破德军纵深 11 千米，歼敌 2.7 万人。德国参谋长鲁登道夫沮丧地说："8 月 8 日是德国在这次战争中的'黑日'，是开战以来最大的失败。"第二天，大雾弥漫，部队的推进速度受到严重影响，坦克只能以 100 米/分钟的速度前进，但是，恶劣的天气条件对交战双方都是公平的，大雾也遮挡住德军的视线，当坦克进入阵地时，德国人才猛然发现联军的坦克已经冲了上来，可是为时已晚。

虽然此后英法联军能够投入作战的坦克总共剩余 60 辆，但是凭借坦克的巨大威力，英法联军实现了战略目标，夺取了战争主动权，德国军队开始全面溃败，直到 3 个月后被迫投降。第一次世界大战结束之后，路易·雷诺被授予法国荣誉军团勋章，雷诺汽车公司也一举成为法国最大的私人企业。

不过，由于法国经济在第一次世界大战中遭受重创，政府为了增加财政收入，恢复国内经济，将汽车作为奢侈品征收高额税费，这在一定程度上严重阻碍了汽车产业的发展。而且根据政府的要求，雷诺汽车公司还要为它在战争中获得的丰厚利润缴纳重税。路易·雷诺仔细思考之后，决定重组企业。

当时各大汽车公司都在推行大众化汽车制造，雷诺于 1922 年提出独立大规模经营的理念。这是一种自给自足的经营模式，与今天汽车制造采用的分散化价值链控制的经营方式正好相反，在新的经营方针下，雷诺公司的业务扩展到很多方面，既生产各种带有发动机的机械，包括轿车、货车、公交车、卡车、轻型商务用车等，又生产高精密的发动机，如铁路机车和航空发动机等，真正实现产业帝国的扩张。这种"垂直集中"的管理模式虽然在成本控制上没有优势，但后期却帮助雷诺安然度过 1929—1933 年的经济危机。

在战争中为法国政府生产军火的还有另外一家重要的机械设备生产商——雪铁龙公司，不过，那时候雪铁龙还没有涉足汽车制造。

雪铁龙公司创始人安德烈·雪铁龙出生于 1878 年 2 月 5 日，此时"现代科学幻想主义之父"儒勒·凡尔纳的《奇异的旅行》出版没有几年时间，安德烈小时候对这些科幻书籍充满兴趣。也正是受到这些奇幻思维的启发，他从小立志当一名工程师，投身科学事业。后来在巴黎综合工科学校读书期间，他仍然对科学充满奇思妙想，因此被同学们称为"先锋派科幻大王"。

成年之后，安德烈的兴趣开始转向机械制造，达到近乎痴迷的地步。

1900 年的一天，22 岁的安德烈陪同母亲前往波兰探望外祖母一家。在回家的路上，安德烈偶然看到一家小型齿轮作坊正在加工人字形齿轮，这让他突发灵感，充满科学想象力的安德烈立刻意识到这是齿轮技术的重大创新，他从这家工厂主手中买下人字形齿轮的专利。1903 年，安德烈正式开始创业，他凭借已买下的专利开办一家小型齿轮工厂，专门生产改造后的人字形齿轮，这也是此后雪铁龙汽车商标的起源。

安德烈的人字形齿轮有着诸多优势，很快在市场上引起不错的反响，成为世界齿轮业的一匹黑马，畅销海内外。正当安德烈在齿轮制造方面风生水起时，他的经营生涯偶然触及汽车制造。安德烈有一位名叫莫尔斯的好友，他经营一家汽车制造厂，但是由于经营不善，加上汽车制造技术的突飞猛进，莫尔斯的汽车厂潜入困境，他邀请安德烈前来帮忙，希望能渡过难关。

安德烈的管理才能在莫尔斯的汽车厂得到充分显露，他一上任就大力调整产品结构。安德烈深知，汽车市场竞争的关键因素是汽车技术，有了先进的技术发明才能够带动汽车销售，实现企业的良性发展。安德烈重新订立企业发展战略，将汽车技术作为公司的根本，大力投入研发，没过多久，莫尔斯汽车厂便扭亏为盈。

1912 年，安德烈第一次参观美国的福特汽车公司，对未来的事业方向更加明晰。他预测，法国汽车的未来不会取决于像莫尔斯公司那样昂贵的手工制造方式，而是要实现生产每个家庭都有能力购买的汽车。汽车不应该是奢侈品，而应该是大众都负担得起的日常工具。安德烈将流水线生产方式引入法国自己的工厂，他的齿轮工厂不仅生产齿轮，也涉足汽车生产。不过，当时工厂规模并不大，只有 1 名绘图人员和 10 名工人。

转机意外到来，第一次世界大战的爆发为这位齿轮制造商打开了另外一幅画卷。

在战争期间，36 岁的安德烈应征入伍，逐步升任至炮兵队长，具体负责重组军队的邮政业务。战争中，家书抵万金，上至军官、下至普通士兵，书信邮件成为与家人通信往来的重要手段。保障前线与后方的通信畅通，既能够解决前线士兵的后顾之忧，强化战斗力，也能够安抚军属，使后方民众更加支持军队建设。但是当时的邮政网络还不像现在这样高效、畅通，当时发错、丢失信件或者找不到收件人的情况属于家庭便饭，而上级长官对这项业务也深感忧虑。安德烈随即提出改革建议：将邮政网络分设为一定的邮政管理区，大家负责自己邮政区内的事物；同时将各区标定一定的颜色，信封也分为不同的颜色，士兵寄发信件的时候选择相对应的信封。这样就使邮政工作更加高效，建议被采纳后，军队的邮政工作果然出现明显起色。

战火越烧越旺，安德烈发现法军在重炮炮弹方面供应不足。特别是在凡尔登和索姆河战役期间，交战双方损失惨重，而不定时的炮轰成为每天的必要程序，双方都希望用堆积如山的炮弹粉碎对方的心理防线，持续不断的爆炸声将震慑对方官兵的心理，从麻木到恐惧，让他们明白自我防御终将于事无补。安德烈敏锐意识到转型的时机已经到来，他主动提出建立日产 2 万发炮弹的工厂，军方求之不得，很快就批准他的退役申请，答应他开办炮弹工厂的请求。安德烈在塞纳河南岸购买 30 英亩（约合 12 公顷）土地，成立一家军工厂，专门生产炮弹。前线对炮弹的需求被战略物资部转到雪铁龙的军工厂，订单如雪片般飞来，工人们每天要生产 4 万—6 万发炮弹，安德烈由此大发战争财。

第一次世界大战结束后，雪铁龙公司也像大多数战时为军队服务的企业一样，面临二次转产的问题，因为在和平时期卖炮弹就如同在香榭丽舍大道卖坦克一样，不合时宜。当时法国汽车行业竞争异常激烈，汽车技术发展迅速，而且对资本门槛要求较高，不是每一个进入的企业都能盈利。安德烈凭借在人字形齿轮与炮弹生产积累下来的资本，以及帮助莫尔管理汽车公司积攒的经验，他毅然决定将军工厂转型为汽车厂。

1919 年，雪铁龙将加维尔沿河路的军工厂改造成汽车制造厂，并组建优秀的设计团队，首席工程师安德烈·勒菲弗毕业于法国高等航空结构工程学校，专业是航空仪器研究，他曾经在偏心轮航空制造业工作过。他对汽车的驱动方式有着独到的见解，主张汽车设计应该采用前置式引擎以及前轮驱动，他的理由是："当你抛出去一把锤子的时候，是锤子的头部先飞出去而不是手柄。"靠着这样的理论，雪铁龙公司推出中级车——开路先锋，它有着优异的抓地力以及耐用性。在生产工艺上，雪铁龙公司也朝着能够生产平价汽车努力。同时，安德烈·雪铁龙成功说服巴黎银行家支持他采用流水型生产方式，从福特引进流水线生产理念，迅速推出物美价廉的雪铁龙 A 型汽车，这款汽车号称欧洲第一大量产平价车，价格只有雷诺车的一半。

雪铁龙 A 型车配备了 1 327 毫升排量的四缸发动机，采用三挡变速箱，具备超强的性能，最高速度每小时 65 千米，百公里油耗仅为 7.5

升，同时采用三厢四座结构，方便人们出行，这使得此款车在法国大获成功。特别是在 1920 年法国勒芒举行的一次车展上，雪铁龙 A 型车获得"省油冠军"的称号，雪铁龙公司从此威名远扬，销售量也随之大增。

虽然雪铁龙 A 型车在第一年年产量仅有 2 890 辆，但是到 1920 年年底已经有 1.5 万辆奔跑在法国的大街小巷，直到 1921 年停产时总销量达到 2.4 万辆。在 A 型车上大获成功的雪铁龙于 1921 年开始开拓海外市场，在海外同样销售业绩可观，当年就有 3 000 辆汽车在国外售罄。而这一年，雪铁龙公司的年产量甚至达到 10 933 辆。

第一次世界大战期间，飞机已经开始投入军事应用，雷诺公司就以生产航空发动机成为法国最著名的飞机引擎制造商。而发动机成功应用于飞机，还少不了飞机设计师的参与，达索航空设计所是第一次世界大战中著名的航空设计机构，为法国在战争中的胜利做出了不小的贡献，后来逐渐发展成为全球著名的达索工业集团。这间设计室的创办人，就是有"法国航空业之父"美誉的马塞尔·达索，他原名叫马塞尔·布洛克，在第二次世界大战之后改名马塞尔·达索。

马塞尔·布洛克在成名之前已经充满传奇色彩。这位工商巨人 1889 年出生于法国巴黎一个犹太人家庭，父亲是一位小有名气的医生，家境还算富有。马塞尔从小动手能力就很强，最喜欢的课程是科技实验课，对于枯燥乏味的理论研究提不起兴趣。作为医生的后代，马塞尔理应子承父业做一名好医生，但是他的志向却是在机械制造业特别是高等航空领域有所建树，对于医学更是兴趣全无。

在 20 世纪初，飞机制造还只是停留在研究人员的实验室里，天空中除了飞鸟，就是悠悠白云。人们认为翱翔蓝天简直是天方夜谭，没有翅膀想上天，注定要掉下来摔个稀巴烂。在第一次世界大战之前，历次战争中都没有飞机的身影，民用航空领域也没有涉及飞机，人们认为飞机研究没有前途。但是，马塞尔没有为世俗看法所改变，他坚持理想，成功说服通情达理的父母，前往巴黎布勒盖电气工程学校求学，这所学校以机械制造见长，既有机床操作又有工业设计专业。

法兰西民族对征服天空有着更强烈的欲望，早在 1852 年，法国工程师吉法德就展开了对能飞的气球——飞艇的研究，他首次试飞就取得成功。在德国，齐柏林首次设计制造出硬式飞艇，成功飞越康斯坦茨湖。后来，法国的勒博迪兄弟制造出世界上第一艘能使用的飞艇，这艘飞艇实现了一次性飞行 61 千米的记录。此后，飞艇在法国得到迅速发展，在第一次世界大战中甚至组建了专门的飞艇部队。

飞艇进入鼎盛时期之后，人们的焦点又转移到更加方便和快速的飞机研究之中。1903 年 12 月 17 日，一件日后将影响人类生活方式的标志性事件在北卡罗来纳州的基蒂霍克海滩发生。在刺骨的寒风中，威尔伯·莱特和奥维尔·莱特兄弟轮流将一架造型简陋，后来被称作"飞机"的怪物开到天上去了，那天他们努力尝试了四次，最高纪录只是在空中坚持 59 秒，飞奔出 255 米，这个速度还赶不上一名普通中学生百米跑的成绩。可是，它却意味着地球引力从此失灵，人类翱翔宇宙的历史正式书写，难怪在场的见证者都激动得热泪盈眶，欣喜若狂。

莱特兄弟研制飞机的灵感源于幼年时期的玩具，根据法国的飞行器专家阿尔冯斯·潘瑙的发明研制而成。莱特兄弟成功进行有动力的飞行测试之后，发电报让家人通知媒体进行宣传报道，但是美国代顿的日报拒绝刊登这个新闻，他们认为飞行时间太短。阴差阳错的是，电报员竟然将这个消息转给弗吉尼亚的一家报社，他们添盐加醋地发出一则失真报道。这则失真报道引起美国其他几家媒体热情转载，可是美国公众对此并未留意，倒是在法国引发关注，法国巴黎航空俱乐部很认同莱特兄弟的成功。

此后几年，莱特兄弟继续飞行实验，并进行空中拍照，但是他们拒绝展出照片作品，担心发明创造被别人抄袭，此时给航空器申请专利还没有人开先河。而当他们致函法国政府表示希望出售飞机的时候，法国政府不能接受先签订合同后进行公开试飞的苛刻条件，被严辞拒绝。

当时法国境内的飞行热潮此起彼伏，但是媒体却对莱特兄弟的实验横加指责，批评他们哗众取宠。莱特兄弟则四处游说，希望世界各国购买他们的飞机。美国政府此前曾经拨付 50 000 美金支持航空科学家兰利研究飞机，但是他制造出的两架飞机却先后跌入托马克河。对于毫不知名的莱特兄弟，美国政府根本不给机会。但是，法国政府却给予高度认可，1907 年就有法国公司与其签订协议，莱特兄弟也答应了公开试飞成功等附加条件。哥哥威尔伯·莱特在法国勒芒郊外的汉努狄耶斯赛马场进行首次飞行表演就大获成功，之后又飞行多次，进一步点燃法国人的飞行热情。

1909 年的一天，马塞尔在操场散步时，看到莱特兄弟的一架飞机在空中盘旋。这架飞机从学校操场上空掠过，围绕埃菲尔铁塔飞行。毫无疑问，莱特兄弟的冒险精神将感染所有对梦想永不放弃的坚持者，亲眼见证的马塞尔也是其中之一，他更加坚定投身航空事业的决心，并发誓要造好飞机。

马塞尔对飞行的痴迷态度经常让与他对话的人不知所措，甚至觉得莫名其妙。不过，父母依然坚定地支持他对飞机制造技术的独立研究。1909 年 8 月，法国航空俱乐部在兰斯主办了一次飞行盛会，各国飞行员在这里创造了多项飞行记录，特别是法国本土飞行员路易·布莱里奥，他驾驶飞机成功飞越英吉利海峡，降落到英国。这场盛会鼓舞了马塞尔，也给他提供了研究飞机的直接机会，盛会期间，他经常跑到机场去看各种各样的飞机。

1910 年，法国飞机设计师和直升机制造的先驱——路易斯·查尔斯·布雷盖亲自授予马尔塞毕业证书，富有戏剧性的是，多年后，两人合作成立布雷盖—达索工业集团，最后改名为达索工业集团。为了继续在飞机领域进行深造，马塞尔在 20 岁这年进入国立高等航空制造学院学习，这里是欧洲航空设计师的摇篮。苏联的著名航空设计师格列维奇与他成为同班同学，格列维奇后来返回苏联创立米格局，研制了一系列的米格战斗机。

在国立高等航空制造学院刻苦学习两年之后，马塞尔进入庞阿尔公司当学徒工人，随着经验日渐丰富，慢慢开始参与螺旋桨设计工作。

第一次世界大战给了马塞尔出头的机会。第一次世界大战初期，毕业不久的马塞尔投笔从戎，进入法国军方的"墨东航空实验室"，这个实验室主要从事飞机研发工作。马塞尔在这里结识了著名的飞机制造商亨利·波泰，后者在两次世界大战中为法国制造了不少的航空器。在亨利·波泰的帮助下，马塞尔成功地研制出第一款木质螺旋桨，并且在 1916 年成立马塞尔航空设计公司——这就是达索工业集团的前身。

1917 年，达索将高德龙 G3 侦察机改为 SEA4 双座战斗机，这款战斗机拥有 375 马力，可以执行多种任务，集战斗机、轰炸机、特种侦察机的功能于一身。这种独创的战斗机在试飞过程中深受法国装备部的喜爱，随后订购1 000架，准备在战争中一展雄风。这份大额订单让斗志昂扬的波音喜出望外，他并未洞察到背后隐忧，毕竟，战火终有飞灰湮灭的句点。1918 年 11 月，第一次世界大战结束，军方突然宣布取消生产计划，无仗可打，还要飞机何用？军令如山，马塞尔没有得到大规模扩张的机会，只能含恨接受残酷现实。他的飞机设计公司只好关门歇业，航空飞机的研发也陷入停滞，转而与岳父共同从事家具和房地产生意。

1918 年 11 月 11 日，混乱的世界终于安静了，这天凌晨 5 时，停战协定在法国贡比涅森林中的一节火车车厢里签署，历时 4 年零 3 个月的第一次世界大战宣告结束。协约国与同盟国双方经历了冷兵器时代第一次大规模的阵地战、消耗战和拉锯战，战火席卷 33 个国家，15 亿人（约占世界人口总数的 75%）遭此劫难，交战各方共投入兵力 7 400 万人，840 万人阵亡，2 100 万人受伤，平民伤亡更不计其数。战争使得人类跌入深渊，使文化濒于毁灭，使成千上万的人死亡，把全球各地变成人间炼狱。

据统计，法国共有 54.3 万人丧生，全国四分之一的青壮年男子战死，三分之一伤残。法国经济更是遭受重创，从 1913 年战争开始之前到 1918 年战争结束时，钢铁产量从 469 万吨锐减到 80 万吨。虽然最终以获胜国一方的身份坐到谈判桌上，但是法国的国民经济却遭到毁灭性打击。

如今，当我们以百年甚至更长的时间跨度来回望这次旷世战争时，便会惊奇地发现，后世所公认的导火索——费迪南德被暗杀不过是场意外，而第二次世界大战爆发却在意料之中。同样，法国的胜利也是强大经济实力支撑的结果，既有雷诺汽车公司优良军备的支援，也包括控制法国钢铁、铁路、军火制造的施耐德公司的功劳，以及埃菲尔、安德烈·雪铁龙、马塞尔等企业家不同程度的参与。他们为国家提供军用设备，战争也使他们大发横财。

战争是死神的盛宴，也是一些商人的狂欢，这场嗜血的“盛宴”终于散席，当人们欣喜若狂地欢庆战争结束时，有些企业家却呼天抢地，如丧考妣。从首都巴黎到小城镇，从军工厂到小作坊，他们如幽灵般在暗夜中哀号。

到那一刻，商人才如梦方醒：原以为各国政客和军队被自己玩弄于股掌之中，没想到他们才是企业命运的终极操控者，一道命令足以让商人倾家荡产。在战争和政治面前，商人卑微可怜，凄凉落魄，却没有人愿意同情他们。战争结束后，军方毫无理由地将合同作废，订单取消，企业只得停产关门，遣散员工，新扩建的厂房周围荒草丛生，堆积如山的仓库遍是灰尘。这样惨淡的景象到处都是，战火烧焦的土地满目疮痍，无论城市乡村，流离失所者沿途可见。

苦难还未到尽头。1920 年，全世界陷入经济萧条，新的灾难正在逼近。

第6章
经济危机突围

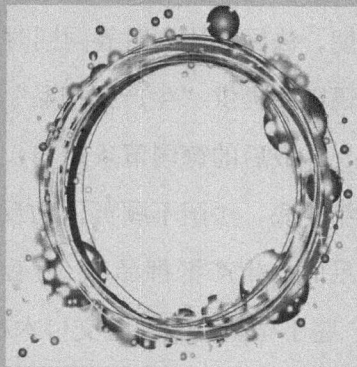

在第一次世界大战之后，通过《凡尔赛和约》等一系列条约，欧洲大陆恢复宁静，但这些都是表面现象，看似风平浪静，实则暗流涌动。

《凡尔赛和约》隐藏着巨大的危机。这份合约规定了德国对协约国的赔偿责任，但是没有确定对协约国特别是法国的具体赔偿数目，只在最后规定德国先行赔付200亿金马克，同时设立协约国赔偿委员会，由该委员会在1921年劳动节之前核算出总的具体数目。以法国占支配地位的赔偿委员会在1月底就核算出数目，要求德国赔偿2 260亿金马克，却遭到德国拒绝。

为此，协约国占领了德国莱茵河右岸不设防的杜塞尔多夫等城镇，德国仍然不肯让步，最后经过协商，协约国将赔偿数目下调到1 320亿金马克，从1921年5月1日起每年必须支付20亿金马克。虽然德国勉为其难的接受，但是在1921年支付了20亿金马克之后，因为财政困难，申请延期支付后续款项。经过英国从中撮合，欧洲各国都不同程度地允许延期，法国和比利时等国同时提出要求，德国除了承担占领区军队的费用，还需要提供"生产抵押品"——木材和煤炭等重要资源。

战后的德国萧条衰弱，经济毫无生机，很难满足法国的要求。1922年年底，法国不顾英国的反对，控制赔偿委员会，宣布德国没有提供充足的"生产抵押品"，随后在 1923 年 1 月，联合比利时照会德国政府："鉴于德国没有及时交付木材和煤，因此决定派一个技术专家委员会进入鲁尔区，监督煤业辛迪加生产，保证德国能履行支付赔偿义务。"同时，两国还派出军队占领鲁尔地区，"鲁尔危机"爆发。

德国总理 W. C. J. 库诺命令各部门消极抵抗，危机进一步激化，G. 施特莱斯曼继任后，取消前任的命令，并启动大刀阔斧的改革。同时与协约国达成一致，德国将以多种方式支付"生产抵押品"。鲁尔危机趋于缓和，后来美国提出"道威斯计划"用于彻底解决德国赔偿问题，按照计划，美国向德国给予经济贷款，这些贷款可以用于支付战争赔款。通过这项计划，美元的货币地位在欧洲得以确立。德国从美国得到贷款发展了本国经济，同时给协约国支付赔款，协约国又将这笔款项返还给美国用以偿还战争时对美国的借款，美元开始称霸欧洲的经济市场。

美元在鲁尔危机后在欧洲确立重要地位，在一定程度上与1929年经济危机爆发有关，也使危机迅速从美国蔓延到欧洲。这场危机以木材竞争为开端，由于苏联木材大量流入国际市场，木材价格在 1928 年迅速下跌。1929 年，加拿大的小麦过量生产，也流入国际市场，小麦价格也出现大幅下跌。为此，美国压低农作物产地的价格。在此政策影响下，美国投资热潮开始由农业向其他行业转移，资金大规模从欧洲回流。一方面，美国的银行缩减对欧洲的贷款，另一方面又要求欧洲的企业加速偿还以前的债款。1929 年美国股市大跌，美国和欧洲多家银行倒闭，经济危机爆发。

但是，法国并没有立刻受到经济危机的冲击，这是由于法国的工业在主要资本主义国家中相对落后，而且法国工业、农业相对平衡，并由此构成法国经济总体上的平衡性。而且，外贸在法国经济中所占比重有限，法国对国际市场的依赖性较小，国际市场的变化对法国经济的冲击较慢，而且相对较弱。客观来说，法国仍然是一个手工业工人和小生产者众多的国家，三分之一以上靠工资收入生活的人仍然受雇于不足 5 人的企业，而在商业领域，87% 的商店的雇员在 5 人以内。[1] 所以，当 1929 年 10 月美国华尔街股票大跌，美国、德国与英国在危机中风雨飘摇的时候，法国并没有受到牵连，而且，1928 年普恩加莱大幅度贬值法郎也使法郎更加稳定，加上法国产品竞争力的增强，延迟了经济危机波及法国的时间。

只是，资本主义在世界范围内已经形成体系，法国终将难逃经济危机的厄运。1931 年 6 月，美国摩根财团的操盘者拉蒙特给时任胡佛总统打电话，建议推出一个战争债务的延期偿付方案，当时欧洲经济已经处于深度危机，如果再加上债务拖累，很可能会一夜崩盘，欧洲若失火，美国也遭殃。胡佛终于答应债务延期的计划，但时间只限一年，而且，他并未立即公布这项决定，而是观望等待。

那时欧洲各国意见并不统一，在经济崩溃的恐惧中貌合神离，德国和奥地利试图建立关税联盟，法国人对此强烈反对，甚至对两者联合的所有潜在机会一律阻拦。当时奥地利最大的银行安斯塔特信贷银行已深陷破产边缘，为此只好向根本没有偿债能力的政府求援，消息传出后整个欧洲陷入恐慌，各路资本争先恐后地撤离德国和奥地利，欧洲经济走到崩溃边缘。

---

[1]　吕一民. 大国通史：法国通史［M］. 上海：上海社会科学院出版社，2007：299.

噩运就这样悄无声息的降临。法国在 1930 年已经被卷进旋涡，随着欧洲经济萧条，以银行和企业倒闭为开端，经济危机迅速蔓延至整个法国。经济危机给法国带来严重的社会影响，严重削弱了人民群众尤其是中小资产阶级的经济状况，少数大资本家乘机兼并濒临破产的中小企业。这种状况一直持续到 1935 年，法国经济才开始复苏，其他资本主义国家则在 1932 年就已经逐步走出困境。

在安德烈·雪铁龙的带领下，雪铁龙公司在经济危机来临之前规模不断扩大，公司利润以及净现金流量与日俱增。

雪铁龙 A 型车取得成功后，投产廉价车成为很长一段时期的经营战略。而在廉价的基础上，必须有销量做保障才能实现公司的可持续发展。为了扩大经营规模，1921 年年底，雪铁龙从克莱蒙特·伯亚德手中租下巴黎郊区的勒弗拉斯工厂。雪铁龙的第二款车 5VC 车型 1922 年开始投产，这款车外形漂亮，深受女性喜欢，从此以后，汽车不再是专属男人的交通工具。到 1924 年，雪铁龙 5VC 车日产量达到 100 辆，虽然现在只相当于大众或者通用汽车一个小时的产量，但在当时的欧洲已经算是天文数字。在 5VC 车投产的同一年，雪铁龙建立会员购车的销售模式。在此模式下，购车客户在 12—18 个月付清全款即可，这是现今广泛采用的分期付款的雏形。为了在全法国普及家用小轿车，雪铁龙又趁热打铁成立欧洲第一家会员公司——SOVAC 公司，提供延期付款业务。

安德烈·雪铁龙与安德烈·米其林有着很多相似之处，特别是在广告宣传方面，雪铁龙甚至有过之而无不及，而且他更酷爱户外驾驶。1922 年，安德烈组织了 5 辆 B2 汽车组成的车队，横穿非洲撒哈拉大沙漠，整个行程超过 5 000 千米，这次冒险使之前汽车制造厂所谓的壮举黯然失色，雪铁龙汽车在欧洲名声大震。

1923 年，安德烈再次参观福特汽车工厂，福特汽车生产线的组织方式让他大为吃惊，每一个工人固定在一个位置上，专门负责一项工作，当完成工序后生产线传送器自动将汽车从一个工序转到另一个工序。在采用装配生产线之前，一台飞轮磁石电机的装配时间是 20 分钟，但是有了生产线之后，这些工作被分解成 29 道工序，装配时间降低到 5 分钟；之前装配一台发动机的时间是 10 个小时，但是有了生产线之后即刻降到 6 个小时。不仅仅是效率大幅提高，福特雇佣的工人也从原先的 20 多万降到不足 5 万人。看到福特工厂流水线的生产方式以及新颖的组织结构，安德烈十分钦佩福特的运营思维，意识到流水线将是汽车生产的大势所趋。

到 1923 年，雪铁龙公司汽车日产量已达 200 辆，1924 年增加到 300 辆，成为欧洲有名的汽车制造厂之一。1924 年 7 月 28 日，雪铁龙汽车公司正式挂牌成立，专门从事汽车生产。

像安德烈·米其林一样，安德烈·雪铁龙曾命令公司制作 15 万块印有雪铁龙汽车标志的路牌，挂满法国的大街小巷，这使得人们提到汽车必然想起雪铁龙。1925 年，巴黎市政为宣传博览会，准备在埃菲尔铁塔上面挂满霓虹灯，但是经过预算部门测算需要花费 50 万法郎，最后无奈作罢。雪铁龙得知这个消息后，找到巴黎市政部门，表示愿意赞助此次活动，但是需要将灯组摆成雪铁龙汽车标志的形状。双方最终合作达成，雪铁龙汽车公司在埃菲尔铁塔上安装了 30 万个灯泡，组成巨大的雪铁龙"CIIROEN"字样标志，每个华灯初上的夜晚，巴黎街道都被这个巨大的雪铁龙灯组照亮，市民也对这道别出心裁的美景津津乐道。

1931 年，安德烈·雪铁龙又赞助号称"黄色旅途"的一次远征。这次远征队伍由 40 人、14 辆半履带车组成。当年 4 月从黎巴嫩贝鲁特出发，历时 10 个月，途经喜马拉雅山、戈壁滩，克服重重困难，于 1932 年 2 月到达中国北京。这次远征在巴黎引起巨大轰动，巴黎群众甚至认为雪铁龙汽车公司日后将会把雷诺汽车公司打败。总是充满奇思妙想的安德烈·雪铁龙也胸怀超越雷诺汽车公司的远志，但是他怎么也想不到，自己会惨败在雷诺手下。

事情的转折出现在 1931 年。这一年，低调稳重的路易·雷诺邀请对手安德烈·雪铁龙参观雷诺汽车工厂。这两个对手的竞争由来已久，当年安德烈·雪铁龙在法国推出量产的雪铁龙 A 型车，剑锋所指就是雷诺的小型车，雪铁龙的 A 型车结构坚固，性能良好，而且配有备用轮胎和电启动装置，价格比雷诺汽车便宜一半。这次雷诺主动邀请雪铁龙参观新工厂，其用心无人知晓。

当时雷诺汽车工厂采用的是雷诺之前提出的独立大规模经营的理念，简而言之，就是雷诺汽车工厂实行自给自足，主要部件都是自己安排生产，这种商业模式被称为"垂直集中"管理，正是这种结构使得雷诺工厂在经济危机到来时仍然保持活力。

心高气傲的雪铁龙参观完雷诺的新工厂之后，深深为对手整齐的生产线以及庞大规模所折服，相比之下，自己工厂的生产经营状况简直不堪一击。回到雪铁龙工厂之后，他决定将所有流动资金全部应用于扩建厂房和生产线建设，这使得很长一段时间内，雪铁龙的工厂都深陷资金枯竭状态。不久之后，雪铁龙聘请年轻的汽车工程师勒菲布尔，迅速制造出由贝尔蒂尼设计的 C7 车型，雪铁龙深信这款车型会获得巨大成功，购车订单也会蜂拥而至，因此决定进一步将旧工厂建造成一座现代化的制造厂。

可惜事与愿违，新车 C7 推出不久就遭到市场否定。大多数消费者认为此款车型设计太过前卫，同时，一些技术问题逐渐暴露出来，前轮驱动问题还没有得到彻底解决，加上此时正值经济危机，消费者的经济状况也不断恶化，因此纷纷取消订单，这给雪铁龙造成致命打击，本来现金就不充足的雪铁龙公司犹如无源之水，彻底陷入绝境。出于无奈，安德烈只能以雪铁龙品牌作为抵押，得到当时最大信贷公司米其林的财政援助。为了保障公司的存活以图后进，雪铁龙公司裁员 8 000 人，当年产量也降到 56 123 辆。这并没有使雪铁龙起死回生，公司状况没有出现明显好转，债权人米其林公司趁机要求危难之中的雪铁龙公司进行清算，汽车界的一代英豪就这样将亲手创立的雪铁龙公司拱手转卖给米其林公司。

雪铁龙急于冒进，盲目扩张，不仅没能扩大公司的产能，反而欠下巨额债务。1934 年，安德烈·雪铁龙被确诊为胃癌，不久便含恨离世，一代枭雄从此落幕。后来，路易·雷诺多次在公开场合表示对不起雪铁龙公司，更对不起安德烈·雪铁龙本人，当初根本不应该让他来参观自己的新建工厂。不管是真诚道歉还是虚伪谎言，在双雄争霸中，路易·雷诺笑到最后。

另一家汽车巨头标致公司却安然无恙。1926 年标致汽车和自行车股份有限公司再次分开，标致汽车又成为了一个独立的实体。1929 年 10 月，当时标致汽车在巴黎的一个车展上推出了一款"201 型"车，后来改为"201"，这有着深刻的含义。其中第一个数字代表系列，第三个数字代表第几代，看到车的型号就可知此款车是哪个系列的第几代。后来标致将此命名法进行注册，一直沿用至今。当时德国的保时捷曾经研发出一款新型跑车，他们将其命名为"901"。这自然招致了标致汽车公司的不满，标致认为保时捷此举属于侵权行为，遂提出严正交涉，后来保时捷不得已更换名字，这款车也是现在人们熟知的"保时捷 911"。

1931 年，标致公司再次在巴黎车展展出他们的 201 车型，这是世界上第一款前轮采用独立悬挂的车型，价格适中而且低油耗，同时它的外观采用流线型的设计，前灯采用"蛋壳型"，翼子板成包围式，这些后来成为了标致汽车的标致性设计。正是凭借着这款车型，标致汽车公司安然渡过经济危机。

与标志一样，米其林公司也是通过创新找到突破重围的出路。

米其林轮胎在世界范围内广为人知，但是他们的另外一个产品《米其林指南》在法国境内也代表一种权威。1900 年巴黎世博会期间，米其林兄弟意识到汽车行业的兴起必然带来汽车旅行的兴盛，而旅行将对自己的轮胎带来不小的需求，因此，如何促进汽车旅行的发展被他们考虑进营销计划之内。米其林兄弟将旅行地图、加油站、旅馆和汽车维修厂等咨询信息整合起来，出版了手掌大小的《米其林指南》一书，内容包括旅游指南和餐厅指南，这种手册客户可以免费索取，在有米其林的地方都可以看到。

但是，到了 1920 年，免费提供的状况出现变化。安德烈·米其林在走访车间的时候，发现他们精心制作的《米其林指南》被维修厂员工拿来当作工作台的桌角垫来使用，安德烈并没有批评车间人员，但是这件事引起安德烈的深入思考。他意识到免费提供的资料会被大家认为是没有价值的东西，甚至会被认为是无用的东西，他坚定地将这份读物改为有偿销售。不久之后，为了提高中立和公正性，安德烈派出评鉴员，乔装成普通顾客秘密私访，私下里观察店家真实的做法，同时开始用星号对店家、餐厅进行评级，1931 年引入 3 个星级评价系统，从此，米其林指南的权威性得到确立。

时至今日，这份读物不仅作为米其林公司营销的一个重要载体，更被认为是法国旅游信息的权威，甚至被法国当成文化遗产。如此权威的评价系统，成为法国餐饮业既信服又恐惧的对象，因为一旦登上这个千余页的米其林指南，将会使你的餐厅身价暴涨数十倍。每年这份指南只推荐 500 家餐厅，而被评为 3 星级的餐厅不过才 30 家，如果想到这些餐厅用餐需要提前三个月预定。正因为《米其林指南》的权威性及影响力，餐厅的评级如果被降低，意味着信誉下降，损失不堪设想，1966 年就曾因评级调低引发悲剧，巴黎名厨詹克因为米其林指南对其评价降级而引咎自杀。2003 年，法国另外一家仅次于《米其林指南》的权威机构，将《米其林指南》上曾经获得三星级的名厨卢瓦梭的餐馆评分由 19 分降到 2 分，卢瓦梭饮弹自尽，法国厨师的敬业精神令人敬畏，《米其林指南》的影响力可见一斑。

米其林兄弟当初一个简单的推销计划，如今却被称为"餐饮圣经"。法国版每年出版 80 万册，在国外已延伸至 23 个国家 26 个版本，世界范围内的总销量更高达 150 万册。这本评级评价出的出色名厨甚至主动献艺，从而推广法国的美食，亦提升这本指南的权威性[①]。

任何一部公司史，都是写满生存和死亡、沉沦和重生的挣扎史，尤其是在全球性危机到来的时刻。不过，数百年企业的发展史，因深厚积淀和岁月磨砺，就像仙风道骨的老者，平和而安详，即便在钢丝上行走也不会心惊胆战，表演的是艺术，精湛而华丽。比如圣戈班公司，作为法国历史最悠久的公司之一，同样面临灾难，却安然渡过。

圣戈班由科尔贝尔创立于 1665 年。科尔贝尔是法国路易十四的财政大臣，路易时期法国政坛争权夺利，内斗不断，科尔贝尔在动荡中坚决支持路易十四进行帝国的政治和经济改革，因此得到路易十四的信任。1664 年，路易十四委托科尔贝尔进行一项可行性调查，评判引进当时技艺最先进的威尼斯玻璃制造工匠的利弊。科尔贝尔先后派出 3 批使者前往意大利招募玻璃工匠，刚开始意大利的能工巧匠对远赴异域工作不感兴趣，但是经过艰苦努力，科尔贝尔终于获得成功，1666 年，第一批意大利工匠带着家眷来到巴黎，法国从此拥有世界上技艺最精湛的玻璃制

---

① 吴锡德编 . 法国制造［M］. 上海：生活·读书·新知三联书店，2012：140.

造大师。科尔贝尔也深知这批工匠总会回到他们的祖国，为了保护本国的利益，他希望引进外国人才的同时，也将他们的技艺留下来。因此，科尔贝尔付给这批工匠丰厚的报酬，但要求他们把技术传授给法国人。

在意大利工匠到来之前的 1655 年，科尔贝尔在法国圣安东尼地区建立玻璃制品厂，路易十四给予肯定，这年 10 月，国王特许科尔贝尔的工厂专门生产王室所需要的各种玻璃制品，并在当年承办了凡尔赛宫的玻璃画廊。科尔贝尔的工厂随之改为"皇家玻璃公司"，这就是圣戈班的雏形。法国国王路易十四曾经为其题词："从 1666 年开始，我们即开始制造其精美程度绝不逊于威尼斯生产的镜子并行销全欧，这些镜子如此精美绝伦、富丽堂皇，其工艺之精湛，堪称世界第一。"

果不其然，没过几年意大利工匠就开始想念故土，1667 年，他们返回意大利。对于科尔贝尔来说，他们的去留已经无关紧要，此时他已经具备玻璃研磨和打光技术。为了集中研发实力，科尔贝尔又将那厄尔工厂与皇家玻璃公司合并，圣戈班的制造工艺已经达到顶级水准。1672 年，王室颁布法令，禁止从意大利进口玻璃制品，国内开始全部使用卡尔贝尔的玻璃制品。1683 年，科尔贝尔逝世，负责王室建筑玻璃制品的主管鲁瓦接管工厂。1688 年，鲁尔带领圣戈班首创玻璃水平牵引法，这种方法能够使得玻璃的平整度大幅提高，大片玻璃开始在建筑上得到应用。

科尔贝尔不惜重金引进意大利工匠，并着力培养本国的技术人才，最后赶上并超过意大利的水平，这是技术落后国家追赶先进国的一条捷径，但是，技术引进关键在于吸收和消化，在研究和开发上广招贤才，保持其产品的领先地位才是 300 年来不败之地的秘诀。

为了保持产品的市场竞争力，圣戈班始终将科学技术研究和开发新产品放在第一位。在经济大萧条时期，这成为他们渡过危机的法宝，沿用科尔贝尔当年的方式，这次将目光转向钢化玻璃，并不断学习国外的先进技术。

钢化玻璃的发明最早可以追溯到 17 世纪中期。当时莱茵国有一个叫罗伯特的王子，他曾做过一个试验。把一滴熔化的玻璃液滴进冰冷的水里，这滴玻璃液遇到冰水立刻变成一种弯曲的形状，像拖着长有弯曲尾巴的透明小蝌蚪，王子将其命名为"罗伯特王子小粒"。但是，当这个颗粒弯曲的尾巴受到外部压力的时候就会轻易折断，并且这个颗粒瞬间剧烈粉碎，形成粉末。实质上，这就是玻璃的淬火，就像是金属淬火一样。它并没有让玻璃的成分发生变化，因此这种物理淬火下的钢化玻璃又称为淬火玻璃。法国人在 1874 年第一次获得钢化玻璃的专利，将玻璃加热到接近熔化的温度后，立即投入到盛有冷水的液体槽中，这种方法即是早期液体钢化方法。

虽然钢化制造方法很早就发明出来，但是拿到应用领域却在几十年以后。在经济危机中，圣戈班公司开始自主研究这种制造方法与工艺，并开始专门为汽车公司生产这种钢化玻璃，用于汽车的前挡风玻璃，在圣戈班公司的带动下，钢化玻璃得到迅速普及，世界上其他国家也开始大规模应用钢化玻璃。

靠着这样的创新与不断的学习，圣戈班公司历经 300 多年的发展，由一家只生产玻璃的制品厂发展成为世界上平板玻璃、绝缘材料、建筑材料、引力和卫生用铸铁管道、包装玻璃、包装纸和木制品、加固纤维、工业用陶瓷材料、研磨料等产品的最大生产和销售商。时至今日，圣戈班集团所拥有的联合公司就达 300 家，是法国十大工业企业集团之一。

20 世纪 30 年代的法国青年目睹了经济危机侵袭时资本主义慢慢失去活力，而政治动荡不安，政府内阁频繁更换，政治舞弊及政府丑闻不断被曝光，青年人渐渐对政府失去耐心，他们意识到旧的世界已经崩塌，但是新的世界还有待自己去创造。这一代人有的信奉社会主义思想加入共产党，有些人却钟情于其他，而很大一部分人既不追随资本主义的思想，又不信仰共产主义，更无意于其他，他们另寻思想理论支柱。法国现代思想史专家让·杜沙尔称这些青年人的执拗精神为"三十年代精神"。这种精神在设计师身上体现为完美主义、精益求精的品质，这些品质最后演变成难能可贵的商业精神，成为法国企业的最大财富。

20 世纪 30 年代，巴黎香榭丽舍大街有一个名叫"雷茨"的知名酒吧。这个酒吧在两个方向对开两道门，幸运的人们经常会看到香奈儿从酒吧这边的门进入，夏帕瑞丽从那边的门进入，而孤傲的香奈儿经常会调侃这个竞争对手："可怜的夏洋，我走正门，她却只能够走侧门。"这种棋逢对手的情形成为酒吧一场精彩的商战剧目。

香奈儿被认为是"撵走十九世纪的天使"，被毕加索称之为"欧洲最有灵气的女人"，而大文学家萧伯纳则说她是"世界流行的掌门人"。香奈儿 1883 年出生于法国的一个乡下贫寒家庭，母亲早逝，以销售为业的父亲又弃家远走，她很小就成为孤儿，和姐姐在孤儿院待了七年，七年的孤儿院生活养成香奈儿独立、孤傲、自负的性格。18 岁时，香奈儿孤身一人闯荡巴黎，很快凭借毅力与艺术才能征服巴黎。她白天在工作室设计服装，晚上去俱乐部唱歌，有人说她在驻唱生涯中曾经唱过歌舞《知道 coco 吗》，而人们开始亲切地称呼她为"coco"，也有人认为这是父亲对她的昵称，意为"小宝贝"的意思。无论如何，"coco"都已经成为香奈儿的精神象征。

1910 年，香奈儿在巴黎社交界已小有名气，但是她的英伦情人却迎娶了一位爵士的千金为妻。据传闻是因为她出身低微，也有人说这位薄情郎只是在玩弄香奈儿的感情。但是，这家伙还算有点良心，出资在巴黎为香奈儿开设了一家帽子专卖店。

20 世纪头十年，用网格和羽毛装饰的帽子是女性青睐的主流，但是独到另类的香奈儿从来就讨厌千篇一律，更不会一味地去追逐主流，她果断摘下华丽的装饰品。1912 年，《时装》杂志以完整篇幅刊载香奈儿设计的帽子，在这篇文章中，吸引人的不仅是戴着帽子的年轻明星，重要的是明星头上的香奈儿帽子。从此以后，这位籍籍无名的小商人开始初露锋芒，并引领巴黎的帽子风潮。

香奈儿将艺术天赋以及另类审美展现无遗，不久就将业务迅速延伸至整个服饰领域。1915 年，香奈儿利用运动服和男士内裤的针织布料来设计女性套装，且大量运用黑颜色，一开始并没有引起共鸣，甚至引发时尚界人士的嘲讽。独立而孤傲的香奈儿似乎从不把别人的言语放在心上，她说："大家都嘲笑我说的衣着，我一点都不介意。这就是我成功的秘密之一：我与众不同。"不久，黑色逐渐得到大多数服装设计师的广泛应用，甚至 20 世纪 20 年代被称为"黑色服装的时代"。

1919 年，香奈儿的男朋友卡保去世，但是有着独特气质的女人总是会得到上天的眷顾。香奈儿身上具有令男人着迷的气质与灵性，就像是绽开的玫瑰，吸引无数的有情人前来抚摸，她周围从不缺乏这样的追随者，但也总会被玫瑰上的刺扎伤。香奈儿身边经常出现有权有势有才的男人陪伴，有才华横溢的音乐家斯特拉文斯基，也有流亡法国的俄国沙皇亚历山大二世的长子狄米拉，还有英国首富威斯敏斯特公爵，后来这位公爵也另娶他人。孤傲的香奈儿并没有沉浸在被抛弃的悲痛中，她说："公爵夫人有很多个，但是香奈儿却只有一个。"就像是她喜欢珠宝一样，她坚信爱情是奢华的，更是一种精神上的需要。

香奈儿自由奔放的设计理念很快在巴黎掀起一股清新的风气，曾经热衷华丽时尚装饰的巴黎女性们也开始逐步摆脱奢华富丽的着装，被香奈儿明快、自由、奔放的设计理念所倾倒。在第一次世界大战之前，法国大部分女性穿着都比较保守，但是到了 20 世纪 20 年代，香奈儿设计的服装让这种局面彻底改变。上流社会的贵妇们总是最先感受时尚的风向，香奈儿让她们穿上自己设计的长裤去参加交际宴会，这种叛逆风格迅速成为大众追逐的流行。

当时法国上流社会的女士都偏爱紧贴皮肤的紧身衣，但是香奈儿却与众不同，她更喜欢自由奔放的两件套装或者骑马裤、小夹克等。后来，衬衫加上短裙子、没有袖子的羊毛衫等香奈儿的新设计成为风靡欧美的主流。在十年的时间里，香奈儿从头到脚彻底改变了西方女性的穿衣打扮，甚至是时尚理念和审美思维。接下来，香奈儿的视野又转移到香水，要让女人们成为嗅觉的尤物，"未见其人，先识其味"是香奈儿的追求。

香水在法国的历史悠久，据说是 1533 年由佛罗伦萨美第奇的凯瑟琳公主嫁给法王亨利二世成为王妃的时候从意大利引进，之后整个宫廷上下竞相追逐。自从香水传入法国，给法国宫廷生活带来别样的风情，而关于香水的宫廷故事也是不断被人们谈论。痴迷奢华生活的路易十四对香水钟爱有加，甚至要求临朝大臣都要涂抹。路易十五宴客时将飞鸽羽翼洒上香水以便传香。路易十六王妃玛丽·安托瓦内特爱泡香水浴，拿破仑甚至曾一度用过 12 公斤的香水浸身。

香水也从除臭的卫生用品逐步转变成缓解压力减轻疲乏的医疗用品，后来演变成女性的日常必需品。在浪漫文雅的法国人看来，女人涂抹香水既是一种礼貌，也是一种时尚，它让女人充满神秘感，而且变得性感而自信，有广告词甚至标榜"每个有灵感的女人都应该拥有自己的香气"。法国香水之都位于法国南部的格拉斯，这里气候适宜，百花盛开，每年为香水生产而种植的花朵产量就达 700 万公斤，"香水"已成为法国的代表词汇。

香奈儿对香水情有独钟，她认为"不擦香水的女人没有未来"，"香水应该像当面一巴掌那样，用不着待了三个小时才让人闻出来，要很浓郁才行"。但是，在当时的巴黎，香水大多是花香型，追求自由风格的香奈儿不以为然地说："女人不是花，为什么身上一定要有花香味呢？"

1921 年，香奈儿设计出独树一帜的香奈儿 5 号香水，迷倒众生，时至今日，香奈儿 5 号一直经久不衰。据统计，每 30 秒钟就会有一瓶香奈儿 5 号售出，1959 年纽约现代艺术博览会破天荒的将其选为收藏品。时尚名人更是钟情此款香水，玛丽莲·梦露曾宣称"睡眠时我只穿香奈儿 5 号"。香奈儿 5 号的成功并不意味着香奈儿的服装改革潮流就此停止，在推出香水的同一年，香奈儿第一次设计出肩挎式提包，彻底将女性的双手解放出来，她们有了更多的自由。

20 世纪 20 年代属于香奈儿和她的追随者，香奈儿为服装设计进行的变革被巴黎时装界奉为经典。她追求自由奔放、富有个性的设计特点成为一种独特的风格，从当时人们对服装线条的称谓上可见一斑，他们把膝盖上短裙的线条叫作"香奈儿线条"，把长度延伸到腰部的直线型夹克叫作"香奈儿夹克"，"香奈儿"俨然成为时尚用语和专业名词。香奈儿主张的"高雅、简约、精美"的服装设计理念，给女性带来自由和解放。她让时尚走上街头，每年出售的香奈儿服装超过 2.5 万套。

到 20 世纪 30 年代，服装领域不再是香奈儿一个人的天下，夏帕瑞丽的出现让法国时尚界进入"两强相争"的时代。夏帕瑞丽在进入服装行业之前的遭遇与香奈儿一样坎坷。夏帕瑞丽出生于 1890 年的意大利罗马，与香奈儿年龄相仿，她的童年生活过得不愉快，婚后生活也是在黑暗与伤痛中渡过的，1917 年在伦敦与一个美国籍男子结婚，婚后跟随丈夫移居美国，但是婚姻生活给夏帕瑞丽带来了痛楚，没有几年便被丈夫抛弃。为了生计，夏帕瑞丽离婚后带着两个女儿返回欧洲，几经周折在巴黎开始服装生意。

夏帕瑞丽闯入时装界的时候，香奈儿已经成为这个领域的霸主，她是夏帕瑞丽难以逾越的高山。最开始夏帕瑞丽只为一小群女性朋友设计服装，这些爱慕虚荣的女性朋友从来没有到处宣传过她的设计才能，反倒是以拥有这位才女的设计作品为荣，就像是光天化日之下捡到的一颗珍珠，她们只想保留在自己的口袋里。但是夏帕瑞丽的设计才能还是被敏感的巴黎时装界捕捉到，她设计的毛绒衫别具一格。1927 年，《时尚》杂志将她设计的毛绒衫选为"本年度的毛绒衫"。这份杂志的推荐使命运多舛的夏帕瑞丽广为人知，此后便开设服装店专职服装设计。

1933 年以前，香奈儿在众多设计家中独占鳌头，巴黎时尚界由她独霸天下，但是夏帕瑞丽在 20 世纪 30 年代设计的时装为上层女士创造了高雅新风格，这逐步威胁到夏奈尔的霸主地位。从 1935 年开始，夏帕瑞丽除了设计毛绒衫外还设计运动装，不久又推出西服和礼服作品，法国舆论界对她的评价是：具有马蒂斯的风格。

20 世纪 30 年代的法国深陷经济危机，全世界都笼罩在即将到来的战争阴云之下，生活变得乏味单调，夏帕瑞丽大胆新奇的设计给人们一种强烈的视觉刺激，给单调的服装界带来生机，她巧妙地运用粉色等艳丽色，使得香奈儿引以为豪的平直黑色系服装受到更为女性化产品的挑战。没过多久，两位著名的设计师就由竞争转为敌视。让香奈儿倍感压力的是夏帕瑞丽也在服装领域站稳脚跟后转向香水，夏帕瑞丽推出的香水被命名为"惊人"，以此来吸引那些沉醉在香奈儿 5 号的时尚丽人们的关注。

在 20 世纪 30 年代前半期，夏帕瑞丽靠自己高雅、艳丽的设计风格让她的服装店门庭若市，遍地开花，香奈儿的市场地位受到严峻挑战，此时夏帕瑞丽的利润已经达到 1.2 亿法郎，拥有 26 个工厂和 2 000 个雇员。30 年代后期，夏帕瑞丽的设计风格再创新流行，她开始从以前受女士们推崇的腰线转移到肩部，把女装肩部加上肩宽垫肩，这种风格有点像男士宽耸的肩膀，但是更加夸张。这种充满男性魅力的夸张、大胆的设计风格成为法国女装的主流，直至第二次世界大战爆发时仍独领风骚。

两人的矛盾因为 1938 年的战争爆发而销声匿迹，这种由于不同的设计观念撞击造成的隔阂在商界并不奇怪。夏帕瑞丽认为时尚意味着新奇，因此一开始就主张"语不惊人死不休"，同香奈儿在服装界取得的成功经验一样，她也打破千篇一律的造型。然而，两人的不同之处显然更多：香奈儿的造型趋同于矩形，夏帕瑞丽的服装造型要在女性的腰臀曲线上突出，追求自然美和古典美的结合；香奈儿喜好黑色系的运用，夏帕瑞丽则爱好粉色等艳丽色的运用；"香奈儿夹克"成为一种风尚，而夏帕瑞丽的毛绒衫也别具特色；香奈儿更喜欢自由奔放的两件套装或者骑马裤等，夏帕瑞丽设计的针织运动套装和绣有精美花样的西班牙包列式外套的黑金礼服也被时尚界定义为她一生中最成功的作品。

法国的时尚风潮由香奈儿率先刮起，后来吹遍全世界，为各国爱美的女性所追随。到 20 世纪 30 年代，夏帕瑞丽后来居上，开创新的传奇。而在她之后，又有谁来再造辉煌？

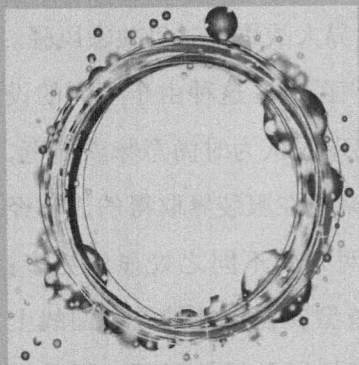

第7章

又见烽烟

1939 年的春天姗姗来迟。头一年的冬季，欧美两洲都天寒地冻，是历史上少有的寒冬。诡异复杂的世界政局就像苍茫雪地一样充满假象，看上去洁白无瑕，却掩盖着肮脏和丑陋。

希特勒正四处叫嚣征服全世界的目标，纳粹德国对欧洲各国虎视眈眈；英国早已不是安定世界的砥柱力量，张伯伦首相默然不语，"以和为贵"；法国总理达拉弟察言观色，左右逢源；美国总统罗斯福只能祈求这一代人的和平，即便代价惨重。英、法、美三国为求私利，还不惜将祸水东引，可苏联的斯大林老谋深算，早已和希特勒秘密签订互不侵犯条约，他总是神情自若地叼着一支烟斗，一副置身事外的派头。

波兰时间 1939 年 9 月 1 日凌晨 5 点 20 分，一架德国轰炸机突袭波兰空军基地普克。25 分钟之后，德国军舰发射的第一颗炮弹就击中波兰军火库。这时天空细雨濛濛，天色晦暗不明，德国步兵集结挺进波兰，天真幼稚的波兰人居然以战马、长矛抗击德国的飞机、坦克，结果仅用 11 天时间德军就结束战斗，总参谋部原计划要打一个月。美国的《时代周刊》称其为"闪电战"："目前这种战争不是占领土地，而是长驱直入，把对方一举歼灭。"

德军以"闪电战"将 20 多亿人拖入第二次世界大战。

随着战火不断蔓延，形势复杂胶着。自 1943 年开始，同盟国决定开辟第二战场，以美国和英国空军主力为先导，先行对德国以及德国占领区的重要军事战略设施进行轰炸，试图损坏德国军事工业的制造力量以及行动能力，铁路、桥梁、兵工厂、矿藏成为重点轰炸目标，以施耐德的勒可佐勒工厂为首的军工企业更是成为盟军的焦点。德国为了制止盟国联军从英吉利海峡登陆进行反扑，调集大量兵力封锁海岸线，这使得盟军轰炸部队有机可乘，德国没有料到对英国进行狂轰滥炸之后，盟军以其人之道还治其人之身，用同样的办法来对付自己。

1943 年 10 月 17 日，英国皇家空军的一群轰炸机受命从英国本土起飞，越过英吉利海峡，躲过德国设置在海岸线的高射炮，安全穿越法国西部地区。号称"沙漠之狐"的德国陆军元帅隆美尔更没有想到盟军会如此大胆，94 架兰开斯特轰炸机甚至在没有战斗机护航的前提下直接开赴德军火炮基地勒可佐勒，夜幕刚刚降临，第一批轰炸机编队按计划到达巴黎东南 270 千米的施耐德公司勒可佐勒工厂。

施耐德工厂员工对突如其来的轰鸣声浑然不觉，当第一批编队飞抵时他们还以为是德国飞机在转移。但是当轰鸣声越来越大，飞机数量越来越多，飞行高度低至看得清飞机上的徽章的时候，他们才发觉情况不对。但是为时已晚，工人们还没有来得及躲避，轰炸机携带的对地炸弹犹如倾盆大雨倾泻而下，勒可佐勒工厂瞬间变成人间地狱，凄惨的叫喊声撕心裂肺，厂区变成一片火海，映红了在轰炸机上庆祝成功的飞行员的脸庞。这些飞行员都是英国皇家空军的王牌飞行员，他们驾驶的开斯特轰炸机设计时速 287 英里/小时（462 千米/小时），飞行高度达到 19 000 英尺（5 791 米），在满载 7 000 磅（3 175 千克）弹药的情况下续航里程达到 2 530 千米。时值夜间加班，德国士兵以及法国工人死伤无数，初步估测，伤亡平民就达 8 万之多，厂房、设备、技术资料、熟练工人以及经验丰富的工程师全都毁于一旦。这次轰炸对于盟军来说是旗开得胜，但是却毁灭了这家百年工厂。

掌舵的公司总经理查尔斯·施耐德虽然幸免于难，但是无法接受工厂遭受如此惨烈的命运。当法国军队开始在诺曼底登陆的时候，查尔斯亦喜亦悲，喜的是法国很快就会光复，自己暗中资助的自由的法国运动没有一去不复返，但是悲的是施耐德公司的重建该如何下手。1945 年 3 月，法国全境基本得到解放，面对破败不堪的施耐德工厂，查尔斯并没有灰心丧气，他继承了施耐德家族的传统精神，有着坚定的意志与顽强的毅力。他受到戴高乐总统的接见，两人的会谈既是对施耐德家族为法国解放事业做出贡献的肯定，也进一步坚定了查尔斯迅速开展重建工作的决心。

查尔斯回到公司后，召开了施耐德公司大会，参加者除了股东外还有家庭成员以及普通工人。借此会议，查尔斯稳定了大家的信心，号召所有人一起投入到重建的工作当中，同时宣布由于战争损毁以及和平时代到来等原因，施耐德放弃钢铁及军火生产，准备投身于几十年前欧仁二世初创的电气事业，也将公司改名为我们现在熟悉的施耐德电气。

这一战略转型取得了辉煌的成功，特别是战时主管后勤公寓与美援工作的让·莫内任在法国解放后出任计划总署署长，他上任不久便提出了莫内计划即《现代化与装备计划（1947—1953）》，这个全国性的计划以发展煤、电力、运输等基础部门为重点，其中关于电力事业的规划为施耐德公司提供了发展契机。查尔斯引领的施耐德公司的重建与复兴被戴高乐总统称赞为"引领我们的国民经济"。

西方文化自古存在这样一种排犹情绪：犹太人被说成是出卖耶稣的人、投机商人、不洁的人。罗斯柴尔德这个犹太富裕家族的崛起，更加剧了反犹思想的传播和发展。当时欧洲盛传"如果没有罗斯柴尔德银行的资金支持，没有国家有能力发动战争"。到了 1933 年德国纳粹头目希特勒上台以后，这种排犹思潮发展到了登峰造极的地步。罗斯柴尔德家族不约而同地认识到，这个奥地利流浪汉出身的政客，将成为整个欧洲犹太人最大的敌人。

果然，灾难如期而至。1938 年 11 月 9 日夜，对犹太人的血腥屠杀在德国和奥地利同时开始。当时的报纸是这样记载的："暴徒们放火烧毁犹太人教堂，警察和消防队员袖手旁观，既不去救火，也不去制止……暴徒满街狂奔，厉声喧嚣，到处袭击犹太人商店，砸烂门窗，抢劫财物……"

据统计，仅在这一夜就有 91 名犹太人被杀害，数百人受重伤，数千人饱受凌辱，约 7 500 家犹太人商店被洗劫一空，近 200 座犹太教堂被焚烧或拆毁，30 000 名犹太人被逮捕。暴行过后，成千上万的犹太难民涌入巴勒斯坦，这是世界近代史上最大的一次难民潮。罗斯柴尔德家族也未能幸免。

希特勒发起种族清洗政策，对 600 万犹太人的生命进行剥夺，罗斯柴尔德家族中两名成员直接死于纳粹的种族清洗。战争带给罗斯柴尔德家族以及其他犹太人的创伤是巨大的，为了保护犹太民族，罗斯柴尔德家族在金融领域和希特勒代表的反犹势力展开过无数次的交锋，所有正当役龄的罗斯柴尔德家族成员都投入到反纳粹的战斗中。

当然，这些伤害和抗争的秘闻不为外界所熟知，人们谈论最多的，是罗斯柴尔德家族的巨额财富在第二次世界大战期间被无尽剥夺。

第二次世界大战中获胜的德国纳粹上台后，没有丝毫犹豫，立即着手染指罗斯柴尔德家族的财产。为了保护家族财产免受洗劫，在法国遭到入侵之前，罗斯柴尔德巴黎银行在法国遭到入侵之前曾尽最大努力把一些资产转移到了海外。比如它持有皇家荷兰银行的股份存放到了蒙特利尔的一家银行里，不过尽管这些资产在法国沦陷的时候还是被当作敌人资产而遭到冻结。另外，有些家族成员在出逃时也随身携带了一些珠宝。但是，家族财富中的大部分还是被德国占领军劫获一空。

除了家族的银行资产，更多的私人艺术品收藏因为数量宏大，而没有及时从占领区转移出去，被隐藏在许多不同的地方。德国占领者很快发现了它们。纳粹种族理论家阿尔弗雷德·罗森堡搜集了 203 处私人收藏点，总件数达到了 21 903 件。绝大多数法国、奥地利罗斯柴尔德家族的财产，都在战争期间被德国纳粹洗劫一空纳入囊中。

阿尔弗雷德·罗森堡将疯狂抢劫来的犹太人财宝，一一进行清点并编号登记在册。在战后盟军缴获的纳粹文件中，有一份 1944 年 7 月 13 日编写的西欧犹太望族财产的明细单，从中可以看到，罗斯柴尔德家族的财宝占财富总额的六分之一：

从罗斯柴尔德家族没收的财宝，共计 3 978 个编号；

从卡曼家族没收的财宝，共计 1 202 个编号；

从大卫·威尔家族没收的财宝，共计 1 121 个编号；

从列维·德·万齐恩家族没收的财宝，共计 989 个编号；

从撒利格曼兄弟家族没收的财宝，共计 556 个编号；

……

1940 年 9 月，德国陆军元帅凯特尔签发了一份特别指令给沦陷法国的军政府，要求没收巴黎罗斯柴尔德家族的所有财产，包括所有已经上交给法国政府的部分。在随后的一个月，德国人就任命了管理犹太人公司的管理者。德国空军和后来的一名德国将军占用了位于玛雷尼大街23号的罗斯柴尔德宅院。

为了逃避搜查，法国罗斯柴尔德家族的私人艺术藏品也是被精心隐藏在不同的地方，但还是被德国占领军发现了。1940年11月，戈林受希特勒的委派匆匆赶了过来，这位帝国之人为自己挑选了大量的珍品，包括来自于爱德华藏品中的部分荷兰和法国作品，还为他的妻子选了一幅梅姆林的圣母像；当然，最为珍贵的藏品——维米尔的《天文学家》，布歇的《蓬帕杜夫人》等30幅杰作，他是不敢独自据为己有的，这些贡品最终落到了希特勒的手上。当然，戈林是花钱"买下"了这批画作——以极其荒谬的低价。

这些法国犹太人的财宝，大部分都价值连城，被德国占领军运回国内后，德国博物学家仔细一一分类造册，然后隐藏到了遍布德国各地的六个废弃的矿坑里，被精心保护起来。

直到第二次世界大战接近尾声，这些财宝中的大多数才被德国占领者中的盟军的先头部队发现，但是有一些——比如华铎的作品，以及被戈林拿走的《欧罗巴的梦魇》———直没有找到。梅姆林的圣母像在戈林向活捉他的美军行贿时被发现。但是更多的可能已经遗失了。只有在党卫军情报主管卡尔滕·布龙纳介入后，才阻止了炸毁阿尔陶斯盐矿的企图，使他们把大量油画埋藏在地下不还给罗斯柴尔德家族的阴谋没有得逞。

向德国挺进的美国第七军雇用了纽约大都会博物馆的艺术品鉴赏家罗里梅，随军处理战利品。不久，盟军情报机关抓获了戈林的亲信——德国女军官萝丝，从她的口中，套取了那批埋藏在矿坑里的珍品的下落——在德国战败前，那137个车皮的财宝被从矿坑里取出，转移到了巴伐利亚南

117

部福森地方的两座城堡里。

罗里梅奉命开始了寻宝的征程。他征用了盟军的一辆卡车，不分昼夜地赶往福森。到了目的地后，他发现，在一座高耸入云的山顶上，有一座酷似童话书中强盗藏宝的城堡。

进入城堡之后，他就地解散德国卫队，在里面挨门逐户地搜查。不久，在一个城堡的大厅里，发现了加了防火板的一箱箱艺术品赫然显现在他的面前。紧接着，一箱箱更值钱的艺术收藏品在秘密仓库被发现，在打开了一扇沉重的防空袭、防炮击的钢门后，罗斯柴尔德家族的财宝——整整两大箱，静静地躺卧在那里。其中有一幅属于法国罗斯柴尔德家族成员莫里斯的藏品，是巴洛克画派早期代表人物彼得·保罗·鲁本斯价值连城的《三圣者》，也在那里被找到。

更让罗里梅惊喜的是，当看到每件艺术品都拍有在当时十分珍贵的彩色照片，还加了物品的原主人和来源地的标注时，他简直要跳起来了！这些精心编写的分类目录，无意中帮助了这位鉴赏家。试想，也体现了德国民族一贯的严谨与精确，假如没有这些目录，要鉴别这几十万件的艺术品，至少要花费二十年的时间。这一切行为却在无意中帮助了他们所迫害的犹太人。

返回巴黎，罗里梅立即向上级汇报这一切，这些宝藏受到美军严密的保护。之后，这些在第二次世界大战中散落的财产，原封不动地归还给罗斯柴尔德家族。

除了上述所说的动产外，德国空军和后来的一名德国将军占用了位于玛雷尼大街 23 号的法国罗斯柴尔德成员罗伯特的宅院府邸。这幢不动产房产原本属于维克多的法国堂兄阿兰与埃里，在巴黎最繁华的市中心，占地 10 英亩（约 4 公顷），与法国总统办公的爱丽舍宫遥遥相对。在这幢豪宅里，摆满了数不胜数的精美油画和上乘的艺术品。

第二次世界大战结束后，当维克多·罗斯柴尔德急匆匆地赶到时，惊讶地发现，豪宅里面的陈设与艺术品和战前一样，保存得完好无损，丝毫没有受到毁坏。他叫来管家询问，管家的回答让人匪夷所思——原来，与出身下层的盖世太保相比，德国空军的素质要高很多。当德国驻法空军司令搬进这座豪宅的时候，曾经说过一句意味深长的话："政客来来去去，只有罗斯柴尔德是永存的。"

历经这么多代，罗斯柴尔德家族屹立不倒，中间的波折其实已经有很多都见诸媒体了，其中有很重要的一点，就是犹太人身上所拥有的基于远见的坚韧品质。也许正是这种精神，使他们的敌人也不得不对这一家族敬畏三分。

1940 年法国沦陷，然而香奈儿的香水店并没有关门歇业。因为德国人很认同她的香水的味道，在香水店前排起长队等待购买香水。此时香奈儿已经年近六旬，但是风韵犹存。在众多前来购买香水的德国顾客中，有一位相貌英俊、身材高大的德国军官汉斯·丁克拉格男爵，赢得了香奈儿的芳心。此后两人经常出双入对在各种场合抛头露面。丁克拉格男爵在第二次世界大战以前公开身份是德国驻法国大使馆武官，实际是德军情报组织"反间谍机关"高级特派员，代号"麻雀"，此时他的军衔已至德国国防军上校，在地中海和法国地区都有间谍网络。而对这段情史，香奈儿毫不避讳："像我这个岁数的女人，如果很幸运地找到一位情人的话，她是不会去看他的护照的。"

香奈儿为了解救被占领当局关押的侄子兼养子安德鲁·帕勒希，拜托丁克拉格男爵帮忙。因为驻守马其诺防线溃败，安德鲁被德国俘虏。当时在第一次世界大战之后，法国为了防范德国再一次发动战事，在法德边界修建了著名的马其诺防线。这条耗资 50 亿法郎、历时 11 年建成的坚固防线，在战争初期成为保护法国的重要屏障。但是战争开始后，德国绕过马其诺防线，在法国与比利时交界的阿登高地发动突袭，将英法联军围困在敦刻尔克，之后绕到马其诺防线背后发动进攻。马其诺防线损失惨重，安德鲁因此被俘，和其他 30 万被俘士兵被运送到德国的战俘营。

起初香奈儿的想法很单纯，但是随着感情的加深，事情变得复杂起来。在一次闲聊中，香奈儿向丁克拉格无意中提到和温斯顿·丘吉尔感情交好，还曾经一起打过扑克。长期从事间谍工作的丁克拉格敏锐地捕捉到这个信息。当时德国多线作战，迫切希望在西线结束战事，可以用香奈儿作为中间人，利用她的私人关系，与丘吉尔建立私下的联系，寻求签订停战条约。在营救安德鲁的过程中，丁克拉格男爵花言巧语，劝说香奈儿前往柏林与德国的情报机关头目瓦尔特·谢莱伯格详细商谈，被爱情冲昏头脑的香奈儿欣然答应。

1943 年，香奈儿与丁克拉格一同前往柏林面见瓦尔特·谢莱伯格。瓦尔特让香奈儿联系她的老朋友温斯特·丘吉尔和威斯敏斯特公爵，试图背着苏联和英国举行秘密谈判，单方面与英国签订和平停战条约。在秘密会谈之后，"时尚帽"行动出笼。当年 12 月，香奈儿乘车前往西班牙马德里，在那里约见了英国大使馆的熟人。她通过这个熟人向丘吉尔转交了一封信，并表示希望能够同他会面。在战争异常惨烈的时候，丘吉尔也格外小心。他认为这可能是离间之计，一旦见面的消息被泄露的话，将严重影响盟国之间的信任。因此丘吉尔称病未能与其相见，这也使得英国与德国签订秘密合约的"时尚帽"行动破产。

在战争期间，香奈儿除了沐浴爱河之外，并没有放弃自己的商业帝国。

德国在每次战争前，都会把犹太人当成最大敌人。希特勒甚至宣称，犹太民族是最优秀的日耳曼民族夺取生存空间的最大障碍。在第二次世界大战之前，德国出台法令限制犹太民族在德国的生存权利。禁止犹太人的发展和企业经营，甚至强迫犹太人登记注册、申报和公布自己的全部财产和资金。纳粹头目戈林曾经宣称，为了战争的需要，可以采取必要措施动用犹太人所有的财产和资金以维持德国的经济利益和战争需要。而在占领法国期间，也出台法律禁止犹太人拥有企业。

而香奈儿在年幼之时流落修道院的时候，也深深迷信憎恨犹太人的教义。香奈儿的朋友杂志编辑玛丽·克莱儿说："香奈儿不喜欢犹太人，不仅在嘴上说说，那种憎恨很强烈，让人感觉不合时宜，甚至有时让人感到很尴尬。像她那个年纪的所有孩子一样都被教导接受这样的教旨：难道不是犹太人杀了耶稣吗？"

在德国出台法律后，香奈儿顺势将威尔瑟梅尔家族的香水工厂据为己有，因为他们的家族是犹太民族，香奈儿靠着与德国人的关系，略施手段便能够得逞。香奈儿对这家工厂情有独钟，因为之前她曾经与工厂主皮埃尔·威尔瑟梅尔进行合作，诞生了世界上最著名的香奈儿五号香水。拥有了这家工厂，香奈儿也就拥有了对香奈儿五号香水的绝对控制权。

战后法国恢复政权，香奈儿也因为战争罪被法国警方逮捕。警察局对她进行了一个小时的审讯，但是审讯之后她就被释放，既没有受到第二次世界大战女犯的通常惩罚——剃光头在巴黎裸体游街，也没有像其他与德国来往的法国名流一样遭到新生政权的审判。

法国警方给香奈儿提出的出路有两条：要不坐牢，要不流亡国外。据传这是丘吉尔背后干预的结果，1991 年，传记作家埃克塞·梅德森其《香奈儿：特立独行的服装设计女王（Chanel：A Woman of Her Own）》中提到，"英国人之所以释放香奈儿，是因为她手中攥有丘吉尔的把柄——香奈儿知道英国领导人曾与德国人有金钱交易，让他们保护温莎公爵在法国的财产，因而违反了战时贸易禁令"。香奈儿不假思索地选择了流亡瑞士，因为战前她已经将钱财转移到瑞士银行。

香奈儿与汉斯·丁克拉格男爵一同流亡到瑞士洛桑。但是在瑞士的生活并不如意，丁克拉格整日游手好闲，借酒消愁。情报机关的头目瓦尔特·谢莱伯格 6 年监狱生活后，活着出狱。一无所有的他为了捞钱，也开始敲诈香奈儿。扬言要写一本关于"时尚帽"计划的回忆录，揭露香奈儿与纳粹特工的合作事实。香奈儿为了避免再度卷入风波，给了瓦尔特一笔钱财，此后瓦尔特还多次借由敲诈香奈儿。一年后，瓦尔特病死，连安葬费都是香奈儿出的。

香奈儿在第二次世界大战后走向没落，但是另外一位时尚宠儿——迪奥却逐步发迹。

《国际论坛先驱报》的一位编辑曾经说过："当你在出租车司机面前提及克里斯蒂安·迪奥先生的名字时，就如同法国国歌马赛曲一样如雷贯耳。"1905 年，迪奥出生于格兰维尔，并在这个美丽的海滨度假城市度过无忧无虑的童年。迪奥有显赫的家庭背景，上辈也经常出入上流社会，他从小就有私人保姆照顾。在他很小的时候，母亲就喜爱在私家花园里种植花草，在当地远近闻名，深得母亲喜爱的迪奥总是能够在她需要帮助的时候出现在花园里面，这个在花园里长大的孩子对大地和花卉有着特殊的兴趣爱好，这也许就是激发他艺术灵感的秘密所在。

1920 年，吉卜赛人对迪奥进行占卜，前半句预言说："你会遭受贫困。"没想到，这个预言最终变成现实。

学生时代的迪奥一直喜好艺术，但是父母亲不希望他成为放浪不羁的作画者，认为像他们这样显赫家庭出身的孩子应该从事一份体面的工作，他们理想中的迪奥应该成为一位外交官，因此将他送到巴黎政治学院。1925 年巴黎举办装饰艺术展览，展出了包豪斯设计思潮影响下的诸多建筑、室内装潢等设计精品，迪奥受到音乐、文学、美术等领域的新浪潮的巨大鼓舞，从此迪奥一生致力于艺术的创作。性格倔强的迪奥没有被父母的说教所打动，最后父母无奈同意迪奥转学音乐。但是好景不长，迪奥又深深地迷上美术，因此和友人合伙开了这家小型画廊，出售先锋派作品。

正如预言师所说，从 1930 年起，迪奥的噩运开始了，此时整个资本主义世界都处在经济危机中。这一天，迪奥家里悬挂在墙上的一块大镜子突然落地成了碎片，迪奥认为这是一种不祥之兆，正如迪奥所心悸的，这个幸福家庭从此步入家破人亡的境地。先是迪奥的兄弟因为一种致命的疾病丢掉性命，紧接着母亲也突然去世，父亲在房地产投资中失败导致家道中落。迪奥的公子哥习气依然没有改观，在经济萧条中的巴黎使他触景生情，一个人跑去苏联散心。

当他从苏联返回巴黎的途中，父亲带着妹妹已经搬去诺曼底，受经济危机的冲击，迪奥与人合伙的画廊也破产了。他们合伙开的这件画廊在巴黎艺术界也是小有名气，虽然处在博蒂大街上一条破烂的小巷中间，但是也曾得到过著名画家如毕加索、勃朗克、马蒂斯、贝拉尔和达利等一些知名画家的支持。

1931 年迪奥回到巴黎，心中抑郁不已，画廊合伙人破产，自己无家可归，穷困潦倒，还染上了肺结核。好在生活在一起的时装设计家奥泽恩是一位乐天派，一直鼓励他不要放弃，并且建议迪奥画时装画，正是这个不经意的建议塑造了一代时装设计大师。无路可走的迪奥听从了这个建议，不久，他的一部作品六幅画被一家报纸采用，这种强烈的创作欲望促使迪奥准备学习服装设计。

贫困的生活持续了数年，这些年中迪奥靠自己的努力，在服装设计方面有了很大的提高。1937 年，迪奥遇到当时著名的服装设计师罗伯特

·皮戈纳，罗伯特邀请迪奥为他设计一些女装。这时迪奥开始独自担当服装设计，他的表现深受皮戈纳赏识，第二年就被聘为他的设计师。正是在这家公司工作的经历，使得迪奥掌握了鉴别衣料和裁剪设计方面的基础技巧。迪奥以为从此可以尽心的开创设计事业，但是好景不长，第二次世界大战爆发了，战争迅速波及巴黎，为了躲避战争，他来到法国南部的诺曼底，和父亲生活在一起。

1940 年，迪奥倔强地离开父亲，再次只身来到巴黎，开始他的服装设计事业。此时的巴黎服装设计界已不是战争爆发之前的模样，香奈儿与夏帕瑞丽因为战争的原因都已经风光不再，在巴黎时装界出现百花齐放的景象。当迪奥回到巴黎之后，罗伯特·皮戈纳公司的设计师位置已经被别人占据。无奈之下，迪奥进入当时著名的老资格时装设计师卢西恩·勒隆的公司，担任勒隆的助手，在这里一待就是四年。在这四年中，迪奥见证了战争的残酷，见证了德国对巴黎占领的阴森统治。这既是躲避战争的四年，也是磨砺的四年，他在勒隆身边学到很多东西。

随着战争结束，社会生活逐步稳定，人们从逃脱战争的躲避心理走出来，特别是广大妇女群众从家庭中走向街头，大量农村以及外来人口涌入城市，社会的城市化进程加快，人们对日常生活的必需品需求增强，同时城市人口的回流也促进了城市经济的发展。

1944 年的一天，勒隆公司来了一位神秘的顾客，他就是当时法国纺织业与金融业的巨头马赛·博萨克，他正在巴黎时装节物色合适人选，准备开办一家女装设计公司。马赛此次就是冲着迪奥而来，直接找到迪奥，希望他能在女装设计室担纲主角。这份邀请让迪奥有些欣喜，但是他的志向不在于为别人打工，而是要经营自己的服装设计事业，于是他婉拒道："我想做的是复兴小小的加斯东，是创造一个新的、以我本人名义命名的工作室。在我选择的地方，我需要一个工作室，里面的一切都是新的，从环境装修到家具，甚至连地址……"迪奥的坚决与真诚感动了博萨克，没过多长时间，他就帮助年近 40 岁的迪奥买下位于蒙田路的一家店铺，迪奥拜别恩师勒隆，在蒙田路 30 号开设迪奥设计室。

从这件设计室开始，迪奥总想重现 1910 年全家迁来巴黎居住的第 16 区一套公寓的优雅华丽装饰，那间房子的装饰风格完美呈现了路易时代的华丽，迪奥对色彩的迷恋以及对华丽风格的钟情也是在这个时候养成的。

从此，迪奥开始了他的全新事业，服装设计的领导者已从 20 世纪 30 年代的夏帕瑞丽转到 40 年代迪奥的手中，正如 1920 年吉卜赛卜卦者预言的后半句所说："女人们因你而幸运，你也因她们而获得钱财。"

在法国文化中，民众公认的知名度最高、最能代表法国文化的四个标识是：埃菲尔铁塔、戴高乐总统、卡丹服饰和马克西姆餐厅，而这个四个当中，皮尔·卡丹独占两席——卡丹服饰与马克西姆餐厅，"我要在世界建立法兰西的形象"正是出自他的口中。这使得人们常常把法国和皮尔·卡丹联系起来，在谈论法国的时候，总会提及这位白手起家的创意大师与经营奇才。

但是卡丹的事业来之不易，全凭一己之力打天下，既没有朋友资助，也没有富裕的家境，有的只是幸运之神的眷顾。

1939 年秋天，卡丹孤身一人，骑着一辆破旧自行车从圣莱第昂来到巴黎。此时第二次世界大战已经爆发，巴黎成为一座枯城，街道上到处都是德国士兵的踪影。在德国人封锁的巴黎，如果想骑自行车进入城区，犹如自投罗网，不把你当成间谍就算幸运的了。果然，卡丹被守备德军抓个正着，他们以违反宵禁令为由将他关进监狱，幸运的是，卡丹没有犹太人的血统，最后被释放，免受迫害。此时巴黎的所有时装店都已关门停业，战争期间，贵妇们保命还来不及，不会有闲情逸致关心时装，时装生意惨淡不堪。面对如此境况，卡丹也觉得待在巴黎没有指望。要强而又自尊的年轻人不愿回到圣莱第昂，他决定去战时首都维希闯荡一番。维希是贝当政府所在地，可能还有一些服装店在惨淡经营。卡丹突破重重封锁，最后来到维希，在这里，老天没有抛弃卡丹，他恰巧碰到一家时装店在招学徒，一干就是三年，三年之后，卡丹凭借天赋和勤奋，成为这家店最好的裁缝。

但是对于所有服装设计师来说，只有巴黎才是最好的舞台。巴黎是一个充满神秘色彩的大都市，只有这里才有让卡丹痴迷的设计大师和传奇故事，这一切才组成卡丹理想中的服装设计世界。他在维希的三年时间里，从来没有放下再一次回到巴黎的愿望。战争无情，德国士兵更不会因为你的一厢情愿而对你网开一面，而贸然闯荡巴黎如果不幸丧命就得不偿失。

每每考虑到这些事情，卡丹总会心情沉重，夜不能寐。他整天忧心忡忡，跑到酒吧买醉，有一天下午，他与酒吧一位老妇人闲聊。这位老妇人是伯爵夫人，原籍巴黎，由于战争迁来维希。吸引这位伯爵夫人的是卡丹的穿着，夫人一向对服装颇有研究，对卡丹的服饰十分感兴趣。当得知衣服是卡丹自己设计时，这位夫人惊叹不已，她对卡丹一心想成为设计大师的愿望称赞有加，对卡丹的遭遇深感同情，安慰道："孩子，你一定会成为一位百万富翁，这是命中注定的。"伯爵夫人把她的好友——巴黎帕坎女士时装店经理的姓名和地址写给卡丹，助他一臂之力。

在风雨交加的 1942 年年末，卡丹辞去曾经收留自己的时装店，又一次前往巴黎。早在几个月前的 8 月 23 日，富有战斗精神的巴黎市民已经夺回驻守数万名德军、配备 80 多辆坦克的巴黎城，戴高乐的勒克莱尔第二装甲师也前来支援，第二天巴黎光复，戴高乐"战斗法国"的正规军也进入首都。卡丹虽然有备而来，但是第一次来到巴黎的境况仍然让卡丹心有余悸。当他在埃菲尔铁塔前徘徊犹疑之时，前面来了一个人，卡丹便上前打听问路，恰巧此人正是他要拜访的那家时装店的经理。当卡丹将来巴黎的初衷与伯爵夫人的推荐和盘托出，这位经理欣然接受卡丹，并带他到时装店工作。原来这家帕坎时装店在巴黎还小有名气，他们的客户主要是大剧院，工作也多是设计和缝制戏服。

卡丹对于戏服并不陌生。1922 年，皮尔·卡丹出生于意大利威尼斯，在家中排行老七，后来为了躲避战争举家迁往法国南部格勒诺布尔地区。他的家境十分的清苦，父亲为了供养这个家庭，每天骑马冒险爬到雪山上采集冰块，之后卖给有钱人。卡丹八岁那年，他们一家又迁往圣莱第昂，他在这里求学。好景不长，14 岁这年，父亲难以供养这个庞大的家庭，卡丹被迫辍学到裁缝店当学徒。两年后，卡丹的裁剪技艺已经超过师傅，而为了供养家庭，卡丹会在晚上去剧团当业余演员，舞台上造型夸张、色彩绚丽的演出戏服给卡丹留下了深刻的印象，成为卡丹最喜爱的服装之一，这种戏服也成为卡丹此后设计的灵感来源。

这次来到巴黎的时装店，让卡丹的设计才能有了施展之地。著名艺术家让·科克托找到帕坎时装店，要求他们为其先锋影片《美女与野兽》设计刺绣丝绒装。时装店的经理思考再三，决定将这个重要任务交由卡丹负责。卡丹原本就对设计戏服充满兴趣，接到这个任务之后欣喜若狂，这真是上天眷顾。电影上映之后，卡丹不负众望，设计的戏服受到制片方大加赞赏，帕坎时装店也毫不吝啬地将赞赏送给卡丹，这让他一举成名。在巴黎时装界，人们开始将目光聚焦这位后起之秀。

卡丹在帕坎时装店的表现被巴黎一位权威时装设计师发现，她就是夏帕瑞丽。夏帕瑞丽设计的服装风靡 20 世纪 30 年代的巴黎，曾经与"时装女王"香奈儿的时装店分庭抗礼，夏帕瑞丽诚挚邀请卡丹到时装店工作一个星期。1947 年，迪奥的设计室成立，卡丹加盟其中，迪奥任命他为大衣和西服部负责人，卡丹也因此参与迪奥的成名之作"新造型"的设计，迪奥公司此后两年间推出的各种造型都有卡丹的贡献。卡丹俨然成为巴黎时装界的宠儿，接连收到夏帕瑞丽与迪奥邀请的设计师并不多，而能够在其手下深有所得的更是少之又少。特别是作为迪奥的助手期间，卡丹收益良多，迪奥"高尚""大方"和"优雅"的服装设计理念和制作技巧深深影响卡丹。他不仅学到设计服装的理念，还有跟随顶级大师左右带来的自信，宛如世界尽在脚下。

在迪奥公司工作后两年，卡丹的羽翼已经丰满，他准备创办自己的公司，他将成为法国时尚界新的引领者。从此以后，时尚不再有国度，不再分阶级，不再分贵贱。这是一种追求，是一种生活态度，也是一种自信。

在第二次世界大战中，各国空军力量的强弱也决定了他们在战场中的地位。在战争以前，法国的空军力量不算薄弱，马塞尔·布洛克有很大功劳。

第一次世界大战结束后，法国军方对战斗机的需求锐减，马塞尔·布洛克的飞机设计公司停产，在相当长一段时间里，买地皮、建房、卖房成为他的主业。然而，马塞尔从来没有放弃自己的梦想，他一直对航空业的信息保持密切关注。终于，一个震惊全球的事件激起马塞尔重返航空界的斗志。

1927 年 5 月 20 日黎明，美国飞行员查尔斯·林白驾驶"圣路易斯精神号"瑞安式 NYP 单翼型飞机从美国纽约的长岛罗斯福机场起飞，准备横跨大西洋。这在飞行史上没有先例，如此远距离的海上飞行，航油成为能否到达目的地的决定因素。为了保障航油充足，飞行员加满油罐，飞机起飞后就像一只喝醉的海鸥来回摇晃，滑翔起飞时差点碰到跑道终端的树梢。好在并没有发生事故，历经 33.5 小时、3 600 英里（5 794 千米）的飞行，5 月 21 日下午十点，查尔斯·林白看到巴黎的灯光，24 分钟之后飞机安全着落。此时，布尔歇机场的柏油路面上已经集结近 10 万名巴黎民众，他们像欢迎英雄一样欢迎幻影查尔斯·林白到来，两个中队的法国士兵都无法阻挡人们的热情，刚下飞机的林白便迅速淹没在欢迎的人群中。这次飞行意义重大，在世界上首次实现独自一人不着落从纽约到巴黎的直达飞行，堪称创举。新闻报道激起马塞尔心中的航空激情，35 岁的他立即充满能量："我一定要重返航空界。"

1928 年，机会到来了。时任法国总理兼财政部长雷蒙·普恩加莱是位鹰派人物，他 1913 年开始任总统，第二年 7 月访问俄国就断言世界大战不可避免。1928 年，雷蒙·普恩加莱创建空军参谋部，主张壮大法国空军实力。宏观政策很大程度上影响一个企业的发展，马塞尔看到第二次投身航空事业的机会，他变卖所有房产，重返航空界，继续与亨利·波泰合作开展飞机的设计与研发。

马塞尔通过多种渠道，打通了空军部的关系网络。此时阿尔贝·卡科负责空军部的技术管理，他交给马塞尔一项具有三引擎的飞机研发任务。按照该计划，马塞尔于 1931 年研制出一架 3 引擎邮政飞机。自此，马塞尔的设计才能一发不可收拾，随之面世的军方正式订购的 "MB120"型 10 座三引擎军用运输机，同时还有单引擎的 "MB80" 小型救护飞机。不久，马赛尔设计了三种型号 MB200、MB210 和 MB131 轰炸机，这类轰炸机配备双引擎，此后又制造出 MB150 型系列战斗机以及 MB175 轰炸机。这些机型极大地充实了法国的空军力量，马塞尔也因此大发飞机制造之财。

在第二次世界大战之前，为了备战，法国实行国有化政策，大批军工企业都被收归国有。航空工业自然不例外，马塞尔的工厂也都归国家所有。庆幸的是，他本人依然是公司负责人，而借助于国家提供的资金支持，聪明的马塞尔成立一个私人研究所，他的航空研究事业仍然继续前进。

但是马塞尔的航空事业又一次因为战争不得已中断。1944 年，德国纳粹部队占领法国，对占领区进行疯狂的掠夺，法国的众多民族企业深陷旋涡当中，或者被德国直接抢走，或者为德国生产军事武器，总之要为德国服务。但是 52 岁的马塞尔坚贞不屈，严词拒绝为纳粹部队生产飞机和火箭，最终在里昂被纳粹军队抓获，德国人将其关进黑瓦尔德集中营。这个集中营位于德国东部城市魏玛附近，是德国纳粹建立最早、规模最大、臭名昭著的集中营之一。主要是为了镇压本国人民反对法西斯独裁和准备战争而建立，1937 年建立之初，关押的大多为德国的爱国人士，后来随着战争开始，关押了大批战俘和犹太人。在 1945 年 4 月美国军队到达之前，德国将这个集中营清空，期间共关押了大概 25 万人，5.6 万人受害，其中包括 1.1 万名犹太人。

在那里，马赛尔受到非人的折磨，以致染上白喉，但是他从来没有屈服过，而且仍然不忘飞机制造事业。马塞尔终于熬到法国胜利，1945 年美军占领德国后，将马塞尔营救回国。马塞尔一生致力于飞机的研究与制造，但他却仅乘坐过一次飞机——就是这次归国之旅，这是他第一次、也是唯一一次乘坐飞机。回国后，他又投身到飞机设计工作当中，很快成功研制出 315 型双翼联络机。

第二次世界大战结束之后，由于德国占领以及对法国的掠夺，加之法国是战争的主战场，法国经济基本崩溃。据统计，大战给法国经济带来的损失高达 5 万亿法郎，全国约有 100 万公顷的耕地因战火而荒芜，有五分之一的房屋损坏，牲畜减少了一半，大批工厂被摧毁。交通设施，尤其是铁路受到的破坏最为严重：铁路桥几乎全部被毁，铁路线近一半无法使用。与此同时，土伦、布列斯特、勒阿佛尔等重要港口陷于瘫痪。

战争不仅使法国工农业生产下降了 55% 以上，而且还给法国留下了难以消除的后遗症。其中最大的后遗症就是，由于法国在大战期间死亡635 000人，伤残 885 000 人，使这个向来劳动力紧张的国度在战后恢复经济时进一步痛感劳动力奇缺①。

经过第二次世界大战的摧残，世界经济处于崩溃的边缘，特别是欧洲大陆，很少有国家幸免于难。但正是百业待兴的阶段，危机也是机会，有的企业家在战争中走向没落，有的企业家真正走向成功，有的企业家初出茅庐准备放手一搏，有的企业家复兴计划被打破。

第二次世界大战犹如一面镜子，照亮了人性，也照出企业界的千姿百态。

香奈儿在爱情与背叛之间徘徊，雷诺汽车彻底成为纳粹的工具，施耐德工厂虽然表面为德国服务，私底下暗中支持戴高乐复国运动，罗斯柴尔德家族誓死抗争，马塞尔拒绝为德国生产而被关押。无论如何，这些都成为法国名企品牌历史的一部分，或者享誉世界，或者无颜提及，但是这些都不会影响他们日后成为法国经济复兴的重要力量，依然不会阻碍法国民众对他们的喜爱。

第二次世界大战之后，这些企业或者被法国收归国有，或者重新迈上征程，推动法国经济迅速恢复到战前水平，还在相当长的一段时间内带动了法国经济的复兴。

---

① 吕一民. 大国通史：法国通史［M］. 上海：上海社会科学院出版社，2007：346.

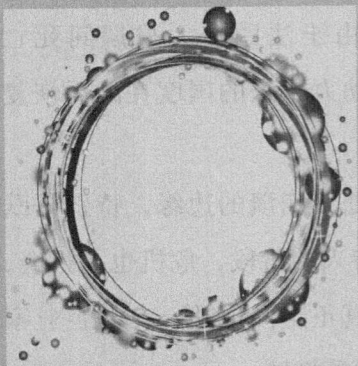

第8章

时尚风潮

经过第二次世界大战的炮火狼烟肆虐之后，世界经济处于崩溃边缘，特别是欧洲大陆，无一国家幸免。

到 1948 年，法国的经济只相当于 1900 年的水平。巴黎街道上没有多少车辆，也没有信号灯，更没有交通标志和标志线，那些车辆大多锁在车库里。加油站里，加油员要等到车辆到来之后用手柄泵油。在法国比较贫困的某个省份，据说全省只有三个浴缸，一个在省长的官邸，一个在"现代饭店"，而第三个没有人知道在哪里。史学家说"当时的法国实际上还没有进入 20 世纪"。

正是在如此严峻的形势下，法国政府将恢复经济、追逐大国地位作为这个阶段的主要目标，首先在资金方面进行调整，接受美国"马歇尔经济计划"的援助，同时改变战前资本大量输出的局面，将资本主要集中在国内的基础设施建设上。另外，法国政府发起并参加英、法、德等国家组成的欧洲钢煤共同体，为资源紧缺的法国提供资源与市场保障。除了继续加大对工业的扶植外，法国还将投资延伸到农业、制造业和建筑业。深谋远虑的法国企业家们抓住这个大好机会，尤其是时尚公司，在经济低谷起步，迎着战后女权主义复苏的风潮，狂飙突进。

1947 年是迪奥值得庆贺的一年，这年迪奥公司正式成立，第一次个人时装作品发布会拉开帷幕，迪奥将其命名为"New Look"系列。90 个模特纷纷登台亮相，她们上身穿着收腰外套，下身搭配宽身长裙，迪奥设计的新造型引起轰动。这种设计风格受到母亲早年的影响，迪奥还是童年的时候，富有品位的母亲经常将紧身胸衣、合体的上衣与丝绸大裙搭配穿着，这样的迷人装束给迪奥留下深刻印象，为设计的新造型提供了灵感来源。迪奥塑造了独特的女性造型曲线，他特别关注服装的肩部、胸部和臀部，柔美的肩、丰满的胸以及细腰宽臀的设计，让巴黎女性盼望十年已久的高级时装又一次掀起新的流行风潮。

迪奥的"New Look"系列在法国时装界真正赶走第二次世界大战的阴霾，当好莱坞的性感宝贝丽塔·海华斯兴奋地穿上迪奥系列衣裙时，她激动不已："战争结束了，幸亏我们还有新风格的时装！"迪奥不仅设计了一种服装风格，而且重新塑造了一种生活姿态———一个和平时期才能有的悠然与华美。法国时尚人士 Marie France Pochna 这样评价道："New Look 的出现使世界 Look New。"迪奥的新造型为他赢得了美国的尼曼·马科斯奖。同年秋天，他在伦敦受到英国王室的热情赞扬。法国政府授予他最高荣誉"荣誉军团奖"，以表彰他在战后为法国高级时装复兴所做的贡献。

但是，这种新造型刚面世时，并没有赢得人们的赞赏，反而引来不少非议。保守的设计师们认为战后生活物资短缺，衣服面料缺乏，而新造型的裙子又宽又长，是一种资源浪费，过于奢侈，有人认为"足足浪费了 80 万套服装"，这与战后重建的简朴生活不搭调，更有甚者痛斥新造型与妇女解放运动不相适宜。在英国，新造型同样不受人待见，政府甚至批准同意英国设计家协会抵制新造型风格的活动。在美国，迪奥遇到责难，他总是不断遭到讥讽式的反问："迪奥先生，裙子的最佳长度是多少？""你的下一个系列是不是更新的？"但是无论如何，迪奥设计的新造型还是扫除了战争给人们带来的压抑与灰暗色调，将华丽与鲜艳重新带到生活中。

迪奥前半生经历了幸福童年的十年，放荡不羁寻求艺术的十年，穷困潦倒的十年，养精蓄锐的十年。随着新时代的到来，他开始了不断求新、探求市场动向、保持新鲜活力的十年。在接下来的十年中，羞怯与忧郁的迪奥，不断推出革命性的作品，这些作品将重点放在线条的塑造上。一系列有着迪奥风格的造型问世：1948 年的锯齿造型，1950 年的垂直造型和倾斜造型，1951 年推出的自然形和长线条，1952 推出的波纹曲线型和黑影造型，1953 年问世的郁金香造型以及圆顶造型，而这一系列的造型特点都能够在新造型上一见端倪。1954 年 H 形线造型问世，它一反新造型上细腰的设计，取消了对腰部的约束；1955 年发布 A 形线造型，被称为 A 形线是因为与埃菲尔铁塔的造型有些相似的 A 型结构，他收小肩宽的幅度，放宽裙子的下摆，《时尚》杂志评价说："巴黎最服众望的线条，这是自毕达哥拉斯以来最美的三角形。"

1957 年，迪奥公司成立十周年，他在这一年隆重发布自由形和纺锤形，在造型上别具一格。在这十年里，迪奥始终在服装线条上做文章，他的每一个系列都被服装界公认为权威。迪奥公司也慢慢成长为大型的跨国性商业公司，经营的产品从单纯的高级服装转向珠宝首饰、围巾、领带、毛巾、化妆品、鞋子等。然而，令人叹息的是，正是在迪奥公司十周年之际，迪奥心脏病发，与世长辞，遗体由专机运回巴黎时，整个时装界为之扼腕。

香奈儿在瑞士一待就是十年。背井离乡的日子心里总是充满忐忑，尽管家乡的同胞还在因为她与纳粹的往来谴责唾骂，但是厌倦了漂泊生涯的时尚女神还是决定重返巴黎。

1953 年，在迪奥推出郁金香造型以及圆顶造型之时，香奈儿悄然回到巴黎重操旧业，但是整个欧洲高级服装市场已经被迪奥的新造型占领，香奈儿的赶超空间十分有限，而此时香奈儿已经 70 岁了。但是她没有放弃在服装设计事业上的拼搏，第二年便召开个人发布会，推出战后复出的第一个时装系列——为独立的工作女性设计的简洁式样服饰。可惜在巴黎服装界并不被人看好，新闻界对此反应冷淡，甚至有报纸认为这是失败的——"她顶着 1930 年的巨大幽灵"。但是，香奈儿对此充耳不闻，依然穿着喜欢的服饰，经历人生千姿百态的香奈儿早已对此见惯不怪。意料之外的是，这种设计式样在另外一个商业发达国家——美国受到追捧，美国总统肯尼迪遇刺的时候，第一夫人穿的就是香奈儿的镶黑边的玫瑰色衣服。以此为契机，接下来的十多年，香奈儿再次迎来一段光辉岁月。

香奈儿设计的经典款式陆续面世，短厚呢大衣、喇叭裤、三件头套装、双色露跟鞋、细链的皮包等，她的风格保持简洁而瑰丽，比如印花多采用格子、北欧几何图案以及她喜欢的山茶花。每款新装都倍受欢迎，引领时尚热潮。

1970 年 8 月，香奈儿亲自推出 NO. 19 清新冷艳的芬芳花香香水，这也成为她最后一款香水，此时离她去世只有几个月时间。直到 1971 年 1 月 10 日，87 岁时香奈儿香消玉殒，她临终之际最后一句话是："他们怎么可以让我这样死去……"神父在葬礼上说："她受过洗礼，是上帝的孩子，她以自己的方式信仰上帝。"

当时的法国第一夫人克洛德·蓬皮杜也是香奈儿多年的客户，并请她到爱丽舍宫用餐，香奈儿曾自嘲道："在我的这个年代，没有哪个雇主会请她的裁缝和她一起用餐。"当她去世之后，第一夫人甚至想为她举行一个盛大的葬礼以向这位时尚女神致敬，但是此时法国情报部门泄露了一些香奈儿在第二次世界大战中的不利档案，这个计划就此作罢。

在法国乃至世界时尚历史中，香奈儿都占据着重要地位，法国前文化部长安德列·马尔罗曾说："这个世纪，法国有 3 个名字将永存：戴高乐、毕加索和香奈儿。"

香奈儿曾经说过："每次当我看到幸福如何阻碍了人的前途时，就庆幸自己曾经经历过深深的不幸，人要坚强无比，才能抵抗外来的一切。世界上没有任何东西能让我与别人交换我的命运。"斯人已逝，言犹在耳，回望时尚女神命运多舛又精彩辉煌的人生，难免感伤，又心生崇敬。

虽然香奈儿的人生就此走到终点，但是香奈儿品牌以及女神的故事仍在继续，时至今日，香奈儿仍然是名流贵族追捧的奢侈品牌，在几十年以前她设计的作品仍然堪称经典，至今还在流行。

同样在 1953 年，设计师皮尔·卡丹也踌躇满志，在香奈儿与迪奥的双重压力下，他推出了个人第一次时装展。这次展览引起了极大轰动，服装被抢购一空，没有买到服装的客户亲自跑到卡丹的公司要求订货，更有赏识卡丹设计才能的达官贵人找到卡丹本人要求订做。与报纸舆论对香奈儿时装发布会反应平平不同，记者们更看好卡丹的品位，卡丹的名字开始出现在报纸的显要位置，巴黎时装界三足鼎立的局面开始形成——迪奥、香奈儿、皮尔·卡丹各领风骚。我们不得不佩服法国人的坚韧与对时尚的不懈追求，进入 20 世纪之后的五十多年，法国一直没有彻底摆脱战争的困扰，社会经济生活起伏不定，即便在如此动荡的环境中，还能接连出现众多世界顶级的时装设计师，实在令人惊叹。

卡丹的商业帝国建立于 1950 年，这是他在巴黎闯荡的第 11 个年头。这一年，他以全部积蓄在巴黎里什庞斯街买下"帕斯科"缝纫工厂，并租了一个店面，独立开办属于自己的公司。在此之前，卡丹只是在巴黎时装界初露锋芒，在里什庞斯街卡丹才真正成为服装设计巨匠。经过精心的准备，他展示了自己设计的舞台戏服和面具，人们认为简直就是能工巧匠的神作，引起不小的轰动。不过，他的反叛与创新精神，着实让服装界吃惊不小。

大多数设计师只是在服装样式的设计上进行创新，与众不同的是，卡丹是对整个服装行业进行颠覆。时装在当时定位为高级服饰，服装界只是服务于特定的人群，特别是王公贵族或者显赫明星，所以时装自然为迎合贵族喜好而被流光溢所笼罩。而且法国高级时装界更是一个对顾客有严格限制的特殊行业，入行门槛也很高，当时可称为"高级时装公司"的只有 23 家。但是在卡丹看来，服装消费的主体应该是寻常百姓，定位高级的时装显然让主流大众遥不可及，服务群体的局限势必会限定时装界的发展趋势。另一个让他痛下决心的原因是法国日益增强的女性消费市场，第二次世界大战结束以后，全新的世界得以建立，法国经济复苏，大量的普通家庭妇女走出家庭，融入社会生活当中，这已经成为法国消费增长的巨大潜力。

隐藏在法国街头的服装设计潮流还停留在战前状态，卡丹首次从设计师的视觉关注到普通女性的需求，因为法国是一个浪漫的国度，也是一个注重时尚的国度，更没有任何的条文界定过普通女性与时尚水火不容。同时，法国女性一直对时装钟爱有加，稳定的生活使得大批女性开始注重自身装扮，时装自然成为她们的时尚首选之物，但是消费能力限制了她们对高级时装的需求。于是卡丹破天荒地提出成衣大众化的口号，这既是经营妙计，也是服装界的一次改革，时尚服装从此走下神坛，进入普通民众的衣橱。

在此理念下，卡丹设计出的第一款大众成衣作品是一套白领的红大衣，卖给美国梅西百货公司被量产，以美国中产阶级买得起的价格出售，大获成功。以此为开端，卡丹又推出一系列风格高雅、质料优良的成衣，并以合适的价格出售，物美价廉的卡丹服饰在法国也掀起购买热潮，他的服装店门庭若市，而那些抱残守缺的同行却门可罗雀，生意冷淡。

皮尔·卡丹的反叛激起保守同行的妒忌，他们联手将卡丹排挤出巴黎女装辛迪加。当时仍然是服装定制与高级时装的时代，保守的服装同行们认为卡丹离经叛道，他们设计的时装是为高级人士服务的，而不是街头上普通家庭主妇有资格来享受的。他们认为这些人既穿不出设计师的品位，也有辱于设计师的威名。辛迪加是法国本土的资本主义垄断组织形式，参加辛迪加的企业通过签订协定共同销售产品和采购原材料而获取高额利润，一个企业退出辛迪加就意味着不得不建立自己的销售网络。卡丹没有屈服，正如他所说的："我已被人骂惯了，我的每一次创新，都被人们抨击得体无完肤。"作为对阻碍者的回应，卡丹又一次掀起颠覆风潮，他大胆推出男性时装。

如果说卡丹的大众成衣让服装从 T 型台走入民众，确定时尚与普通女人联系的话，那么接下来的举动则是开天辟地的把男人引入时尚潮流，掀起一阵男性时装的旋风。皮尔·卡丹发现法国时装几百年没有男人的"席位"，巴黎时装界在骨子里还没有意识到男性与时尚的关联，卡丹却在 1959 年举办男装系列时装展示会，推出充满阳刚之美的男性时装。在女性服装长期垄断的玻璃窗里，开始出现男性服装。皮尔·卡丹的男装如无领夹克、哥萨克领衬衣、卷边花帽等，为男士装束赢得更大的自由。甲壳虫乐队穿着高纽位无领夹克衫就是 20 世纪 60 年代男人的时髦着装。

被驱逐出辛迪加意味着卡丹不能借助原来的销售渠道继续销售，特别是以大众化消费为主要市场的卡丹服饰。1960 年前后，他开设两家很出名的时装零售部："亚当"专门经营男装、领带及大衣、运动装；"夏娃"则是高级女装商店。从 20 世纪 50 年代开始，卡丹的顾客不仅有普通民众，也有富豪贵族，还有法国总统夫人及英国的温莎夫人，之前立志要让温莎夫人成为卡丹客户的愿望终于实现。

法国历史上还有一个著名的奢侈品牌，在法国的私人企业中，有着一百多年的历史，这就是爱马仕。

在一百多年的经营中，爱马仕家族一直通过精益求精的理念引领企业发展。爱马仕是一个时尚与艺术结合的品牌，产品不仅是精美品，更是艺术品。制作精良、质量可靠是它的必要条件，但美轮美奂、富有强烈的品牌概念以及独特审美才是重中之重。爱马仕原本是一个与此类制品毫不沾边的制作马鞍的皮具制造商，经过几代人的共同努力，逐渐风靡全球，尤其第四代传人罗伯特·杜马斯功不可没。

总的说来爱马仕历史悠久。1837 年，蒂埃利·爱马仕在巴黎创办"爱马仕马具工作坊"，专为马车制造、批发各种配件。创立之初，爱马仕便以质量为本，产品做得极其精致。当时巴黎市区街道上跑的豪华马车上，随处可见爱马仕的皮件。随着爱马仕规模不断发展，到了爱马仕家族第二代掌门人查理·爱马仕 1879 年接管家族企业后，查理意识到公司的形象需要进一步改善，因为小作坊已经不能满足生产的需要。于是，他将爱马仕总部搬到巴黎福宝大道 24 号，附近的社区就是贵族的聚集地。这种地缘的接近也为爱马仕的品牌形象以及产品质量提升起到至关重要的作用，公司位置的选址往往代表着公司的实力，能在贵族聚集地区建立爱马仕的总店，在大众心目中爱马仕的形象提高一个档次，贵族们很快成为爱马仕的忠实客户，因为他们的马具质量让人放心。

而在政治联姻错综复杂的欧洲大陆，法国贵族们扮演了爱马仕的销售员的角色，通过茶余饭后的闲聊，他们很快把爱马仕的产品推往整个欧洲贵族阶层。也是从此时开始，爱马仕由先制造后批发的模式改为直接销售，这能够让爱马仕更接近消费者，更明确顾主们的需要，特别是贵族们的需要，这就为爱马仕之后的转型奠定了基础。除了马车配件外，爱马仕也开始制造马鞍，查理发现这里面大有文章可做。

当时骑士对于携带马鞍始终觉得不够方便，查理发明可以携带马鞍的挂肩带的马鞍带。转型到随身用品，为爱马仕在第一次世界大战之后的转型提供出路，新发明并没有影响爱马仕马具生意的兴盛。在第一次世界大战期间，爱马仕被选定为法国陆军骑士部定制皮革，而查理兄弟为了这笔大单招兵买马，聘用 80 余位马鞍工匠加班加点制造马鞍。在手工制作上，爱马仕定制的皮具工艺突出，甚至被认为是当时法国品牌工艺的代表。

第一次世界大战之后，汽车由新鲜事物变成城市家庭的重要资产，乘坐马车和骑马代步已逐步变成老土的行为。一直与贵族保持着良好关系的爱马仕家族，也意识到转型势在必行。而此时悄然兴起的短途旅行吸引了爱马仕的注意，在旅行用品方面，爱马仕家族成员一直保持着敏感，他们生产的皮具以及马具都是在为旅行服务，产品都是致力于为顾客提供一个舒适的乘车环境，方便出行计划。

时代在变，但是人们的出行永远不会停止，虽然不坐马车改乘汽车，乘坐汽车外出旅行成为常态，但是汽车一样是需要皮具的。而乘坐汽车的旅行距离更远，携带的用品就会增加，这就需要更方便携带的行李箱，在埃米尔·莫里斯·爱马仕接管家族企业之后，他决定由生产高级马具转向生产皮具及行李箱，并且朝多个品种的方向发展。埃米尔将爱马仕精湛的设计工艺应用在钱包、旅行包、手提包、皮手表带、皮手套以及体育运动的辅助用具上，甚至推出服装。他们专门为威尔士王子设计了皮夹克衫，这种拉链式高尔夫夹克衫开创了 20 世纪皮革服装的设计先河，轰动一时。

真正让爱马仕闯进奢侈品行业的是第四代接班人罗伯特·杜马斯。杜马斯的制胜武器不是马具，也不是皮装，更不是旅行箱，而是丝巾和手袋。杜马斯不是爱马仕家族的男丁，而是埃米尔·爱马仕的女婿，他是一位出色的丝巾设计师，因此首先在丝巾方面打开局面。1937 年，杜马斯为纪念爱马仕成立 100 周年，由骑师外套突发灵感，设计出第一条爱马仕丝巾"女士与巴士"。爱马仕的丝巾至今仍是追求时尚女性的理想之物，小小的一块几十平方厘米的丝巾，在杜马斯的手中成为爱马仕家族艺术与时尚的完美结合。而杜马斯将爱马仕家族精益求精、尊重艺术的精神完美注入丝巾的制作过程中。

爱马仕的丝巾制作严谨，从设计到完成制作需要经过七道工序：主题概念至图案定稿、图案刻画、颜色分析、颜色组合、印刷着色、润饰加工、人手收边、品质检查。由于严谨复杂的制作工序，他们的丝巾通过层层验收，最后拿到柜台上需要 18 个月时间。爱马仕的丝巾不像其他丝巾一样是平滑的丝绸，而是把丝线梳理好后上釉编织而成，这种丝布的特点是不易起皱。为了使得丝巾更具爱马仕的特色，他们会在编织过程中加上一些暗花图案。

根据爱马仕丝巾设计师的设计，每条丝巾需要用到 12—36 种颜料，最高纪录达到 37 种。每一种颜料都必须有一个特质的钢架，"运用丝网印刷原理，把颜色均匀地逐一扫在丝贴上"。颜色确定之后就是印刷，爱马仕坚持手工上色，之后是清洗、高温蒸、晾干等固色过程。这一系列着色完成之后，就是卷边，但是爱马仕仍旧坚持手工缝制，从来不用缝纫机。爱马仕丝巾的理念是："一幅完美的图画，最重要的是有一个相对的画框将它固定下来才叫完美，丝贴的边缘一旦平伏，图案仿佛就流泻了，失真了。"①

杜马斯在 1937 年推出首款丝巾之后，他们的丝巾迅速风靡巴黎时尚界，成为人们追捧的时尚玩物，在女性已经装扮得华丽典雅之后，多一条爱马仕丝巾瞬间会增添几分女人味。杜马斯深知物以稀为贵的道理，每年仅推出两个系列，每个系列 12 种款式，这 12 种款式有 6 种是以前款式的完善与色彩的重新组合，另外 6 种是新产品。

就像爱马仕品牌充满传奇与历史一样，他们将每一款丝巾都赋予美丽的故事。杜马斯要求每一条丝巾都要追求完美，哪怕时间再久都要保障产品的艺术性，每一条丝巾都要将丝巾背后爱马仕人的心血——精美绝伦的工艺、一丝不苟的线条、古典优雅的图案呈献给顾客。他们的丝巾既是装饰品，也是一件艺术品。追求艺术生活的女性如英国女王伊丽莎白也非常喜爱爱马仕丝巾，有一张穿戴爱马仕丝巾的照片被印在英国邮票上，被爱马仕视作极佳的宣传方式。

丝巾的成功吸引了时尚界的目光，以前只是一小部分贵族享用的特权迅速蔓延到整个时尚界。当他们开始注意爱马仕丝巾，才惊讶地发现爱马仕还有很多产品都具有艺术气息，富有时尚魔力。

真正奠定爱马仕被时尚界追捧、成为大众拥戴的奢侈品地位的，是杜马斯 1956 年推出的"凯莉手袋"，其名字来源于当时好莱坞巨星格蕾丝·凯莉，她多次成为著名导演希区柯克的电影女主角。后来她遇见摩纳哥的王子，并在 1956 年成为摩纳哥王妃，这款手袋一直为王妃所用。坊间传闻，凯莉已经怀有身孕，这让娱乐记者穷追不已，为了躲避记者的镜头，凯莉用手持的爱马仕手袋掩盖起微微隆起的小腹，这张照片被刊登在杂志上，成为经典瞬间，人们感兴趣的除了这条娱乐新闻外，还

---

① 参考：张薇编．华丽家族：时尚名门的经典创意与品牌传奇［M］．哈尔滨：哈尔滨出版社，2009.

有凯莉手中的这款爱马仕手袋。后来，凯莉又挎着这款手袋登上《生活》杂志的封面，从此掀起时尚界的狂潮，这款"凯莉手袋"迅速被疯抢一空。

杜马斯敏锐地发现，这是一个迅速扩大手袋销量以及爱马仕知名度的大好时机，此前还没有哪一个时尚品牌以皇亲国戚命名。杜马斯联系到摩纳哥王室，征得他们的同意，以王妃之名命名此款手袋，从此，"凯莉手袋"成为爱马仕最为经典的产品。而这款手袋的设计正是来源于爱马仕几十年前设计的马鞍包，凯莉手袋设计出三种型号，分别为 28 厘米、32 厘米和 35 厘米。杜马斯同样将丝巾制作方面的精艺引致凯莉手袋的制造上，手袋件件都是精品，每件手袋都需要手艺精良的工匠精工细作 18 个小时，每一款在柜台出售的手袋都会有铭牌，上面有编号和工匠的名字，以后手袋的维修和保养都由这位工匠负责。

因为工艺烦琐，精工细作，因此订购每一款凯莉手袋都需要耐心等上一段时间，英国王妃戴安娜也是等待很久才拿到她的天蓝色鸵鸟皮手袋。这成为爱马仕的骄傲，也成为戴安娜王妃的一段佳话。

如果要定制属于自己的专款，则需要等待一年甚至数年时间，因为以皮革制造起家的爱马仕对每块皮革都追求完美，必须经过多层复杂考究的工序处理后才能使用。爱马仕家族并不追求花哨，而是有着严谨的品质和完美的气质，精益求精才是爱马仕一贯坚持的品格。

从一个发明，到一家公司，再到一家跨国集团，这是欧莱雅集团的发展路径。一百多年来，经历两次世界大战、数次全球经济危机、几十次政府变革，却依然能够屹立于世界化妆品市场的顶峰，家族两代人的智慧、对职业经理人的信任就像车轴，推动欧莱雅几次渡过难关，滚滚向前。不过，真正带领欧莱雅走向全球扩张道路的，当数第二代掌门人弗朗索瓦·达勒。

弗朗索瓦·达勒虽然不是舒莱尔家族成员，但是他对欧莱雅的影响连家族接班人都无法比拟。达勒 1918 年出生，1942 年进入舒莱尔旗下品牌梦皂公司，1948 年升任公司二把手，此后一直作为舒莱尔的助手伴其左右，在 1957 年舒莱尔去世之前，他亲自在公司代表大会上宣布达勒作为自己的接班人。达勒在他的书中这样描述："就在演讲时，他以特有的方式突然宣布，主要是为了掩饰他激动的心情，'我想达勒会把欧莱雅撑起来'。"很快这个消息就传遍公司内外。不仅如此，舒莱尔为了表达对继任者的重视，甚至把达勒写进遗嘱之中："我指定所有财产的遗赠承受人首先是我的女儿利利亚娜；假如我的女儿在我之前辞世，则为我的女婿安德烈·贝当古先生；假如我的女儿和女婿在我之前辞世，则为弗朗索瓦·达勒先生。"

虽然公司上下都认为这位欧莱雅功臣理应受到礼遇，但也有些不解，因为舒莱尔还有亲生女儿莉莉安妮·贝当古。在外人看来，她是个非常神秘的女人，各类报纸的头版，网站的头条，经常充满这位夫人的文章。她迷倒众人，身后总追随很多摄影师，在拼命抓拍照片，多多益善。她的笑容总是礼貌而端庄，两颊突起；头发向后梳，显出宽宽的额头和深邃的双眼；因为年龄的缘故，眼角有些许皱纹；她身材修长，瘦弱中透出典雅，非常协调融洽；她从不戴首饰，除了耳上有一副耳环，她只有条丝巾、围巾或披肩系在脖子上，绕到背后，富贵而又高雅。

也许我们只看到万贯的家财，便会觉得莉莉安妮从小就是在蜜罐里长大的，比任何小孩的成长都幸福，其实不然，幼年的莉莉安妮也没有逃脱灾难对她的考验。1927 年 10 月，她还不到 5 岁的时候，亲爱的母亲便离她而去，永远离开了人世。第二次世界大战后，疾病蔓延，她患了肺结核，年纪轻轻就被送到了瑞士一家疗养中心。那里除了以滑雪胜地出名之外，从 19 世纪末开始便因为适合疗养而享誉四方。当时的主要治疗药物是一种名为磺胺的烈性药。莉莉安妮因为采用这种药物而留下了后遗症：轻微的重听。随着年纪的增长，她的这一症状还有加重的趋势。

苦难让莉莉安妮变得更加坚强，更加谨慎。她那热忱、激情和好奇的天性并未因此而有丝毫减弱，相反，她开始对医学和心理学方面产生了浓厚的兴趣。只是她变得非常低调，在与一著名杂志《自私者》女主编的访谈中，莉莉安妮吐露过："我需要隐退、安静、距离感。"这时候的她，似乎已变得很沉稳，很低调。

15 岁那年，莉莉安妮到公司进行为期 3 周的实习，她对这家集团的感情从那时起就开始了，父亲把他的一生都投入他的工作和生意上，他是她的榜样，她已经将欧莱雅当成了自己的孩子。从很小开始，小女孩就在订货、销售、竞争、奋力工作的世界中长大。1939 年全体股东大会上的出勤表显示，青少年时代，她在这里做过实习，那时她已是公司的主要股东并同她父亲一起管理公司。具体来说，她在 7 万股资本总额中拥有 3.3 万股，当时她也是梦皂的股东。一位好友说："欧莱雅，贝当古完完全全浸在其中！"

不过，莉莉安妮并没有因为特殊身份而享受特权，依然要从最底层做起。她的第一份工作是往制成的染发剂瓶子上贴标签，后来逐步接触中层技术类工作，经过多年在不同岗位的历练，最后进入公司的高级管理层，直到舒莱尔去世时，她已经为欧莱雅效力 20 年之久。

但是，舒莱尔并不想把欧莱雅管理大权交给女儿，他曾说过："我从来没说过要取消遗产的继承。儿子们总是要继承遗产的，可他们不能继承管理。我再说一遍，将军的儿子不见得一定是将军，不要因为你是老板的儿子所以就是老板。"

舒莱尔对那些所谓"天经地义"子承父业的富家公子不以为然，他说："儿子、孙子或女婿继承了遗产，却一点儿风险也不想承担，这些公务员式的老板只有抵押的保守心态。"当时现代企业制度逐步在西方资本主义世界建立，在 20 世纪 30 年代，美国经济学家阿道夫·贝利明确指出西方现代企业制度中所有权与经营权分离现象："公司制度的兴起，以及伴之而来的由于工业在公司形式下的集中而产生的所有权与管理权的分离，乃是 20 世纪中头一个重要变化。"

经营企业多年的舒莱尔也深明个中道理，因此将公司管理权交给弗朗索瓦·达勒。在欧仁·舒莱尔的葬礼那天，莉莉安妮在教堂中请达勒站在她的旁边，达勒后来回忆说："她拉起我的手，一言不发，握在她的手中。我们之间的命运纽带就这样紧紧地连在一起了。"

这一年，欧莱雅的声誉达到新的高度。虽然当时公司出口额还未达到总销售额的 3%，但却在全世界范围内广为传播。梦皂、多谱、太阳琥珀这些品牌在法国已是家喻户晓，但由于当时竞争很激烈，公司的销售并不算顺利。1961 年开始，达勒决定放弃梦皂的业务。

听到这个消息，莉莉安妮非常难过，没人能安慰她。这是父亲呕心沥血的毕生杰作，就此放弃，太可惜了。她对父亲有一种发自肺腑的挚爱与敬仰，她比别人更深刻地了解父亲为此付出的艰辛。因此，她有责任将欧莱雅变得更美丽，更有名气，她要用自己的整个生命来表达对父亲的爱。

从此之后，莉莉安妮·贝当古成为圣殿的守护神，包括家族的企业和精神，除此之外，还要维护好欧莱雅创业者的形象。LVMH 的总裁贝尔纳·阿尔诺回忆说："有一次晚宴，我正好坐在莉莉安妮身边，她向我描述了她父亲创业之初的事。"她不放过任何一次机会来纪念伟大的父亲：1981 年，在他的诞辰日出版了一本纪念册；在舒莱尔的母校巴黎国立高等化学学校的百年校庆上，有人羡慕地对她说："您能闯入美容界做生意真有运气！"莉莉安妮回答说："是啊，但是能在 1907 年就想到更不容易！"

舒莱尔在治理公司的时候，主要做了两件事情，一件事是致力于科学技术研发新产品，这在欧莱雅的历史资料中可见一斑：舒莱尔留下的绝大多数图片资料并非是在公司视察或者宣传照片，而是他在实验室里的工作照。第二件事是销售欧莱雅的产品，舒莱尔对销售工作非常重视，以至于公司 30% 左右的职员都是销售员，而大部分的管理干部也是从销售员开始做起。

同样，达勒在公司也做了两件事情，第一件事情与舒莱尔一样，重视研发。跟随舒莱尔多年的达勒深知，公司不断发展的动力是舒莱尔对科学研究的重视，而他本人也是一名科学家。"我们公司是由一位研究人员创办的，不断的科学进取一直是我们开启未来之门的真正钥匙。"每年达勒都会将 3% 的营业额投入到科研和新产品的开发上，此后历届总裁都坚持这样一种传统，即便在经济危机的情况下，他们在研发上的投入和精力也不会缩减。

1960 年，达勒曾与研究部主管 Charles Zviak 一起推出一种新方法：建立在基础研究之上的应用研究。1963 年，达勒在欧莱雅内部建立生物实验室，这既是化妆品领域也是应用化学领域的一个重大进步，时至今日，化妆品依然是应用化学领域的研究重点。随着欧莱雅对化妆品的研究变得越来越综合，研究方法也变得越来越精密，专业技术也变得越来越强大。化妆品已然处在许多学科的交汇处，如物理学、化学、生物学和电子学等。

在第二件事情上，达勒要比舒莱尔更富创造力，他是一个不折不扣的扩张主义者，他的口号是"抓住机遇"。欧莱雅的帝国扩张不仅仅是产品种类层面，达勒要将欧莱雅的领域扩展到发用产品之外，而且他还要进行品牌扩张，改变欧莱雅旗下的单一品牌。1959 年，达勒成立 FA-PROCO 分公司，同时于公司名下在里约热内卢和圣保罗分别设立工厂，这个公司成为"进攻"美洲大陆的基地，运行非常成功。

品牌扩张之路在达勒领导之下也重新开启。早在 1928 年，舒莱尔就曾经收购创立于 1920 年的梦皂公司，但之后欧莱雅的收购扩张之路迟迟没有推进，直到达勒接手之后迅速将这一进程提上轨道。1964 年，达勒强硬收购兰蔻，这家由阿芒·珀蒂让在 1935 年创立的品牌，其实力并不亚于欧莱雅。兰蔻专注于化妆品、香水和护肤品，在许多国家甚至成为法国优雅的代表。兰蔻的主要产品、国际地位、技术人员以及代表网络都在欧莱雅之上。但是达勒迫切想把欧莱雅带入高端化妆品市场以及香水市场，因此动用一切手段将兰蔻强行收购到欧莱雅名下，品牌的多元化从此使欧莱雅迈进高档化妆品市场。

1965 年达勒将卡尼尔实验室收至麾下。卡尼尔实验室的研发实力不容小觑，从 20 世纪 20 年代开始就推出多种头发护理产品，当时卡尼尔牌的植物润肤液染发剂等在市场上也是受到消费者追捧的。除此之外，他们还拥有一系列辅助护发产品，这些辅助产品定位为有机护发产品，这正是达勒所看重的，欧莱雅收购之后，产品种类更加丰富。同一年，达勒将著名药妆品牌——薇姿收购，他们坚持温泉水特色，这种温泉水富含最多 17 种矿物质和 13 种微量元素，这种微量元素的成分含量达到 5000mg/L，其中的钙、铜、铁、钠和锰等微量元素，能够促进皮肤表皮和真皮分子的再生与愈合，"坚固"皮肤的天然保护屏障。同时，通过增强皮肤中过氧化氢酶20%的活性，天然对抗自由基，令皮肤保持年轻活力。

时隔五年之后，达勒又拿下欧碧泉，这是一个有 20 年历史的品牌。他们研究如何从温泉水中提炼有机护肤品。对于欧莱雅来说，这不仅能够进一步丰富欧莱雅的产品，而且能够与薇姿品牌产品相互补充，填补有机护肤这一领域。收购完之后，达勒将欧莱雅的研发能力迅速应用到欧碧泉的产品上。4 年之后，著名的矿泉有机活性因子诞生。

欧莱雅的创始人舒莱尔 1954 年时曾说："我永远不会成为富人……我曾经以为可以聚敛很多财富……我们的世界正在改变，在不远的将来，人与人之间的差异将只表现在道德与精神层面上。"但是，他的女儿通过股份制改造变成欧洲最富有的女人。达勒建议公司上市融资，这样既能够增加公司的资金活力，又能够提高公司的形象与实力。但是欧莱雅的老板、舒莱尔的女儿莉莉安妮却心存疑虑，因为一旦上市，将意味着会出现很多的外来股东，甚至会被恶意收购，因此希望对股市敬而远之。

不过，莉莉安妮最终被达勒说服。1963 年 10 月，欧莱雅股票在巴黎证券交易所成功上市，莉莉安妮也因此成为法国最富有的女人。股票市场为欧莱雅提供了一个全新的融资渠道，通过这个资本平台，欧莱雅的市值已经增加 490 倍之多。达勒在莉莉安妮面前强调最多的是，最大股东对公司的永久性支持非常重要。欧莱雅上市后，莉莉安妮一直保持控股地位，公司也没有遭遇来自资本市场的并购威胁。但是到 70 年代末，事情出现新变化。

在第二次世界大战后，人们生活趋于稳定，法国人对服装的态度呈现两种发展趋势，一种是追求服装的艺术性，一种是追求大众服装的时尚性，而法国的时尚设计师们牢牢把握这两大特征，让服装产业乃至时尚产业，成为战后法国经济迅速发展的新引擎。如果摊开法国战后经济发展的图谱，我们就会发现，他们的时尚产业犹如一颗璀璨的明珠，吸引世人的眼球。世界上再也没有第二个国家，能够让这个产业在国民经济发展中起到如此重要的作用。

此时全球经济发展的轨迹，犹如 20 世纪初期一样，发展到一定程度就会出现瓶颈，进入危机和震荡期。在世纪之初，法国企业界曾用技术创新与变革克服困境，突出重围，如今噩梦重现，法国商业教父又该如何渡过难关？

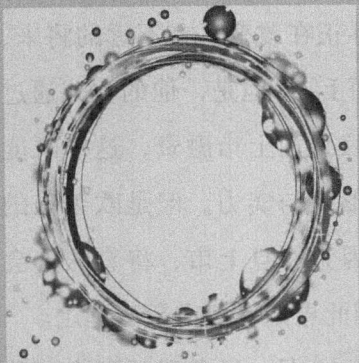

第9章
第五共和国的商业格调

1959 年，经过法国全民公投，戴高乐被推选为总统，法兰西第五共和国体制正式建立，此时法国的内政外交正陷入困境，特别是阿尔及利亚掀起的独立解放运动，法国近三年一直没有提出切实可行的方案，迫使政府几次更换内阁人选。

阿尔及利亚位于地中海西部，紧紧依靠海上交通要道，具有重要的战略地位和丰富的自然资源。1830 年，法国的查理十世派遣远征军征战阿尔及利亚，经过四年的武力征伐，1834 年宣布阿尔及利亚为其殖民地。在第二次世界大战中，阿尔及利亚参加反法西斯的战争，并做出重要贡献，而美、英、法等国曾在战中许诺战后将承认阿尔及利亚的独立地位。但是战争结束后，法国并不愿放弃这块风水宝地，战前的承诺并没有付诸实施。

第二次世界大战之后，在民族解放浪潮中，阿尔及利亚人民举起民族解放的大旗。1954 年 8 月，阿尔及利亚正式组建民族解放组织，成立解放军，发动武装斗争，争取实现民族独立。但是法国政府 3 年内都没有提出切实可行的解决方案，最后不得不由驻阿尔及利亚军队总司令萨朗将军呼吁最高权威人士组成救国政府，彻底解决阿尔及利亚问题，摆脱外交上一直唯美国马首是瞻的局面。

面对错综复杂的国际与国内政治经济环境，戴高乐在科隆贝与萨朗将军遥相呼应，不久便重新出山，为法国掀起第五共和国的篇章。戴高乐选定蓬皮杜上台组阁，他们以控制通货膨胀、平衡国际收支以及恢复充分就业为首要目标。特别是加强对大型企业的监管，等到 5 月风暴以后，政府对经济的干预越来越明显。政府放弃之前制订的 1958—1961 年的第三计划，取而代之的是"临时计划"，并且组建包括著名财政经济专家雅克·吕夫在内的财政委员会，提出改革计划。紧缩政府开支，增加财政收入，暂时压缩国内消费，具体措施包括鼓励居民储蓄，提高商业税，增加企业和高收入者税收等。政府明令压缩国内消费，而增加企业税收的政策也会挤压公司利润水平，这对创业者来说是个坏消息。

但是，由于实行一系列紧缩政策，法国经济逐渐复苏，就业人数增长，消费者购买力得到极大提高。人们对国内食品、烹调用品的需求迅速增加，在食品零售业出现供不应求的情形，因此，零售业逐渐被商业界重视。此时，法国多家知名百货商场应运而生，各家自主销售，物品明码标价，但大多售价高昂，普通民众根本消费不起。

家乐福就是在这样的商业环境中横空出世的。创始人马赛尔·富尼埃和路易斯·德福雷想到一个主意，结合"自主销售"的模式建立一个比商场规模更大的超级商场。1960 年，他们两人代表两个家族在巴黎市近郊豪特—萨伏伊的安尼西创立他们的第一个商场，名叫"Carrefour"，翻译成中文就是"家乐福"。虽然店面不足 650 平方米，而且位于地下室，外人看来毫不起眼，但是他们的商品种类繁多，分类较细，而且价格低廉。这种新型商场获得巨大的成功，在开业后的四天内，商场里的所有商品被抢购一空。

家乐福的成功使得两位创业者坚信选择零售业是正确的，他们大胆开拓新的零售方式，将原有的商场经营思维继续延伸，抓住两个关键因素：一个是自助销售，一个是规模更大。按照这样的思路，第二家商场于 1963 年开业，他们把这家商场定义为全新的"Hypemarket"（超大型自助商场），这才是真正的超级市场概念。超大型自助商场位于城区之外，占地 2 500 平方米，设有 12 个收银台，还建有大面积的停车场，可以同时容纳 400 辆车免费停放。很明显，新商场与第一家家乐福商场相比，面积更大、设施更完善，此外，商品种类也更多、分类也更详细，可供顾客选择的范围也更广。

家乐福的决策显然经过深思熟虑。将大卖场选址在城区以外靠近有高速公路的地点，不仅地价便宜，每平方米涵盖的包括地价和设施设备在内的成本只有传统商场的三分之一，反映在商品的售价上，这里的商品零售价比传统零售店平均低 5 ~ 10 个百分点，另外，地点靠近高速公路，顾客完全可以借助高速公路方便快速到达，而且在一定程度上还促使顾客把所需商品一次性全部购买。独特的仓店合一模式颇有工业设计的味道，顾客在这间大仓库中能够体会到前所未有的购物体验，他们不仅将计划购买的物品如衣服、运动器材、汽车配件等放在购物筐里，把不需要的物品也顺手放进购物筐里也是一件非常简单自然的事情，销量也在无形中不断攀升。

家乐福已经形成独特的经营特色：一站式购物、自助、折扣、高质量产品和免费停车，这成为家乐福此后几十年的经营信念。家乐福凭借新商场再一次获得的成功，引得众多的零售商争相效仿，法国零售业从此进入超大型自助商场时代。

零售业的模式很容易被模仿，但没有哪一家零售商有实力禁止其他人模仿，因此如何保持家乐福超大型自助商场的独特竞争优势，成为富尼埃和德福雷关注的焦点。家乐福只有不断地创新才能占据市场先机，哪怕在市场上形成创新—被模仿—再创新—再被模仿的循环，他们也能够走在行业的前列。

时至今日，这种快鱼吃慢鱼，用研发速度保持自身竞争力的策略仍然被很多大企业广泛采用。两位创始人正是靠着不断地开拓创新保持家乐福旺盛的发展势头，保持了家乐福品牌的活力。在家乐福的经营理念被争相模仿后，家乐福又推出新的服务，例如在停车场以低价出售汽油。消费者购物时无须寻找加油站，在停车场就能顺便加油，这样既节省顾客的时间与购油支出，也为公司增加一定的额外收入。

超大型自助商场的商业模式容易模仿，但是家乐福公司管理层不断创新的经营理念和管理策略是其他公司模仿不来的。在公司经营上，家乐福采取售价低廉、资金周转快捷、开支少的经营策略，在管理上则采用权力分散的管理模式。这种策略对家乐福的超大型自助商场非常适用，但是，如果其他企业也生搬硬套这种模式则不一定会成功，而且不是哪一家公司都具备同样的执行力。归根到底，还是企业文化和组织基因起决定作用。

尽管法国第五共和国在建立之初，实行了一系列不利于国内零售业发展的政策，但是法国的经济复苏还是为这个行业的发展提供了机遇。在经济复苏的环境下，法国零售业的竞争也不断加剧。在激烈的市场中，家乐福靠独特的经营理念和精明的管理策略，一步步提升市场地位，以致最后占据法国零售业 30% 的市场份额，成为法国零售业当之无愧的领头羊。

不熟悉法国企业史的人对雅高集团或许未曾听说，但是提到宜必思酒店可能早有耳闻。在法国的大企业集团中，少有人像雅高集团创始人保罗·杜布吕那样，创业理念来自于对经济学的研究。

保罗·杜布吕早年师从著名经济学家贝尔纳·图季约。正是在这位老师的建议下，1960 年，杜布吕从起居设备、家具的功用、酒店价格以及酒店地址等方面入手，研究美国假日酒店成功的原因。通过对美国酒店业的分析，杜布吕深受启发，60 年代美国的酒店业正发展得如火如荼，反观法国却还处在发展空白期，他因此产生在法国建设一家类似美国假日酒店的想法。杜布吕最先想到的是直接建立一个美国假日酒店的法国分店，但是联系美国同行之后却遭到拒绝。没想到，美国假日酒店的一次习惯性拒绝，却在欧洲大陆逼出一个强大的竞争对手。

60 年代是法国企业家英雄辈出的年代。杜布吕 1934 年 7 月出生于法国北部，虽然当时只有二十几岁，但是胸怀大志，他早就想开创属于自己的事业，因此对方的拒绝并没有浇灭杜布吕的创业热情。1964 年，他遇上杰拉德·贝里松，两人的很多想法不谋而合。在建设法国连锁酒店方面，两人也有共同的创业理念，他们将新创立的酒店命名为 "NOVO-TEL"，这个单词由 NOV "新" 和（H）OTEL "酒店" 组合而成，中文译为 "诺富特"。

为了推动国内酒店餐饮行业的发展，法国政府早在 50 年代就成立饭店业信贷署，为酒店行业提供融资帮助。在饭店业信贷署的支持下，加上杜布吕父亲的资金资助，保罗·杜布吕和杰拉德·贝里松 1967 年成立雅高公司，并创立了第一家诺富特酒店。根据创业计划，他们将诺富特定位为三星级酒店，因为在法国酒店业增长的份额中，很大一部分来自于三星级酒店，这使得诺富特具有更大的市场增长潜力。同时，由于三星级酒店属于品味、档次较高的市场，又为诺富特向更高档次发展建立基础。

诺富特酒店为人所称道的不是富丽堂皇的建筑，而是诚信经营的品质。酒店承诺24小时供应热水。有一天酒店的锅炉坏了，无法继续供应热水，保罗花钱请人架锅烧水，然后挨着房间去送。为兑现酒店承诺的餐饮全天候服务，餐厅24小时都有厨师当班，以保障顾客的不时之需。杜布吕的另外一个口号是"酒店永远不会停电"，因此他配备了两组柴油发电机，防止突然停电。对于每间客房的被褥毛巾，杜布吕要求更加严格，要求每天必须换洗，即使没人住宿也是如此，以保持"每天每间客房的被褥毛巾都是干净的"。他最重要的工作习惯，就是定期查看客房入住率与被褥毛巾换洗的数目。

在诺富特流传这样一则故事。有一天客房爆满，但是杜布吕查看被褥毛巾换洗数目时，发现前一天少换洗了一套被褥。经查实，是新来的服务生自作聪明，没有换洗仅有的一间空房的被褥，前台在不知情的情况下安排顾客入住，这位顾客刚刚退房离去。保罗立即亲自查寻并追上此人，当面向其道歉，因为没有让他享受到酒店的"每天每间客房的被褥毛巾都是干净的"这个许诺，他退还3法郎的被褥洗涤费用。那位顾客异常感动，特意跟随保罗返回酒店，只为在酒店的留言簿上写下自己的感言："这里的诚信是彻彻底底的！"

法国最为权威的《费加罗报》曾经对保罗和雅高酒店做过一次评论报道，在评论文章中写道："许多商家都以为所谓的'经营智慧'就是绞尽脑汁捞取顾客口袋里的钱。其实，最高的'经营智慧'就是诚信，就像保罗·杜布吕那样彻彻底底的诚信，这也是他最为根本的制胜法则！"正是靠着这样的诚信经营，雅高集团从第一家只有62个客房的诺富特酒店起步，在短短十年间就实现从1家到146家的大跨越。

诺富特在中档酒店站稳脚跟后，雅高开始拓展新品牌。1974年，雅高创立宜必思品牌，这个酒店定位于经济型饭店。一年后，雅高集团收购美居，依靠这家定位中低档的酒店品牌，雅高集团在阿尔及利亚等法国前殖民地国家以及欧洲进行扩张。之所以没有迅速进入高端领域，杜布吕有自己的考量。任何一种商业模式成功之后，都会有无数的模仿者抢占市场，所以杜布吕要做的不是马上攻入高端市场，而是从中低端开始坚持"规模制胜"的原则，利用规模效益和品牌效应打败竞争者。雅高集团通过迅速掌握地段和客源等战略性资源，能够构建竞争优势，达到挤压竞争者生存空间的目的。

雅高集团快速扩张的法宝，完全得益于杜布吕先前对美国假日酒店的分析研究，雅高集团的对标定位就是美国假日酒店，洞悉连锁酒店成功经营的精髓：产业化和标准化。在饭店建设时期，无论选址还是酒店容量的限制、建筑成本的控制，都有明确的规范，这给雅高集团快速发展提供强大的可复制能力。特别是在选址方面，杜布吕不仅主张选在交通便利的地段，而且要考察该地段的未来发展趋势，因为酒店的入住率与交通线交汇处、旅游景点、政府所在地等资源有着密切联系，在选址过程中必须充分考虑这方面的因素，因此雅高集团的酒店不仅喜好选择高速公路出口一侧，而且会选择一些具有发展潜力的地段。这些地段后来在法国城市进程中很多都成为交通便利的地点，这成为他们的一种变相投资，以前建店的投资价值在之后该地区的发展过程中成倍数的增长。

这种选址策略在雅高集团成名之后，杜布吕更是运用得得心应手，甚至有当地政府主动找到雅高集团，这是一种双赢的局面。当地政府这种措施相当于招商引资，雅高集团会在当地引起一系列品牌效应，吸引其他投资者到来，对于雅高集团来说，政府提供的可供选择地段一般地理位置较佳，不仅提供较为低廉的价格，而且还给他们提供税收减免等优惠，这也让雅高集团受益匪浅。

此后，杜布吕也不断拓展新的酒店领域，形成囊括经济型、中低档和中高档各个层次，当这些不同档次的酒店同时出现在一个地区时，就形成雅高集团的垄断局面，这就为集团提供强大的竞争力和盈利能力。同时，通过对美国假日酒店经营模式的复制并迅速扩张，使得美国假日饭店失去在欧洲发展类似连锁饭店的最佳机会。他们在进入欧洲市场时，必须首先面对这个强大的竞争对手，即使他们的连锁经营的方式及手段相差无几。

毕竟，雅高集团已成为法国乃至欧洲酒店业的领导企业。

罗斯柴尔德家族的法国后代涉足酒店比杜布吕更早。1958 年，法国罗斯柴尔德银行设立一个名为 PLM 的全资子公司，专门经营连锁酒店，由家族中富有闯劲的埃里出任董事长。第一家 PLM 所属的高级饭店是圣雅克大酒店，这是很多国家领导人去法国时都想要住的一家酒店，它拥有 812 个房间，于 1972 年开业。埃里夫妇以真正的贵族标准来经营酒店。

在开业前一个月，埃里的妻子莉莉安亲率几十位银行职员住进酒店，对每个房间的床铺、枕头、镜子、水龙头、卫生间以及酒店餐厅和前台、洗衣房等后勤保障的质量进行了严格的测试。莉莉安对细节的追求到了苛刻的地步，要求客房的热水龙头必须在两分钟内就能放满一浴缸，下水管过水时发出的声音必须小到不能被人耳听到，早餐供应的牛角面包必须热、脆、可口，等等。圣雅克在开业后很快就成为欧洲、美国及日本富豪在法国的首选居所，它的房间必须提前三个月才能预订成功。

很多企业家崇尚集中投资，通过不断并购、重组，从而垄断一个行业，而罗斯柴尔德家族却不断分散投资，同时努力开拓新的投资领域。之所以采取分散化策略，是因为罗斯柴尔德家族清醒地知道市场的混乱和风险。市场变化总是叫人猝不及防，谁也无法保证自己不会错，甚至可能经常都有错。对于一个已经传承六代的家族来说，把资金分散于不同的领域，可以最大限度地规避风险。

在矿产资源方面，罗斯柴尔德家族一直大胆投资。1967 年，法国罗斯柴尔德银行成立了自己的全资子公司——北方公司，将主要资金投注于实业。他们还成立了尼克尔镍矿公司，这是世界第二大镍矿公司，其伴生的锌和铜的产量也居世界前列。居伊出任北方公司的董事长。作为母公司，北方公司从规模上来说是一个中型公司，注册资本为 6 000 万英镑，其控制的子公司分布于从新喀里多尼亚到南美洲、非洲和欧洲的广大地区。这些子公司有生产镍、锌、铜的尼克尔镍矿公司，在毛里塔尼亚的米弗那铁矿公司，在法国的贡巴涅铀矿公司。在中央电视台"对话"节目中，法国罗斯柴尔德第六代家族接班人大卫·罗斯柴尔德第一次承认，家族拥有世界钻石产量的百分之七十，铁矿石的百分之八十以上。

酿酒在罗斯柴尔德家族所有投资当中的地位举足轻重。法国分支的创始人詹姆斯早在 1868 年就创立拉菲酒庄，至今还保留着酒庄的投资，在世界各地销售拉菲红酒。

拉菲最早见诸史料记载可以追溯至公元 1234 年。这一时期的法国，修道院遍布大小村庄城镇，位于波尔多的波亚克村北部的维尔得耶修道院正是今天的拉菲堡所在。那时很可能已经有人在这里的土地上栽种葡萄。但真正形成规模气候，还是在 17 世纪西格尔家族的到来之后，正是在他们手中，拉菲发展成为出名的大葡萄种植园。

18 世纪初，拉菲堡的酒在伦敦市场上市，很快抢售一空，甚至于英国首相罗伯特·沃尔波在 1732—1733 年每三个月就要购一桶拉菲！曾有酒评家这样描述拉菲红酒："拉菲酒庄的红酒比较内向，不像玛歌酒庄的红酒一入口就很有特点。而拉菲酒要等到 10 年左右她的面貌才会真正呈现出来。"也许正是因为拉菲酒的这种特点，才会被人们称为酒中"皇后"，而征服了欧美的上流社会。

1755 年，黎塞留当选为圭亚那地方总督，临行前，波尔多的一位医生为他开了一副独特的处方：常饮拉菲的酒，这是令脸色红润、身体健康的最有效也最美妙的药。此"药"果然灵验，甚至引起了国王的好奇心。

一天，黎塞留回到巴黎后，受到路易十五的召见和询问："亲爱的元帅，我忍不住要说，自从您赴圭亚那上任以来，您看上去至少年轻了 25 岁！有什么原因吗?"黎塞留连忙回答："陛下，实不相瞒，我找到了那能够使人恢复青春的泉水。我发现拉菲的葡萄酒是一种万能而美味的滋补饮料，可与奥林匹斯山上众神饮用的玉液琼浆相媲美!"

由此可见，法国罗斯柴尔德家族对拉菲酒庄情有独钟也就在意料之中了。1868 年，顶级一等的拉菲酒庄迎来了新主人——詹姆斯·罗斯柴尔德男爵，从这一天起，葡萄酒进入发展繁荣时期；更辉煌的成就是这一年拉菲酒的售价达到了有史以来的最高价 6 250 法郎，相当于今天的 4 700 欧元。这一价格在此后的一个世纪内无人超越。

第二次世界大战期间，随着法国的陷落，拉菲堡未能幸免于难。梅多克地区被德军占领，罗斯柴尔德家族的酒庄被扣押，成为由公众管理的财产。临时政府为保护拉菲使其免遭德军的破坏，于 1942 年将拉菲征用为农业学校。城堡被征用，陈酒被劫掠，加之战争时期能源匮乏、供应短缺，拉菲堡经受了这一切严峻考验。直到 1945 年年底，拉菲堡才重新回到旧主人罗斯柴尔德家族的怀抱。

埃里接手拉菲酒庄之后，一系列重建工程陆续展开，1945，1947 与 1949 年份的酒是这段重建时期的佳作。在酒庄恢复出产顶级酒的历程中，埃里男爵扮演着一个主要角色。在伦敦最早的品酒会上，他是一名积极的参与者；并成为 1950 年成立的葡萄酒酿造者协会的创始人之一。

1973—1976 年，罗斯柴尔德拉菲堡由埃里男爵的侄子埃里克男爵持掌，如果你以为他仅仅是一位迷人而轻松的法国贵族，出生时嘴里就含着金钥匙，所以碰巧掌管着拉菲堡，那就大错特错了。无论从银行业还是到家族酒庄，埃里克·罗西尔德男爵是一位堪称拥有超凡能力的人。在 1974 年从叔父埃里男爵那里接管拉菲堡之日起，他就展开了一系列更新计划——葡萄园重新种植，使用不锈钢新发酵桶，修建了新的环形橡木桶窖。通过改善葡萄园管理，注意葡萄种植和酿酒中的每一个细节，使拉菲的酒在质量一直保持上乘，即使在气候不佳的年份，也有非常好的表现。

受叔叔詹姆斯的影响，1853 年，纳特购买了波亚克附近梅克多城堡中的一片葡萄园布兰——木桐。作为家庭常备葡萄酒，木桐—罗斯柴尔德庄园可谓一项最划算的投资。后来有人说，他买下这个庄园仅花了 120 万法郎，而到了 1864 年 11 月，扣除所有的费用，在这十年期间，每年销售木桐葡萄酒为其带来了 25 万法郎的纯收入。六年后，木桐—罗斯柴尔德庄园的价值提升到了 250 万法郎。

事实证明，罗斯柴尔德在餐饮业方面的投资是成功的。因为酒质高加之善于经营推广，如今拉菲已经是世界上名气最大也最为人们熟知的顶级红酒，就连完全不懂红酒的人可能都听过他的名字。至于拉菲在中国的知名度，就连拉菲的创始人恐怕也意想不到。从 2007—2008 年，拉菲在中国的销售翻了三倍，而拉菲的 45 个标牌在中国均有售，这在其他国家也是罕见的。

投资市场有一句名言："不要把所有的鸡蛋都放在一个篮子里。"因为鸡蛋容易破裂，如果把所有鸡蛋都放在同一个篮子里，万一不慎把篮子打翻了，所有鸡蛋便可能都被打破，没有一个完好的剩下来。因此，比较安全的做法，就是找几个可靠的篮子，把鸡蛋分散地放在不同的篮子里，即使其中一个篮子打翻了，篮子里的所有鸡蛋都打破了，还有其他鸡蛋可以弥补。罗斯柴尔德家族的成功，或许是对这番话最好的注解。

马塞尔·达索没有品味或投资红酒的闲情逸致，他只钟情于飞机制造，其中既有家仇亦有国恨。亡国奴的经历以及德国纳粹惨无人寰的迫害激起马塞尔·布洛克的民族意识，为了擦去心中的沉痛记忆，马塞尔在 1946 年改名为马塞尔·达索，这个名字是弟弟在抵抗运动中使用过的化名。

第二次世界大战结束后，马塞尔回到巴黎，找到战前的合作伙伴本诺·克洛德·瓦利埃和亨利·波泰——他曾经帮助达索建立航空设计室，他们在波尔多—梅里尼亚克机场附近合伙建立马塞尔·达索飞机制造公司，达索第三次投身自己钟情的飞机制造事业。达索继续与军方保持良好关系，他不仅加入夏尔·戴高乐组织的"法国人民联盟"，而且因为法国人民赞赏他对航空工业所作的巨大贡献，选举他为国会议员。

达索全神贯注于研发工作，以 MD315"红鹤"双发轻型运输机和教练机的成功研制为契机，马塞尔研发出一系列成功的机型。1948 年，达索公司推出法国第一架喷气式飞机——"暴风"喷气式飞机，这款飞机性能良好，很快的接到来自以色列的订单。

20 世纪 50 年代是达索飞速发展的时期，也是马塞尔飞机研制的黄金时期。

法国人一向崇尚自由，来自骨子里的民族自豪感让他们一直以昔日强大的法兰西帝国为傲。而到了 20 世纪 50 年代，法国刚从战争中走出来，民族自尊心使民众希望法国政府能够积极参与世界事务，重塑当年雄风，在世界舞台上重现辉煌。总统戴高乐更是具有强烈的复兴意识，以他为首的法国新政权也希望能够通过重建国际地位带领法国走出被德国纳粹恐怖占领的阴影。但是，第二次世界大战后不久，华约和北约组织相继成立，并出现对阵之势，冷战的军备竞赛愈演愈烈。戴高乐总统意识到，法国必须要建立属于法国自己的军事工业，在冷战期间维护法国的完全独立与安全是非常重要的。

反观世界的军事工业形势，在 50 年代空军强国都已进入到喷气式时代，他们的喷气式飞机都具备不错的性能，可以与法国的"暴风"一争高下。而此时法国的战斗机技术仍然不见起色，法国空军迫切希望能够对飞机更新和改进，以保持空军的领先地位。因此政府决定对一种全天候的轻型拦截机进行公开招标，招标书中要求，这种新型战斗机必须能在 6 分钟内爬升至高度 18 000 米，而在此高度平稳飞行的速度必须达到 1.3 马赫。

达索组织公司参与投标，他们的竞标机型为"神秘－三角 550"，这是一种小型的战斗机，正是因为采用了一种独特的三角翼，因此取名"神秘三角"，这也是历史上第一款三角翼飞机。这款飞机的第一架原型机于 1955 年 6 月 25 日首飞，为了保障加速度，他为飞机换装加力式发动机和火箭助推器，成型后将其命名为"幻影 I"。可是，因为飞机的机体太小，作为一款战斗机却只能挂载一枚空对空导弹，显然不能满足作战需要，因此很快被军方放弃。

对于飞机研制着迷的达索并没有泄气，很快便在幻影 I 型机的基础上研制出了幻影 II，大体结构与前者相差无几，将发动机更换为推力为 10 791 牛顿的透博梅卡 Gabizo 发动机，这使得加力推力达到 14 715 牛顿，同时达索对机身做出相应的改进，增强武器携载能力。

就在此时，法国的军事装备战略发生改变。由于国际军事政治环境，法国开始重点转向核武器的研究。

第二次世界大战结束后，日本军队撤离南亚地区，始终保持军事存在的法国希望重新回到战前格局，确立对印度支那的殖民统治，但是第三世界国家普遍掀起独立运动，越南的抗法战争爆发。1954 年 5 月 7 日，法国战败，印度支那法军被歼灭 1.6 万余人，62 架飞机被击落或者摧毁，包括卡斯特里准将在内的全部参谋人员被俘虏。

越南战事的惨败极大地刺激了法国政府对核武器的野心，进一步刺激法国加快核试验进程的是苏伊士战争。在民族独立运动风起云涌的年代，1956 年，埃及政府也加入到独立运动中，7 月 26 日他们宣布将苏伊士运河公司收归国有。为了重新控制苏伊士运河，1956 年 10 月 29 日，英法联合以色列对埃及发动军事行动，却迅速在 11 月 6 日签订停火协议并立刻撤军，原因在于美国的制约与斡旋。法国由此认识到，美国不可能为法国利益而做出牺牲，不能完全依靠美国的核保护承诺。11 月 30 日，法国国防部和原子能委员会开始核试验。

法国政府核战略思想逐步创立，国防从防守转向进攻。在此思想指导下，法国军方要求在飞机研制上摆脱截击机的限制，新飞机必须具有一定的进攻性。因此，单纯作为截击机而设计的幻影 II 显然达不到法国空军的要求，马塞尔被迫放弃，他在幻影 I 的基础上研制出一种新型作战飞机，新型飞机整体设计比幻影 I 重 30%，特别是机身中段有明显的蜂腰，整体机身采用先进的跨音速面积律设计。而动力系统采用的是斯奈克玛公司最新研制的阿塔 101G1 发动机，这种发动机最大推力达到 43.2 千牛。马塞尔按照研发编号将其命名为"幻影 III"。

"幻影 III"安装有 SEPR - 66 助推火箭。飞机具有较强的机动性能，最大飞行速度达到惊人的 1.52 马赫。后来，马塞尔为其换装性能更好的阿塔 101G2 发动机，在随后的试飞中最大速度甚至超过 1.9 马赫。幻影 III 的优异性能使法国空军欣喜若狂，立即订购 10 架并对预生产型的飞机提出一些建议。

经过不断改善，马塞尔生产出"幻影 III A"。幻影 III A 型机比幻影 III 大一圈，机身长了 2 米，机翼面积也增加了 17.3%，并装备性能更强劲的阿塔 09B 发动机，这款发动机在正常情况下推力达到 43.2 千牛，如果开加力推力可达到 58.9 千牛，同时保留 SEPR 火箭助推器。首架幻影Ⅲ A 在 1958 年 10 月的试飞中最大速度达到了惊人的 2 马赫，追求完美的马塞尔对飞机继续改进，在第二年的试飞中最大速度达到 2.2 马赫，这使得幻影Ⅲ A 成为欧洲历史上第一款速度超过 2 马赫的作战飞机。马塞尔又连续生产出 6 架更具作战能力的幻影Ⅲ A，这六架飞机装备了汤姆逊 - CSF 公司的西拉诺空中截击雷达，很快就装配给法国空军战斗机部队。

1960 年 10 月，马塞尔正式投产改型飞机，编号为幻影Ⅲ C。量产飞机装备阿塔 09B.3 发动机。马塞尔给发动机配备了一个超速系统，一旦飞行速度超过 1.3 马赫，该系统就会操纵飞机超速飞行。为了延长航程，该机可以吊挂 625 升、1 100 升、1 300 升和 1 700 升四种容量的副油箱。机上武器为两门位于进气道下方 30 毫米德发转管机炮，每门备弹量 125 发。挂点方面，前期生产的只是机身中心线和两侧机翼下共计 3 个，后期生产的 C 型在每个机翼外侧又加装了 1 个挂点，使得能够挂载武器的挂点达到 5 个。武器携带方面，在执行截击任务时，该机可以挂载两枚响尾蛇空空导弹和一枚马特拉 R530 空空导弹，这枚 R530 空空导弹由机上装备的西拉诺截击雷达引导制导；执行对地攻击任务时，可以挂载无制导炸弹和各型火箭弹。

马塞尔·达索认为战斗机在高强度的空战中飞机可靠性将是影响作战性能的最大因素，为此机上的空调系统和液压系统均采用双套系统，一套留作备用。优越的性能吸引了大量的外来客户，以色列一直与法国保持着军事武器的往来，因此也最先引进了大量的该型战机。

这位传奇的航空巨人，他将对战机的个人爱好和技术进步很好地结合起来，此外，马塞尔的谨慎细致业界共知。在飞机的研发过程中，他要求每架飞机上一次只能有一项重大的改进，比如当他在改进飞机的机翼的时候肯定要保持机身造型和发动机不变，而改进武器系统的时候要保持座舱不变。他在回忆录中写道："我始终要自己确定飞机的特点，诸如决定机身的长度、机翼的翼展和负荷、尾翼的位置、发动机的类型等。"胆大心细的马塞尔·达索不仅为法国飞机研发历史划上浓墨重彩的一笔，也使得法国诞生一家实力强大的500强企业——达索工业集团。

1986年4月18日，马塞尔·达索逝世，葬礼上云集政界、军方和工商业界要员，包括时任法国总理、后来担任总统的雅克·希拉克和两院议长等，希拉克在致辞中说："达索的逝世是法国的一大损失，他是在世界航空史上奏下了光辉业绩的几个幸存的先驱者之一……"

梳理法国商业教父的成长史，更像一部国民生活史或富豪财富史，商业演化与生活提升的节奏完全吻合，与财富增长路径环环相扣。第二次世界大战结束之后，经济发展、就业增加，家庭主妇走出"牢笼"，此起彼伏的女权运动呼唤女性苏醒，化妆品、时装、香水等时尚产业兴勃顺理成章。与此同时，民众生活水平的提升也催生超级市场、连锁酒店、红酒等产业的发展，这是家乐福、雅高和罗斯柴尔德家族的机会，他们把准了时代脉搏。

商业在改变人类生活习惯的同时，也决定财富走向。不过，人们很难说清究竟是市场需求推动企业发展还是企业营销改变消费习惯，就像不知道是家乐福改变消费习惯，还是消费潮流催生家乐福发展壮大。不过，军工背景的达索集团则是特例，但严格来说，他们高速发展的黄金时期，也得益于时代变局——新的战争。

由商业、财富、生活融汇交织的大历史看似随意偶然，发展逻辑却严密细致。在接下来的新时代，哪位商业教父将傲立潮头？财富又将流往何处？

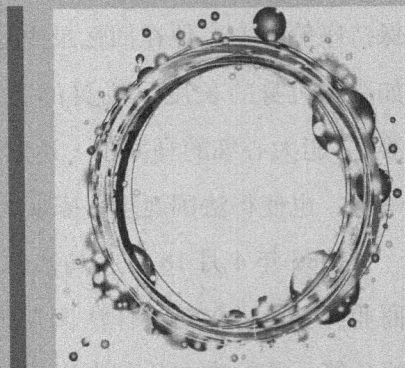

第10章

创新有道

在冷战思维盛行的 20 世纪 70 年代，世界焦点无疑聚集于中东地区。1973 年爆发了第四次中东战争，虽然战争地域只限于中东地区，但是这次战争的附属效应却远远超出战争区域。阿拉伯国家利用原油产量地位，团结起来对石油进行禁运。石油输出国组织中的阿拉伯国家为了支持盟友打击以色列及其支持者，决定收回石油定价权，将原油价格从每桶 3.011 美元提高到 10.651 美元，石油危机漂洋过海，引发世界经济危机，遏制了大部分工业国家的 GDP 增长率。

人为的操作石油价格可以通过经济制裁解决，第二次石油危机使得每桶原油价格从 1979 年的 14 美元涨到 1981 年的 39 美元。虽然法国也没有逃脱石油价格上涨的影响，法国 GDP 增速下降到 2.5% 左右，辉煌 30 年过后，法国经济增长进入滞胀阶段。

全球石油危机，国内经济低迷，面对内忧外患，法国商业教父怎样逆境生存，危中寻机？

唯有创新。

创新是真正带动一个国家发展的驱动力，哪里有创新哪里就有经济增长的潜力。纵观世界经济的发展历程，每次世界中心的转移都是经济中心的转移，而经济中心所在地都是创新发生的集中地。

在封建社会，中国的农业技术不断更新，而中国也成为世界经济的一个中心。早期的远洋探险，各路探险家们开辟了无人居住的陆地，这样的创新壮举带动了荷兰等国家的崛起。近代的前两次工业革命，英国凭借着工业技术的创新与应用，迅速接过世界经济中心的接力棒。第三次工业革命率先在美国生根发芽，美国也由此成为世界霸主。

大到国家，小到企业。一次商业模式的变革，一次技术的更新，一次组织结构的再创造，一个作业流程的改造，这些都是创新的内容。法国商业教父正是依靠创新，在 20 世纪 70 年代石油危机的阴霾下，仍然带领企业保持强劲发展势头。

阿奈特·鲁是法国鼎鼎有名的企业家之一，也是为数不多的女强人之一，通过对趋势的把握、不断创新和科学管理，在 20 多年里，她将濒临倒闭的家族企业，发展成为世界上最大的游艇制造公司之一——贝纳特游艇制造公司。

阿奈特 1942 年出生于法国一个小渔轮制造商之家。自幼无论在读书、游戏、劳动方面都是家庭四个孩子中最机灵的一个。但是，她少年时候的梦想与造船毫无关系，而是进入一家法国银行，她梦想中的生活是留一头披肩长发，穿上银行的套裙，手里夹着公文包，穿梭于高楼大厦之间。的确，这是当时很多女孩子的梦想：有舒适的工作环境，保持漂亮干练的形象，拿丰厚的薪水。但是，天不遂人愿，中学刚刚毕业，家里就把她送到一家小公司当秘书，协助老板处理商务。在一年多的日子里，她看到商人不相信承诺、不相信眼泪、缺乏温情、不顾家庭的种种表现，内心产生一种强烈的念头：在生意场上与男人一争高低。

"世界造船业的发展周期总是伴随着世界航运业的兴衰周期发展的，而世界航运又受到全球宏观经济和能源供求的重大影响。"[1] 1956年，由于苏伊士运河禁运，航运业出现蓬勃发展的势头，特别是油轮市场迎来发展高峰期。但是时间不长，苏伊士运河重新开放，造船业出现下降的趋势，加之美国经济出现衰退，受美国经济援助计划支持的国家也都受到波及，世界造船业因此出现危机。

1964 年，法国政府为了维持本国造船业的发展，给予中大型船厂一定的补贴，许多大船厂靠国家补贴还能够勉强维持运营，但是阿奈特家族经营两代的贝纳多船厂却因为规模太小没有得到政府资助，面临倒闭。家族船厂掌门人是阿奈特的父亲，他已年迈多病，无力继续支撑船厂的发展，为了延续家族产业，父亲把船厂交给精明的阿奈特·鲁来来掌管。临危受命的阿奈特并不喜欢造船业，但是为了家族荣誉，只能挺身而出："我和兄妹属于贝纳多船厂第三代，没有权利丢掉祖辈留下的宝贵技术遗产，我们没有权利不争气"。

同行们都想知道这位 22 岁的女孩怎样维持家族造船厂的生存，于是频频与她交往。但是每次阿奈特去参加活动，开始总是带着迷人的微笑，然后与众人兴致勃勃的讨论，可是一旦话题涉及造船，她则闭目养神，顾左右而言他，甚至打瞌睡。阿奈特故意摆出一副漠不关心的姿态，以麻痹竞争对手，以致背地里被人调侃说她带有英国人的 3S：smile、silence 和 sleepy，即微笑、沉默和瞌睡。

阿奈特不以为然，她每天忙于调查市场需求，分析市场趋势，并从中发现，随着法国旅游业不断发展，政府甚至建立福利旅游体系，海上

---

[1] 近 50 年造船业历次危机 [N]. 上海证券报，2008—11—27（B6）.

旅游必然会成为新的热点，如果把渔艇加装游艇的设施和功能，一定会引起年轻人的极大兴趣。阿奈特设计、制造出捕鱼游览两用船，客户既能享受航行旅游的乐趣，又能体验渔民生活。

在营销上，阿奈特有很多创新想法。竞争对手都以为她碌碌无为，迟早关门，阿奈特已经准备在法国水上用品展览会上放手一搏。当她走遍整个展览会场都没有发现与自己的新产品相似的船只时，忐忑不安的心才放松下来。果不其然，她的两用船一经推出来就被围得水泄不通，爱标新立异的富豪们对此宠爱有加，当场有人订购 100 艘，展览会上的订单能够满足船厂大半年的生产。就这样，船厂起死回生，这也为后来船厂的转型打下基础。

既然拿到订单，阿奈特就要想办法提高生产效率，早日交付。当时大多数船厂都在以裁员的办法维持生计，失业的阴影弥漫整个行业，阿奈特不需要太多的管理手段就能调动船厂员工积极性。生产效率大幅度提升，制造一艘船所需的时间从原来的 250 小时减少到 150 小时，效率提高意味着单位成本下降，而船厂的销售额则出现大幅上升，这时阿奈特的造船厂已经颇具竞争力。在危机的时候让工人们多出力却不至于罢工，这种度的把握是管理者高明与否的重要体现，阿奈特的脸上经常充满笑容，却是笑里藏刀，造船工人曾经毫不客气地评价她的做法是"海上行劫而没有让船只倾斜"。

通过游艇业务，船厂走出危机，阿奈特意识到游艇制造将来会成为引领造船业增长的重要支撑，于是决定调整经营方向，产品类别上以游艇取代渔船，生产材料上以聚酯代替木材，产品系列上以多档次产品取代单一物美价廉的产品。在经营方向转变之后，公司进入快速发展的轨道，连续多年保持年利润 255% 的增长速度。而原有的老厂已经远远不能满足订单的增加，因此她专门成立游艇制造公司，并在拉克鲁瓦德维小镇上另外增建6个工厂。为了便于管理，她将这些工厂都设在公司几千米范围内，方便经常到现场查看生产情况。阿奈特对生产、贸易和运输也事必躬亲，周围的传统老船主们对这种精细化管理嗤之以鼻，可最终经受住风浪的却是这个严厉、坚强的女人。

1976年，阿奈特总结10年来游艇的发展历程，提出建造"孚斯特"系列帆船的想法。同行业竞争对手们认为阿奈特把舒适安逸的自动化游艇变成需要扯动风帆的一叶扁舟，此举毫无创新可言，反而是一种倒退，对其不屑一顾。当然，阿奈特执掌公司以后，从来没有把行业理论家的观点当作战略决策依据，更没有把他们的嘲讽放在眼里。1978年，阿奈特的孚斯特帆船正式投入国际市场，这种帆船迎合了年轻人既爱好挑战又讲究生活品质的心理，在市场上引起不错的反响。世界帆船组织将其评为"最佳航帆"，无疑是对阿奈特的肯定，"孚斯特"系列帆船的销路从此长盛不衰。

从20世纪70年代起，旅游业开始在世界范围内兴盛，阿奈特坚信这种趋势将对游艇产生极大需求。因此，她组建了一个强大的销售网络，在美国、英国、瑞典、西班牙、安特列斯群岛等地都有销售网络或者分公司，同顾客保持密切的联系。阿奈特也经常召开由销售团队组成的会议，分析顾客特别是驾驶员需求的变化，根据市场的变化，阿奈特不断推出符合顾客需求的新型游艇。正是阿奈特公司时刻关注市场的变化，使公司的海外销售额增长67%，成为当时全球最大的游艇制造商，并在1984年获得世界著名的"奥斯卡出口奖"。记者采访她时问道："最理想的东西是在顾客意识到自己未来的口味之前就推出新产品，而怎样才能发现顾客的口味呢？"，她随口答道："凭女人的直觉。"

阿奈特的经营之道就像帆船比赛一样，不仅要看清强劲的竞争对手，还需要准确感觉到风向，并及时调整航向。

20 世纪 70 年代石油危机爆发后，在伊朗的一家法国企业继续扩大项目施工，而且未受影响，生意日渐兴隆，这就是布依格公司。

布依格公司创立于 20 世纪 50 年代，第二次世界大战结束不久，大量工厂需要重建；战后法国借助于美国的经济复兴计划，经济快速发展，开始大规模的工业化和城市化运动。创始人弗朗西斯·布依格早年曾为预应力混凝土技术先驱弗莱西奈担任助手，对建筑行业了如指掌。1952 年，弗朗西斯看准时机，从法国里昂信贷银行贷款 1 700 美元创立布依格公司，这年他 30 岁。创业之初，条件极其艰苦，像欧莱雅创立之初一样，弗朗西斯将公寓设为公司办公场所。公司业务从零零碎碎的小工程开始，没过几年，正好赶上法国政府的政策扶持。

由于法国各地区的经济发展严重不平衡，巴黎占到法国国土面积不足 2%，却容纳 20% 的法国人口，而占国土面积不足 17% 的东北地区占到总就业人口的 51%。1954 年，法国开始限制大城市的发展，发展中小城市，建立协调的城市网络。法国这项整治活动的首要举措是调整工业布局，国家鼓励巴黎和北部工业区的企业迁入落后地区办厂，给予优惠和补贴。另外一个举措就是大力发展落后地区的原有企业，法国政府积极支持，并大力兴建基础设施，以发展中小城市和小城镇，在巴黎等大型城市周围修建新型城市。

这一系列的措施无疑为成立不久的布依格建筑公司提供了快速发展的机会，布依格的业务范围也逐步进入房地产和市政领域，公司承建大量的厂房、医院、学校、公共建筑等。据统计，从 1952—1960 年，布依格公司的营业额以每年高达 70.2% 的增长速度迅速发展壮大，公司人数由当初的两个人发展到一千多人，这在战后复兴的历史上是非常罕见的，而到了 1970 年，公司营业额更是高达 20 亿法郎，这一年，布依格公司在巴黎证交所上市，成功融资 5 亿法郎。1972 年，布依格公司成功承建巴黎王子体育场，正式进入法国公共工程市场。

在法国本土站稳脚跟后，布依格公司又马不停蹄地开始海外扩张。而弗朗西斯的扩张思路却与别人不同，大多数企业家通常选择经济发达、政治稳定的地区，弗朗西斯却前往经济不发达的中东地区。第二次世界大战之后，人们对战争的恐惧抑制世界范围内大的战争再次爆发，即便冷战时期美苏冲突和矛盾不断，双方仍极力避免引燃世界大战的导火索，而更多的竞争体现在科技军备竞赛和外交争端上，军事冲突则体现在各自支持地区代理人进行的区域战争，其中最激烈的地区不是远东、拉美、非洲，而是中东地区，这里种族、宗教、地区矛盾和历史遗留问题众多，为大国插手这一地区事务或者支持冲突提供了充足的理由。

1974 年，弗朗西斯力挺公司进入伊朗开展业务，并以极低的价格中标伊朗亚运会体育馆项目——这是公司第一个海外项目。为了使公司迈向国际建筑市场，弗朗西斯不惜报出最低价格，甚至起标价比竞争者柏克德低 30% ~40%。布依格公司出色地完成了伊朗体育馆项目，这给他们带来后续住宅工程业务。

在伊朗的成功很快使布依格公司的业务扩展到伊拉克，在这里参与修建了一个核设施。通过这笔合同，布依格公司在中东有了立足之地。

弗朗西斯没有忘记中东是一个充满宗教、习俗以及信仰等诸多矛盾的地区，他时刻保持清醒的头脑，执行更加严格的财务政策，加强自我保护，避免损失。精明的布衣格在进入市场之后，谨记在高风险时不能通过贷款来承揽工程，而应该时刻保持警惕，正是得益于这一系列措施，布依格公司在 1978 年迅速撤离伊朗，公司毫发未损。

弗朗西斯在中东地区的成功，为布依格公司在中东之外的西非赢得了一些电站和大学的建设合同，其中最重要的就是 20 亿美元的沙特利雅得大学项目，这是当时世界上最大的建设项目。但是，对于规模不大的布依格公司来说，如此巨大的项目无法独立完成，但是弗朗西斯一向坚持对项目拥有绝对控制权，尽量避免与别人联合行动，他常挂在嘴边的话是："我没有同事，我只有竞争者。"因为其特立独行的个性，他在业界被称为"混凝土先生"。

国际建筑市场竞争激烈，形式多变，如何快速应对国际市场变化，对公司的政策及时做出调整，弗朗西斯心中有数，他明白这个项目对公司意义重大，如果坚持以往的主张必将在竞争中惨败，但是公司的失败不是竞争对手造成的，一定意义上是自己败给自己。

弗朗西斯因时而动，打破常规，在保证布依格公司对所有决策有最后决定权的前提下，主动和美国 Blount 公司组成联营体，布依格拥有联营体 55% 的股份，该联营体成功获得并完成这个规模史无前例的固定价格合同。

每一个世界级品牌的形成，都是需要长期积累，经过几代人孜孜不倦奋斗的结果，而这些品牌就是一个国家历史甚至是世界历史的活化石，比如路易·威登。这个充满魔力的品牌经历了一百多年的磨砺，它的展示柜中的商品不仅代表品味与气质，更代表一百多年来路易家族四代人的坚持与创新。

1817 年，路易·威登出生于法国小村庄安切的木匠家庭，像大多数传统农民家庭一样，子承父业是大多数人的选择。14 岁以前，路易·威登终日生活在木屑堆当中，跟随父亲做了很多木工活，他甚至在 10 岁就能通过手艺养活自己。14 岁这年，他只身前往巴黎闯荡，没有可以投靠的亲戚朋友，饥累交加，在街头游荡，最后一个皮具店的老板娘给了他一碗饭吃，这让路易感激不尽。

路易·威登在巴黎的第一份工作是服装厂的捆衣工，这份工作十分单调，每天在充满尘土与纺织品混合的特殊气味的仓库里面，将一件件衣服捆扎在一起，然后运送出去。工作一段时间后，他发现死气沉沉的工厂没有一点生机，更不要妄言谈理想。他想到当初施舍过的老板娘，前往投奔，老板娘答应他留在店里担当学徒。路易·威登聪明努力，深受老板娘喜欢，因为木工技术娴熟，懂得如何将皮箱做得结实牢固，之前在服装厂经常装卸衣服，也使得对如何利用皮箱的空间极其关注。

1844 年，拿破仑三世登基不久，法国版图扩大激起欧仁尼皇后游历欧洲的欲望，但是旅行的兴致常常被一些小问题干扰，特别是皇后的衣服总是不能妥帖地待在行李箱中，这次去英格兰旅行的衣服已经多得装不下。皇后派仆人到路易·威登所在的店铺买皮箱，结果发现他擅长整理衣物，就带入后宫，展示做捆衣工所练就的绝活，既节省空间，又使衣服平整的摆放。皇后兴奋不已，已经被路易·威登的叠衣服技能折服，欣然留下这个聪明的小皮匠，路易·威登成为皇后御用的捆衣工和皮箱整理师。

1854 年，欧仁妮皇后在奥地利旅行的途中，爱上一个叫安特率的小伙子，以"月神"自居的她认定安特率是阿尔忒弥斯的前世情人——奥列翁。为了将他带回宫中，皇后费尽心思，最后想出一个办法，让路易·威登赶制一个巨大的箱子，内部按照人体工学设计，不仅要保证成功蒙骗众人，将安特率带进后宫，而且要让他躺在箱子里面舒适，以熬过漫长旅途。路易·威登不得不制作一个巨大的透气箱子，安特率进入箱子后，将其混放在众多的行李箱中潜入后宫，这一招果然奏效，成功骗过拿破仑三世及安保护卫。

这次成功之后，皇后变得肆无忌惮，经常在旅行途中运回情人，而受苦的是路易·威登，他不得不为皇后赶制各种各样奇怪的箱子。随着皇后情人的增多，路易·威登越来越感到后怕，如果有朝一日皇后东窗事发，自己难辞其咎，必将受到处决。即使此事不被外人所知，皇后也会为了掩盖真相而将自己灭口,路易·威登考虑再三,主动请辞,以退为进,换取事业的进一步发展。路易·威登如愿离开皇宫,用所有积蓄在香榭丽舍大街开了一家皮箱店,LV 就此诞生。

路易·威登推出的第一款产品是灰色帆布镶面的平底方形箱 Trianon-grey,这款产品灵感来自于为皇后制作平顶箱的想法,精致的做工,人性化设计,尊贵的外观,推出后让贵族趋之若鹜。这款产品迅速被其他皮具店仿造,路易·威登的设计成为一种潮流,还在世界博览会上赢得一枚铜质奖章,使路易·威登的品牌迅速在国际市场上流行起来,他的客户包括曾经支持苏伊士运河开凿的埃及总督赛义德·帕夏、俄国皇储尼古拉、西班牙国王阿尔封斯十二世等。

1889 年,路易·威登在设计上拓展新思路,他将跳棋棋盘的元素引入皮箱设计,推出棕色和栗色相间的棋盘格子皮箱,为了打击假冒产品,他还在皮箱上印有"路易·威登品牌验证"的标示,重视品牌、保护产权的做法在当时实属创举,这是路易·威登的第四次创新,但仍然没有逃脱被大量仿制的命运。

乔治·威登接管路易·威登之后,致力于将品牌推向世界,在宣传上,他最擅长的是借助博览会进行推销。1893 年,他在美国芝加哥世界博览会上将产品推向美国,之后又多次游历纽约、费城和芝加哥等大城市,推广路易·威登品牌。1900 年玻璃世界博览会期间,乔治被授权组织和设计世博会的"旅行用品及皮具"板块,这无疑是路易·威登大力宣传的好机会。1904 年,乔治担任圣路易世界博览会主席,在接连几年的博览会上出尽风头。

从 1893—1931 年,在乔治·威登执掌家族企业将近四十年间,他一共推出 700 余款产品,这意味着每 20 天左右就有一款路易·威登新产品问世,每款产品既是设计师的成功,也是公司的创新推动。在乔治任上,最大的创新活动就是 1896 年推出结合父亲姓名设计的独特字母组合标识"LV"，并配以花朵图案，与帆布材料相结合，形成具有标识识别功能的"字母组合帆布"。在乔治·威登掌权时期，路易·威登品牌真正成为享誉全球的名牌。

1936 年，LV 第二代掌门人乔治·威登去世，他的儿子贾斯通·路易·威登接管帅印。在第二次世界大战中，贾斯通带领公司为部队制造军用皮箱，这种皮箱可以在需要的时候折叠成担架使用。战争结束后，法国经济乃至世界经济都将经历一段不短的萧条期，分布法国各地的手工作坊陆续关门倒闭，这里恰恰隐居着很多手工作坊技艺高超的手工艺人，贾斯通敏锐发现这个招纳人才的机会，将这些人招至 LV 门下，进行系统培训后，大部分工匠都成为 LV 的忠实雇员，此举不仅扩大了 LV 的生产能力，而且提升了其质量水平，LV 因此成为世界上最具加工实力和拥有顶级生产水准的奢侈品牌。

为了复苏家族品牌，贾斯通在营销方面下足功夫。1951 年，法国总统奥里奥尔准备访问美国，当时美国经济呈井喷式发展，消费需求异常旺盛，社会上流阶层对奢侈品有着强大的需求。虽然乔治·威登已经在美国纽约建立分公司，但是贾斯通认为 LV 在美国的品牌影响力还有待挖掘。因此，当贾斯通得知这个消息之后，立即通过各种渠道积极公关，一直以来，凭借 LV 的品牌号召力，贾斯通与政界人物保持着良好的联系。最后，LV 公司为法国总统奥里奥尔的美国之行提供了全部旅行物品，借助法国总统的高贵品质与优雅生活态度，LV 在美国牢固树立优雅高贵的品牌特征，市场也迅速打开。

1959 年，帆布工业出现技术改革，市面上出现新型帆布，这种帆布不仅柔软而且外部具有一定的防水效果。贾斯通借助新材料，推出新型"字母组合"风格的箱包，用 Monogram 帆布生产新款手袋。从 1959—

1965 年的 7 年间，贾斯通推出的产品种类甚至超过父亲，他每年都推出 25 类总计 175 款新产品。尤其是具有特殊用途的高品位箱包，有的是配备玳瑁和象牙的梳刷及镜子的箱子，有的是缀以纯银的水晶香水瓶的箱子。

与此同时，LV 的国际化步伐也在推进。作为第二次世界大战的战败国，日本经济虽然遭受毁灭性打击，但是战后却迅速复苏，到 1965 年已经进入快速上升期。此时日本国内的消费形势与 50 年代初期的美国极为相似，贾斯通在东京开设分公司，为 LV 规划出发展方向，就是通过迅速进入经济高速发展的国家，实现 LV 品牌的全球扩张。1969 年，贾斯通去世，业内认为 LV 辉煌的黄金时代也就此结束。

家族第四代掌门人亨利·威登将重心放到运用新的商业思想重新诠释品牌形象上，他期望用历史的角度来重现 LV 品牌的魅力。亨利高薪聘请著名作家皮埃尔·达利巴尔为威登家族著述《记忆中的行李箱》，这本书从历史角度建立了 LV 品牌的深厚底蕴以及文化意义，出版后不仅确立了 LV 在法国文化中的精神地位，而且重塑了法国人民对本民族文化的信心。

其实，LV 家族一直有记录的习惯。路易·威登在创立品牌之后，就开始编写商品目录。1892 年，他发行了第一份包含皮箱、手提包和床具的产品名录，这份目录中，路易·威登详细记录了每个发明的细节以及相关技术，这实际上成为 LV 品牌的发展简史，许多研究人士都通过这个目录来研究 LV 品牌。

乔治·威登继承了父亲记录历史的习惯，他很早就意识到，如果"LV"品牌只着眼于在报刊上维持知名度，那么它只能影响人们当下的生活，它的真正艺术价值与品味未必能够永流传。因此，他写了一部名为《从古到今的旅游》的著作，书中将 LV 品牌塑造成历史必然产物，并认定父亲是上天注定的艺术大师。

品牌塑造，绝非一朝一夕，一丁一卯，而是长久积累、用心打造的系统工程。商业史浩浩荡荡，兴也勃焉，亡也忽焉，品牌如丰碑，即便身故，但灵魂还在，如同 LV 给世人在情感和精神上的激励，不只是享受。以至于很多人豪掷千万，追求的不是皮箱、手袋，而是两个字母——"LV"。

达勒接掌欧莱雅之后，一方面通过一系列收购壮大欧莱雅的版图，一方面将欧莱雅的创新基因融入新加入的品牌中。1973 年，达勒收购圣德拉堡药物公司的大部分股份，这家公司是法国药物行业的领军企业，收购将使欧莱雅公司快速投入到皮肤病学和皮肤病药物学的研究当中，而这些研究将推动公司生产更适合生理学的化妆品。从此，欧莱雅不仅致力于化妆品的研究与生产，而且逐步开始涉及与人类皮肤密切相关的皮肤病理学的研究。

同一年，欧莱雅还收购 GEMEY 大部分股份，这家公司成立于 1923 年，后来发展成专注于粉底霜和粉饼生产的彩妆品牌。收购完成后，欧莱雅迅速在彩妆零售市场占据重要位置。4 年之后，欧莱雅收购 GEMEY 剩余股份，还收购了另外一个彩妆品牌 RICILS。

达勒每次收购都为了丰富欧莱雅的产品种类，欧莱雅的产品从护发染发到护肤，从无机到有机，从彩妆到药妆，众多产品种类无所不包。欧莱雅帝国的版图迅速铺开。而在扩张的过程中，达勒也意识到将欧莱雅的创新基因移植到其他品牌中的重要性。在后续的经营中，达勒充分利用欧莱雅原有研发能力为新品牌增加活力——欧莱雅专注于护肤品、彩妆产品和香水研究的各种实验室迅速出现。

1972 年 6 月，马歇出任法国共产党总书记，上台后迅速与法国社会党领袖密特朗和法布尔建立联系，并联合对左翼政党进行改组，两党走向联合。他们通过共同政府纲领。为了避免被法国政府国有化，达勒思前想后，向莉莉安妮提出与一家外国企业进行股份合作的建议，因为只有与外国企业合作，政府才能照顾国际企业的股份情况，放弃国有化。这个建议得到利利的支持，他们选择的合作对象是瑞士的雀巢公司。

皮埃尔·利奥塔尔·福格特是雀巢在法国分公司的负责人，生于 1909 年，1934 年加入雀巢集团，他的父亲是第一次世界大战之后雀巢四个行政代理之一。第二次世界大战前后在法国负责多国股份，谙熟生意之道，在工作中表现出非凡的能力。早在 1967 年，他就与欧莱雅总裁弗朗索瓦·达勒取得联系，开始表达与欧莱雅合作的想法。

皮埃尔找达勒会谈的主要目的，就是想知道莉莉安妮·贝当古对双方合作的态度，怎样的方式和前提才能让这位女主人达成共识。围绕着这个焦点，双方开始细心研究。但是这样深思熟虑的时间并不长，从 1970 年开始，两家企业开始了新的接触，对话是在双方最大的信任与最严格意义上的秘密中进行的。他们的负责人都非常信任对方。最后一轮谈判的地点选在莱芒湖畔的海水浴"三冠"老旅店。

很快，弗朗索瓦·达勒便极力促使双方的接近。他告诉人们，雀巢的总部便设在瑞士罗芒区沃韦，那儿的人讲法语。他还指出雀巢如果被一种"意欲征服的精神"所指引，那么他们便证实了其道德行为方面的严谨："雀巢可从来不弄虚作假。"

皮埃尔·利奥塔尔－福格特做总裁以后，他担心的是法国政府及舆论的压力。两方能够达成共识是一回事，但人们能否接受他们合作是另一回事。在法国，即便欧莱雅还不是最强大的集团，也已经是法国旗下的一朵奇葩。即使双方同意合作，也需获得财政部门的认可。

因此，双方尽管在不断接洽，却做好了最坏的打算。但是，事情却出现了转机，1973 年年初，双方加快合作材料交换的频率。弗朗索瓦·达勒回忆说，财政部给开了绿灯，司法程序也在财政部领导的指引下得以完成。

1974 年 3 月 8 日，合作草案终于浮出水面。在新闻联合公报中，人们可以读到："雀巢食品公司将开创良性多样化联合……如欧莱雅有意，则可依赖雀巢公司进驻到亚洲、澳洲或北美洲更快捷地扩大生意……"合作协议中规定，莉莉安妮及家族成员与雀巢公司共同成立一个名为 Gesparal 的股份公司，其中莉莉安妮一方持有公司 51% 的部分，雀巢公司持有剩余 49% 的股份。通过该公司持有欧莱雅公司 53.7% 的欧莱雅资产和 71.7% 的股票权，莉莉安妮实现了对欧莱雅的控股。同时，莉莉安妮与雀巢公司间接持有欧莱雅 27.39% 和 26.31% 的股份。作为交换条件，莉利安妮本人获得雀巢 4.06% 的股份，成为雀巢最大的个人股东。但是这个方案在申请法国政府批准时并不顺利。因为此时法国出现了所谓的 "Roussel Uclaf 公司症" 现象。

Roussel Uclaf 公司是法国医药研究的顶尖企业。但是在最大股东逝世之后，公司管理层没有解决好接班人的权利交接问题，从而被德国 Hoechst 公司乘虚而入。德国人迅速控制这家公司，让法国人义愤填膺。法德历史上就矛盾重重，虽然已经进入和平年代，但是法国一直视德国为重要的竞争对手。法国政府眼睁睁看着顶尖企业转让给德国人，感觉国家遭受巨大的损失，因此法国政府规定：在法国企业与外国企业的股份合作协议中加入 20 年股权不得出售。

3 月 22 日，双方的联合正式得到法国政府的许可。26 日，双方签署一式六份的 "股金合同"，两家集团在资金上相连，但各控各的企业，他们以一种自由联合的形式建立了一家新的机构。

根据瑞士律师夏乐·蓬塞的说法："雀巢和欧莱雅就像树袋熊与桉树的关系，密不可分。"两个集团相互支撑着，自 1986 年以来，他们在滨海阿尔卑斯省的索菲亚—昂蒂波利斯创建 Galderma 实验室，并在研究领域进行合作，双方平均拥有该实验室股份。这一合资企业渐渐地在产品和皮肤病专科医药销售方面蓬勃发展起来，2000 年销售额增长超过32%。

在国外，欧莱雅的某些部署与策略也在合作之后变得不那么艰难，例如欧莱雅在加拿大和美国建立分公司的时候，欧莱雅通过美国的考斯麦尔和加拿大的考斯麦尔这两大特殊的经纪渠道推销它的产品有 30 多年。开始尚在创始人欧仁·舒莱尔的控制之下，后来由雀巢、欧莱雅、弗朗索瓦·达勒、雅克·科莱兹这样的合作伙伴进行。北美双胞胎的发展主要还是依赖"瑞士朋友"的财富，因为法国当局长期以来一直在阻止欧莱雅把资金向国外输出以进行购买。通过这种形式的发展，欧莱雅在国际领域实现了大踏步的跨越。

几十年来，有关欧莱雅被它的小股东雀巢公司控制的谣言经常出现，并且被描绘得像模像样，有头有尾。尽管事实并非如此，但是欧莱雅和雀巢合作之后，人们对于欧莱雅被雀巢吞没的担心却从没停止过。

不过，欧莱雅一直遵守政府的这项法令，截至 2009 年 12 月，莉莉安妮间接控制欧莱雅公司 31.0% 的股权，雀巢间接持有 29.8% 的股权，在 Gesparal 的股份公司中，他们的控股比例仍然为 51% 与 49%。不过，1988 年雀巢规定单一股东持有的股票份额上限为 3%，因此莉莉安妮持有的雀巢股份下降到 3%。

在此期间的 1975 年，欧莱雅涉足艺术领域，成立当代艺术中心，与艺术家一起发布"多样性产品"。但是，经过 20 多年的经营，艺术中心并没有成为欧莱雅的创新源泉，反而如同累赘，越走越艰难。1997 年，欧莱雅以精力太过于分散为由，变卖艺术中心，将精力返回到美容产业，此后，他们一直宣称"欧莱雅只制作化妆品"，并坚持这个理念。

在企业发展过程中，从来不会一帆风顺，企业内部管控风险时刻都会发生，外部环境和政策变局往往不期而至。商业总是令人捉摸不透，就像商人阴晴不定的性格。在接下来的几年中，石油危机的阴云渐渐褪去，在法国大企业中却刮起一股多元化扩张的浪潮，这段时间堪称跑马圈地的"黄金岁月"。未来就像硬币的两面，有人满眼绝望，有人满怀希望；有人举步维艰，有人跨步向前。

第11章
并购与扩张

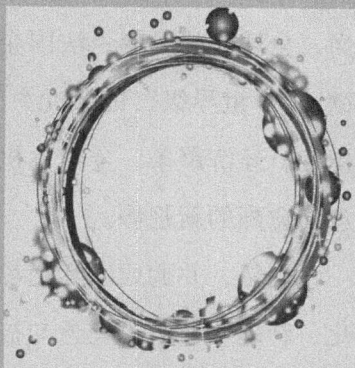

20 世纪 80 年代，经济危机的余震尚未解除，但是世界正在变得越来越开放，法国密特朗执政后，上台伊始就开展"平静的革命"，开展经济结构改革，以扩大就业、增加社会福利的社会改革，以权力下放为中心的行政体制改革，以"社会宽容为口号"的司法改革。着眼点在于抑制通胀，减少财政赤字以及外贸逆差。

但是，社会主义党派执政无疑会对私人企业造成心理压力，事实也是如此，密特朗政府对包括圣戈班在内的 5 大垄断工业集团、包括苏伊士金融公司在内的两家大金融公司和 36 家拥有 10 亿法郎以上存款的银行实行国有化。国有化浪潮给私有化带来巨大冲击，而正是在"国进民退"的逆流中，仍然有人迎难而上，大举扩张。

这是一个希望与绝望并存、繁荣与衰败交替的商业时代，一大批富有远见卓识的法国商业教父开始走上扩张的新征程。那时候，法国企业面临的情形可以用"进一步海阔天空，退一步万丈深渊"来形容。一方面，全球化的迷梦令法国企业家热血沸腾，他们对跨出国门争天下跃跃欲试，"世界级"的荣光令人神往。另一方面，并购是迅速扩张的另一条捷径，经济萧条、金融危机带来大量抄底和吞并的机会，这是法国商业愈演愈烈的新趋势。

当然，并购或国际化都不能与扩展成功直接画等号，如何将企业文化、管理、营销等理念与被并购方融合，如何在海外市场尽快实现本土化，爆发新的增长极，这都是法国商业教父面临的新课题。

1982 年，密特朗担任法国的总统，在他的政府中有 4 名共产主义者部长。在 50% 支持、29% 反对的法国民意下，密特朗政府决定履行"将银行和金融机构，特别是商业银行与金融控股公司"进行国有化的承诺。法国政府要求将所有存款超过 10 亿法郎的银行变成大众持股的企业，39 家银行，包括罗斯柴尔德银行全被一网打尽。罗斯柴尔德家族控股的银行（Banque Rothschild）因而变成了国有的法兰西银行——欧洲银行。虽说密特朗政府按照 1980 年年底的股票价值以及所分配的红利对罗斯柴尔德进行了补偿，但补偿金却远远少于市场价值，并以退税的形式支付，其中只有 35% 分在罗斯柴尔德家族名下。自第二次世界大战结束之后，这恐怕是罗斯柴尔德家族遭受重创最大的一次。在许多观察家看来，罗斯柴尔德银行想要从国有化的打击中恢复过来，简直就是天方夜谭！

在很多有关罗斯柴尔德家族的书里，常常会提到这样的一句话：当别人悲观的时候，往往是这个家族看到希望的时候。当时，很多私人银行退出了这样的一个市场，别人都看不到机遇，可是经历了无数次惊涛骇浪的罗斯柴尔德家族却把它看作是一种机会——甚至认为这是非常难得的好机会！

家族第六代掌门人大卫·罗斯柴尔德爵士一番冷静思考后，认为没有必要撤出法国——被国有化的银行之所以惨遭噩运，与接下来大卫所要办的私人银行截然不同，这是两条完全不同的路，恰好可以借机整合英法银行之间的优势。

不久，罗斯柴尔德家族从 200 年前先辈詹姆斯创办的银行办公大楼搬到一个非常小的办公室，当时只有大卫·罗斯柴尔德跟父亲以及秘书，一共四个人。密特朗政府对他们的限制是：几年之内不能再用罗斯柴尔德家族的名字再开银行。罗斯柴尔德的品牌已经传承五代，在金融界保持了良好的声誉，不能用罗斯柴尔德这个名字来成立银行——其巨大打击可想而知。显然这太不公平了，但是这反而激发了他们的勇气，去打破这种不公平的待遇。

一个有趣的现象是，每当危机发生的时候，媒体总是对罗斯柴尔德家族冷嘲热讽，认为这个古老家族很快就会像恐龙一样成为过去时，但这次他们又猜错了。在法国罗斯柴尔德银行被撤销 3 年以后，新的罗斯柴尔德巴黎银行就已经建立起来了。与同父异母的兄弟爱德华一起，大卫决定建立一个小型的基金公司作为巴黎奥尔良的分支机构。前后用了三年时间，他们才从当时法国财政部长雅克·德洛斯那里勉强得到了一张银行的开业执照。

当然，不能使用罗斯柴尔德的名字，以至于新的企业在开张时只能叫作"PO 银行"。但银行的股东资料显示，这是一个真正的跨国罗斯柴尔德实体：罗斯柴尔德延续控股出资总资本的 12.5％，爱德蒙的财经公司 10％，罗斯柴尔德银行有限公司（苏黎世）7.5％。还有银行的办公用品使用五个箭头的标志以及"罗斯柴尔德集团"，也充分证明了这一点。

新银行运作非常成功。在成立的头两年中，其股票市值翻了 3 倍，而且到 1986 年，它已经管理 2.73 亿英镑的客户基金，总资本金超过 400

万英镑。

1983 年 3 月，戴高乐主义者雅克·希拉克出任法国总理，给罗斯柴尔德家族带来复兴的机遇。他们参与了法国银行私有化的进程，为政府对法国巴黎银行的上市提供咨询服务；并在三年后重新获得使用家族名称命名银行的权利，变身为罗斯柴尔德联合银行。此后，罗斯柴尔德联合银行赢得更多的商业机会，凭借 1.5 亿法郎的资本金与大约 150 亿法郎可调配的资金，成为法国最大的 5 家从事公司金融业务的银行之一。

在遭遇危机时，疑虑惊惶是人之常态。谁能想到，在行将刮起的暴风中，可安全无恙呢？人们试图揣测罗斯柴尔德应对危机屹立不倒的原因，所找到的唯一答案就是犹太人宝贵的信心和忍耐中的等待。

比起其他现代投资银行金融家，法国罗斯柴尔德家族的掌门人大卫·罗斯柴尔德似乎显得更为保守，不愿接受新鲜事物，尤其是金融衍生品。而在那些新型的银行经理和交易员们当中，大部分受过高等教育，还有些人大字不识几个却一脑子"机灵"劲，虽然他们没有显赫的身世，却能大胆"创新"出名堂繁多的迷惑人的金融衍生品，同时还能在金融衍生品市场上进行老银行家不可能做出的"创新"交易。不知道这些人是否还记得——1995 年，英国具有 233 年历史的巴林银行是如何倒闭的？它是一夜之间栽倒在一个"大胆"进军日经指数期货交易的年轻交易员尼克·里森手上，此人受教育程度不高，曾以日经指数期货交易在 1993 年为巴林创下 1 000 万英镑的利润，为此受到巴林的格外青睐，于是放任自流，疏于监管，最终为自己掘下了坟墓。

看到大型投行们在金融衍生品市场上赚得盆满钵满，大卫·罗斯柴尔德并没有感到眼热，相反，他坚决避开了这些风险极大的领域。他认为，金融衍生品交易从来都不能创造财富，而只能在极大的风险下转移财富，给一些野心勃勃的投机家忽悠社会的机会，一旦炒作投机过度，就会把整个社会财富转移进"黑洞"。如果说战争的一个副产品是科技进步的话，而金融炒作的唯一和所有副产品就是一大群苦主和法律诉讼。正是罗斯柴尔德家族一贯的行事风格决定了——他们不可能从事一些炒作投机过度的交易，相反，他们更倾向于与客户建立长期的合作关系，以身为被人信任的财务顾问而感到自豪。

这种金融思想让罗斯柴尔德家族进入中国成为可能。1979 年，罗斯柴尔德家族在相隔一个世纪后再次进入中国市场，这是中国改革开放的第二年。罗斯柴尔德家族担任英国家煤炭公司和北方工程公司的电厂项目的财务顾问，此后为一批中国知名企业提供财务咨询服务。1985 年，中国北方工业公司与罗斯柴尔德签订合作协议，罗斯柴尔德为中国北方工业公司提供财务和商业顾问服务，主要涉及多种工业产品的技术扩展，包括欧洲市场研究。一年后，罗斯柴尔德又接受长城工业公司的邀请，为发射中国通信卫星担任项目融资顾问。

1978 年改革开放之后，罗斯柴尔德重新研究中国市场，在北京、上海、香港设立办事处或资产管理公司，合作客户既有国企中国移动、中国联通，也有民企小肥羊、阿里巴巴。他们持有青岛银行 4.98％的股份，并以 1.5 亿元成为中海基金第三大股东，还与中信华东集团合资成立罗斯柴尔德男爵中信酒业公司。作为财务顾问，他们曾参与中国联通收购中国网通、中海油收购优尼科、南京汽车和上海汽车的合并等并购项目。

少有人知道的是，罗斯柴尔德家族早在 100 多年前就与中国打过交道，对中国的政治、经济和战争的进程都产生过深远的影响。在罗斯柴尔德公司北京办事处，至今还保存着清末重臣李鸿章的亲笔信。

从 1874 年清政府筹集第一笔外国贷款开始，其海外融资主要依赖于两家英国机构：汇丰银行和怡和洋行。当时，掌握欧洲经济命脉的大部分政府贷款都是通过富有盛名的金融机构和银行发放，而这些机构实际上都掌控在罗斯柴尔德家族手中。

1885 年 3 月，罗斯柴尔德从家族控制的情报系统得到消息说，俾斯麦正伺机觊觎中国事务。法国罗斯柴尔德掌门人阿尔方斯·罗斯柴尔德很快得到证实，德国财政部长戴维·汉斯曼提议由罗斯柴尔德和汇丰银行分别代表德国和英国，"平分"当时清政府铁路工程的融资业务。当时，英、法、德、俄、日等列强为扩大在中国的利益明争暗斗，罗斯柴尔德家族扮演调停者的角色，与侵略者一起在饕餮盛宴中狼吞虎咽，大发横财是不同的。

与罗斯柴尔德家族的路径相比，皮尔·卡丹则显得高尚得多。

中国在 1978 年改革开放之前，时尚界的引领一直处在"文化沙漠"之中，满目都是灰暗的冷色调，很难想象皮尔·卡丹会将时尚带到季节分明的东方。当时中国时尚设计一方面需要一个布道者，另一方面需要一个冒险者，"而皮尔·卡丹却将两者结合起来"①。1979 年，皮尔·卡丹首次应邀访问中国，身穿黑色毛料大衣，脖子上搭条围巾，手插在兜里，在周围异样的眼神下，气宇轩昂地走在北京的大街上，这就是被刊登在报纸上的卡丹第一次来到中国走在街头上的形象。

皮尔·卡丹分别在北京民族文化宫和上海文化宫举办服装展示会，此前中国还从未有过这种性质的服装展示会。他带来 8 个法国模特和 4 名日本模特，在北京文化宫临时搭起的 T 台上面展示卡丹新设计的服装，可以想象，色彩鲜艳、造型夸张的卡丹服饰在中国引起的轰动。不仅仅是服装，模特也引起台下观众的脸颊映红。

在当时冷战格局的情况下，不是每一个企业家都对发展中国家特别是社会主义国家抱有好感，自信更是无从谈起。在改革初期的中国，政府指导下的媒体引领人们的价值观，他们对这次服装展示活动反应平平，

---

① 皮尔·卡丹初入中国记 [J]．中国新闻周刊，2007（45）．

甚至有权威媒体发出批评的声音。当服装展示活动来到上海时，卡丹明显感到中国人对这次活动的冷淡。

但是没有开发和投入的市场，也是最具有潜力的财富之地。两年之后，卡丹重返中国，准备进一步开启服装设计的时尚意识。1981 年 10 月，他在北京饭店再一次举行公众服装表演，他大胆启用中国本土的模特，坚信中国当地的表演更有说服力。活动由卡丹的中国助手宋怀桂主持，看到有漂亮姑娘或者小伙就上前主动搭讪，最终挑选出近二十位模特，大多来自基层，有卖蔬菜的、织地毯的、卖水果的，还有纺织女工。模特们白天正常上班，晚上集中由卡丹指派两位专业教练进行指导。

当时非专业的人们对模特行业不敢正视，甚至认为是"脱光衣服让人画"的不光彩职业。以至于几年后的报纸对模特仍然以"表演员"来称呼，有一篇报道时装表演的文章写道："以中国民间舞蹈的步法为主，汲取国外服装表演的某些长处，创造出具有中国特色的庄重、大方、健康、优美的表演方法。"这批模特大部分对家人和单位隐瞒真相，以请假的办法来参加模特专业培训，经过几个月的"地下训练"，中国的本土模特正式在北京饭店登台表演。

这次时装展示活动吸引几十家国际媒体前来报道，"中国举办时装表演"的消息占据好几家国际媒体的头版。形成鲜明对比的是，来自国内的媒体却寥寥无几。活动结束后，卡丹在中国的模特队宣告成立，他们在全国多个省份进行服装展示活动，但是在审批过程中，仍被政府人士嘱咐"注意作风问题"。

在偏见与包容、鼓励与打击的交错磨炼中，卡丹逐渐了解中国商业环境，开始为中国的模特与服装走向世界出谋划策。他主动联系中国纺织品协会以及北京市政府，建议将服装模特展示引入中国。

1979 年 4 月 9 日，国务院提出要加快发展"投资少，见效快，积累多，换汇率高"的轻工业，中国相关部门也希望扩大中国服装进出口产业，因此欣然接受卡丹的建议。

1985 年 7 月，由卡丹培养的中国模特第一次站到世界 T 台上，在巴黎时装展览上身穿中国传统旗袍，向世人展示中国的东方美以及特有的风格与优雅。这次展览在国际上引起强烈反响，中国的服装与审美开始受到西方国家的重视。皮尔·卡丹富有远见地将时尚带来中国，又让中国的服装特色和审美情趣走出去，逐步让世界了解中国的传统文化，对中国时尚界的贡献不言而喻。

以服装模特展示为先导的策略初见成效，卡丹在品牌经营上采用授权销售模式。"卡丹每年的个人收入高达 1.2 亿美元，而卡丹却仅仅掌握着公司的 4%～10% 股份，而全世界销售的卡丹品牌的商品利润超过 12 亿美元，而他自己生产的皮尔·卡丹牌产品每年净收入为几千万美元，而卡丹的帝国究竟有多少钱，只有公司的总经理和总会计师才知道具体数字。"① 而光靠卖服装等产品，卡丹的公司即使一刻不停地生产也很难达到 12 亿美元的利润水平，秘诀在于，他不是卖产品，而是销售"皮尔·卡丹"的信誉和品牌。

自从卡丹在巴黎时装界闯出名堂之后，就一直梦想着在世界服装领域塑造法兰西的形象，实现梦想的方法就是品牌输出，卡丹公司授权全球各地的服装生产商使用"皮尔·卡丹"品牌，而他则收取一定比例的品牌费用。除此之外，皮尔·卡丹也输出设计，公司每年卖出的设计草图数以千计，全部授给世界各地的服装厂商。与此同时，"皮尔·卡丹"品牌已不局限于服装，产品门类不胜枚举。日本有"皮尔·卡丹"自行车，德国有"皮尔·卡丹"化妆品，法国有"皮尔·卡丹"儿童和床上用品，中国台湾有"皮尔·卡丹"旅行包和钥匙扣……

---

① 王玉波主编. 王者之剑［M］. 济南：暨南大学出版社，2005：485—486.

在大洋彼岸的美国，有一个名叫图林的服装商人，如果商品上不印制"皮尔·卡丹"的标识，那么他的商品严重积压，无人问津，但是将同样的商品印上"皮尔·卡丹"的商标后，销售状况就大为改观，甚至卖至脱销，销售额增加 2 000 万美元。与皮尔·卡丹的商品相比，"皮尔·卡丹"品牌给公司带来的收入要多得多。"PC"两个字母塑造的品牌以及全球授权的独特商业模式，不仅为卡丹本人带来丰厚的收益，也使"皮尔·卡丹"的商品遍布世界各地。

皮尔·卡丹将服装模特展示引入中国，犹如推倒多米诺骨牌之后的连锁反应，中国多个服装厂商的模特队先后成立。卡丹进一步考察中国服装产业，将"皮尔·卡丹"品牌输出的商业模式引入中国，此后很多中国工厂成为被授权生产"皮尔·卡丹"服饰的厂家。皮尔·卡丹在中国采取非常精明且详细的分类授权，比如"皮尔·卡丹"的西装由天津的厂家生产，衬衫、皮具在厦门生产，内衣在青岛生产，休闲服装和牛仔服饰在广东生产……卡丹赋予厂商很大权力，不仅销售渠道由各自建立管理，而且商品开发也各自独立，只是皮尔·卡丹公司设在中国的代表处会对设计进行总体审核检查。

在中国改革开放初期，卡丹一直被视为高端品牌，随着中国开放进程的日益深入，卡丹商品铺天盖地，成为普通百姓都可以买得起的品牌服装。尽管如此，对于改革开放的一代人而言，皮尔·卡丹就是高端与奢侈的代名词，仍然留有不可磨灭的印象。可以说，皮尔·卡丹对中国时尚与品牌意识的启发做出了很重要的贡献。

在法国本土，皮尔·卡丹开始涉足餐饮行业。1981 年，法国传出一条爆炸性消息：马克西姆餐厅即将破产。巴黎市民们在闲聊中激烈讨论谁将继任下一任总统的时候，也会夹杂着对这家百年历史餐厅的热议。

1893 年 5 月 21 日，马克西姆餐厅在皇家大街 3 号挂牌成立。开业之后，贵族子弟阿尔诺德·贡达德携女友首次光临餐厅，后来经常和友人在此聚会，餐厅成为上层阶级年轻人的"俱乐部"。一出生便有贵族血统的马克西姆餐厅并没有在马克西姆先生手上迅速蹿红，倒是接任者将它打造成巴黎著名的时尚餐馆，伴随法国历史风雨飘摇将近百年，许多名人在这里就餐或工作，越南开国领袖胡志明在留法期间也曾经在其中勤工俭学。

现在这家有百年历史的餐馆已难以为继，就要消逝在历史的尘埃里，着实令人惋惜。人们期待有一位能人能站出来，力挽狂澜，因为它已经成为巴黎历史的一部分，凝集了很多人的成长记忆与浪漫青春。但是，现实却残忍而无奈，这家餐馆风险投资与收益不成正比。

当时在任法国总统德斯坦与第三次参加竞选的密特朗正争夺得不可开交，皮尔·卡丹对此漠不关心，只在乎马克西姆餐厅的命运。经过多年商界闯荡，他已十分擅长跨行业投资经营，不仅陆续涉足家具设计和室内设计，为美国大西洋飞机公司设计小型飞机造型和机舱内的装饰，为美国通用汽车公司设计"凯迪拉克"汽车和汽车展示会等，而且还开办银行，他甚至把时尚带到满是军绿色服装的中国。

在卡丹的商业版图中，凡是跟时尚相关的都有涉及，唯独餐饮还是空白。当得知马克西姆餐厅即将破产之后，他已跃跃欲试。卡丹对饮食有兴趣并不奇怪，因为在法国历史上，人们一直对美食宠爱有加，美食、葡萄酒与香水被认为是法国三宝，法国人像崇尚时尚一样崇尚美食。根据一项调查显示，86% 的法国人认为吃乃是生活中最大的乐事。

最终，皮尔·卡丹宣布出资 150 万美元收购马克西姆餐厅，巴黎市民听说后炸开了锅。冷嘲热讽的不少，赞成鼓励的不多，众说纷纭，讨论激烈，卡丹无动于衷。

在成衣大众化方面取得成功的卡丹发现了普通民众的巨大消费能力，

他决定在马克西姆餐厅推动大众化服务，原先实行对少数人开放的会员制餐厅要想重整旗鼓，必须向大众敞开大门。

但是，马克西姆的传统与特色不能抛弃，这是餐厅的核心竞争力。按照这样的宗旨，除了招牌外，在室内设计有一定造诣的卡丹对餐厅改头换面，恢复餐厅初创时的 19 世纪复古风格，体现卡丹服饰一样优雅舒适的情调；餐厅里有线条流畅的传统木刻雕饰，也有现代的灯饰和家具，卡丹将古典风格与现代气息完美地结合起来；在食品制作方面，聘请专业的名师进行精心制作，既要具有高雅风格又不能超越大众的消费能力；在服务上则主抓服务质量的提升，因此卡丹重新招聘人员并对其进行专业培训。

就这样，在卡丹的手中，已经濒临倒闭的马克西姆餐厅又重焕生机，没过几年就重新风靡法国。不仅如此，对品牌经营有深入见地的卡丹将马克西姆餐厅塑造成第二个"卡丹"品牌，他在法国推出系列化以马克西姆命名的产品，特别是食品。像皮尔·卡丹品牌走向世界一样，马克西姆餐厅被推向全球，20 世纪 80 年代中期以来，在北京、墨西哥城、新加坡、布鲁塞尔、纽约、洛杉矶、芝加哥、伦敦和里约热内卢等国际知名城市，马克西姆餐厅相继开业或恢复营业。

直到现在，在全世界 120 多个国家和地区，每天有 20 万人在 600 家工厂生产皮尔·卡丹和马克西姆两个品牌的 800 多种产品。

自迪奥去世之后，迪奥公司的命运可谓一波三折，一直不遇明主。迪奥之后，曾经资助迪奥开办迪奥公司的马赛·博萨克创建了博萨克集团，并控制了迪奥公司，他将迪奥香水与迪奥其他业务分开经营。1968年，博萨克集团因为资金压力，将迪奥香水公司转让给酩悦·轩尼诗集团，后者由酩悦和轩尼诗两大酒厂合并而成，但迪奥香水并没有在新环境中获得发展机会，1978 年再次转卖给维洛特集团。

维洛特集团同样未能实现迪奥的复苏。20 世纪 80 年代初经济低迷，法国众多企业陷入破产困境，维洛特集团同时涉足纺织品、服装与金融多个行业，最终资不抵债，1982 年申请破产，并公开宣布出让旗下的迪奥公司。这时候，伯纳德·阿诺特出现了。

1949 年，阿诺特出生于法国北部田园城市鲁贝，他的父亲让·里昂·阿诺特做建筑生意，经营的 Ferret – Savinel 土木工程公司在法国建筑界小有名气。这位"富二代"自出生就被命运安排好了——接管父亲的建筑生意。因此，他考取了巴黎综合理工大学工程类专业，并于 1971 年毕业获得工程学学位，毕业后顺理成章地进入父亲的公司任职。

虎父无犬子，五年后阿诺特的经营天赋便开始显现。此前公司主要做土木工程，但是阿诺特发现地产生意将会是新的社会经济增长点，比土木建筑有着更大的利润空间。而且土木工程的施工都是为别人做嫁衣，房地产才是真正的当家做主，不用按照别人的意思行事。1976 年，在阿尔诺的劝说下，父亲花费 400 万法郎整顿公司工程处，将业务中心转向房地产，建成一个专业度假村，这不仅为公司创造了新的利润增长点，而且标志着公司经营战略转移的开始。父亲看到了阿尔诺的经营才能，第二年便任命他为首席执行官。1980 年，年仅 31 岁的阿尔诺接替父亲任公司董事长。

但是好景不长，1981 年密特朗总统上台，面对着持续多年的经济衰退，新上任的总统并不像其他国家那样实行紧缩政策，反而实行"膨胀"政策，实行增加公共支出和财政赤字等措施，以期达到刺激国内消费需求的目的。政府出面大兴土木，这意味着阿尔诺的民营房地产公司将受到威胁。同时开始的国有化政策也让阿尔诺感到危机重重，他不能确定国家是否会进一步降低国有化的标准，将他们这些企业也纳入其内。

阿尔诺被迫再次转型，以免受到国家政策的威胁与影响。阿尔诺带领全家移居美国，在佛罗里达州建立分公司，继续建设公寓楼。也许从那个时候开始，对于法国政府实行的不利于私人企业的政策，阿尔诺已找到解决办法，那就是移居国外。30 年后，面对 2012 年法国政府的政策，阿尔诺同样采取移居国外的措施：这一年法国政府宣布对年收入超过百万的公民增加税收，阿尔诺带领全家移居比利时，并申请当地国籍，将大笔财富转移至比利时的公司。

密特朗总统的政策显然无法化解危机，实行三年的激进政策之后，法国经济进入增长停滞的局面，高通货膨胀率和高失业率使人民的生活雪上加霜。密特朗不得不承认政策失误，无奈改组政府，对"膨胀"政策进行彻底的调整，改为实行"紧缩"和"严厉"政策。原工业与研究部长洛朗·法比尤斯开始担任总理，放弃严厉的经济政策和工业改组计划，经济形势即将好转。

法国虽然是资本主义国家，但是国家调控手段仍然在国民经济中起到极其重要的作用，国内企业家也深谙经济政策会严重影响本企业的发展，因此大多数企业家都保持对国家政策的敏感。阿尔诺敏锐察觉到法国本土的发展前景，因此在 1984 年毅然卖掉地中海风格的豪宅，举家迁回法国。

在此期间的 1982 年，当时阿尔诺还住在美国的佛罗里达州。有一天晚上，他要买一条浴巾，就前往附近著名的布卢名代尔百货公司，这家百货公司柜台上也有迪奥的产品，阿尔诺瞬间想到祖国，他后来对《迪奥传》的作者玛丽·法兰西·波希娜说："那儿的迪奥产品让我突然想念起法国来，我面前的东西明显比其他产品高雅，在我记忆中占据着重要地位。"之后，每当看到百货公司销售的迪奥产品，都会让他萌发对祖国的思念之情。这种思乡情结被寄托在迪奥身上，所以在阿诺特的心中，迪奥比其他产品都要高雅。

　　此时，阿诺特手中已经掌握维洛特集团的资产报告。他将家族企业抵押，并自掏腰包 1 500 万美元，另外加上投资公司出资 8 000 万美元，联合收购维洛特公司。阿诺特不仅通过这笔交易得到迪奥公司，还拿到政府 20 亿法郎的补贴，条件是保留维洛特集团 16 000 个工作岗位。收购完成后，阿诺特立即出售维洛特集团的大部分资产，仅仅保留迪奥和乐篷马歇百货。

　　乐篷马歇百货公司比法国著名的巴黎春天百货起步还要早，由维多兄弟在 1838 年创立，甚至被学界定义为"世界上第一家百货公司"。1848 年，布希科夫妇将乐篷马歇百货公司收购，他们采用固定的价格模式，提供种类广泛的商品，深受消费者欢迎。阿尔诺购买乐篷马歇百货公司之后，将它打造成左岸的豪华百货商店。

　　迪奥则让阿尔诺走上奢侈品经营的道路，他后来又收购另一个法国奢侈品品牌——赛琳。1945 年，赛琳·薇琵娜开设第一家售卖高级男童皮鞋的店铺，通过其利落的外形、奢华的材质、绝妙的色彩以及精湛的手工工艺，很快建立知名度并迅速在法国风靡起来，后来皮具和运动系列服装也陆续上市。赛琳的皮具十分讲究实用性，每件皮具完全由手工缝制，受到欧洲上流社会的钟爱，逐渐在巴黎时尚界站稳脚跟。

　　在珠光宝气的奢华风潮中，赛琳简约与实用的风格开创了一条独特的道路，他们创造极简现代、独立优雅、知性时尚的摩登女性形象，逐步成为法国重要时尚品牌之一。旗下产品包括成衣皮具、鞋履、配饰以及太阳眼镜，后来又推出香水产品，基本具备奢侈品品牌的全部产品种类。

　　但是，赛琳夫妇也是不幸的，他们创造出一个时尚品牌，却后继无人。1987 年不得不将倾注一生心血的赛琳公司出售给他人，他们的首选对象是阿尔诺。在谈判过程中，阿尔诺表面上同意收购后保留薇琵娜夫妇在产品创意方面的决定权，但是合约签订三个月后却对管理层做出调整，甚至剥夺赛琳夫妇创意方面的决定权。这让赛琳夫妇非常气愤，赛琳的丈夫理查德·薇琵娜后来对外界声讨道："早知道阿尔诺会把我们轰出去，就算他出双倍的价钱，我们也不会把公司卖给他。"好在阿尔诺对奢侈品有独特的见解，没有埋没赛琳，至今仍然是阿尔诺集团一个重要的奢侈品牌。

1987 年 10 月 19 日，华尔街的股票市场一开盘，道琼斯指数便跌了 67 点，随后这种狂跌风潮一发不可收拾。一天内，道琼斯指数狂跌 508.32 点，跌幅达到 22.6%，这是 1941 年以来的最大单日跌幅。仅仅 6.5 小时的崩盘，纽约股票市值损失 5 000 亿美元，这相当于美国当年国民生产总值的八分之一。受美国股市崩盘的冲击，英国伦敦、法国巴黎、德国法兰克福、日本东京、澳大利亚悉尼、中国香港和新加坡等地股市均出现大幅震荡，股票跌幅多达 10% 以上。受股市牵累的不仅仅是各持股机构，还有众多的中小股民，不计其数的百万富翁一天之内沦为贫民，不少人精神崩溃甚至自杀。这次灾难将市场信心彻底粉碎，大多数股民在几年之后还心有余悸，不敢长期持股。

股民疯狂抛售股票，却给了阿尔诺大举并购的机会。

在那个萧条的年月，法国的奢侈品 LV 集团也面临着被收购的风险，酩悦·轩尼诗集团同样岌岌可危，这两家企业可谓难兄难弟，在法国企业界都曾经风光无限，如今却同样面临着被收购的命运。

LV 集团的掌权者亨利·里佳米尔是亨利·威登的女婿，他在 1977 年接任总裁的位置，那时日本经济飞速发展，靠岳父在东京建立的事业，利润实现几十倍的增长。1984 年公司上市，家族持股比例极速下降。酩悦·轩尼诗时任总裁阿兰·舍瓦利耶是一名职业经理人，他在 1969 年进入酩悦酒庄，后来逐步升任集团总裁，在 1987 年的股改中，酩悦酒庄和轩尼诗酒庄两个家族对集团的持股比例下降到 22%，投票权也仅存 33%。

在持股比例下降的情况下，LV 的里佳米尔担忧公司产品单一，加之日本市场可能会出现的萎缩，营业收入可能会出现巨大下滑，舍瓦利耶则担心酩悦·轩尼诗公司在股票市场上被恶意收购，于是两个集团走到一起。在法国巴黎银行的撮合下，两家公司合并成为 LVMH 集团，两个家族合计持有集团公司 35% 的股份和 50% 以上的投票权。

合并之后，舍瓦利耶出任集团总裁，里佳米尔任战略发展委员会主席。两人所占股权分布均衡，一个是一流的酒制品生产商，一个是顶级的皮革制造商，两派势力难免明争暗斗，这既是两个家族的问题，也与经理人有密切的关系。酩悦·轩尼诗集团的创立家族属于贵族，而 LV 的威登家族属于平民，两个家族在心理和文化上有着巨大的差异。亨利·里佳米尔与阿兰·舍瓦利耶在集团控制和业务发展方面也矛盾不断，互不相让。业务仍然相互独立，也没有实现很好的资源整合与业务协同，经营状况并没有起色。此后矛盾不断升级，以至于舍瓦利耶想把红酒和烈酒部门出售给其他集团，里佳米尔则希望恢复路易·威登的独立性。

两虎相争，必有一伤。里佳米尔为了在这场争夺战中自我保全，率先采取措施。他主动找到阿尔诺，希望他能够注资 LVMH 集团。里佳米尔希望借助阿尔诺的力量，在管理层击退舍瓦利耶领导的酩悦·轩尼诗的势力。然而，里佳米却引狼入室，聪明反被聪明误。

商场如战场，阿尔诺想在奢侈品领域建立霸业，必须有几分野心与残忍，太多的仁慈与同情将使梦想成为泡影。在这场异常惨烈的并购战争中，阿尔诺见缝插针，利用两者之间的矛盾，加上股灾影响，以极低的价格收购了 LVMH 集团的大量股份。

收购完成后，里佳米尔如愿以偿，击败阿兰·舍瓦利耶，在董事会占据上风。

但是阿尔诺并不像里佳米尔想象的那样任其摆布，当里佳米尔雄心勃勃想掌控 LVMH 集团之时，却遭受到无情打击。

亨利·里佳米尔率先挑起争端。在强调路易·威登集团与酩悦·轩尼诗集团存在文化差异的同时，他希望路易·威登集团回到以前的地位，建议 LVMH 集团将路易·威登集团的股份由 98% 减少到 90%。同时，里佳米尔再次购进 LVMH 的股票，这也造成股票价格大涨。阿尔诺得知这一情况后，在 3 天内迅速投入 41 亿法郎，继续增持 LVMH 集团 10% 的股份，最后阿尔诺掌握了 LVMH 集团 29.4% 的股权。虽然股权比例超过威登家族持有的 24% 的股权，但是威登家族具有双重投票权，手握 30% 的投票权仍然略高于阿尔诺的股权比例。于是，阿尔诺又争取到酩悦·轩尼诗集团的支持，在新一届股东大会上，阿尔诺保留了阿兰·舍瓦利耶的董事长一职，阿尔诺说道："我非常信任现有的管理者。阿兰·舍瓦利耶将会留任，继续管理公司。我们不会换掉正在赚钱的团队。"

监事会的权力争夺也随之开始。1988 年 9 月 26 日，LVMH 召开第一次监事会，银行家占 6 个席位，分别是拉扎德集团的安托万·贝尔南和布鲁诺·罗歇，法国巴黎银行的米歇尔·弗朗索瓦·蓬塞和安德烈·巴特斯蒂尼、尼古拉斯·克莱夫·沃姆斯以及里昂信贷银行荣誉主席让·马克西姆·莱韦克[①]。

有些股东对银行家的介入忧心忡忡，但无可奈何，因为当初两个集团就是在巴黎银行的撮合下合并成 LVMH。里佳米尔信心百倍，在之前的谈判中，他已经说服集团的主要股东，同意创始人路易·威登的曾孙亨利·路易·威登为监事会主席，当时他已经 80 岁高龄。但是当监事会选举正式开始后，阿尔诺刚开口就建议推举父亲让·阿尔诺担任监事会主席。在酩悦家族和英国健力士集团安东尼·坦南特的支持下，阿尔诺最终在选举中获胜。

---

① 奢侈品之王：我是 LVMH 集团的老板［EB/OL］．中国经济网，［2013 - 04 - 12］，http：//book. ce. cn/xw/gl/201304/12/t20130412_ 24284363. shtml

之前阿尔诺大肆收购 LVMH 股票时，安东尼·坦南特因为阿尔诺违反协议单独收购大为不快，后来舍瓦利耶出面调停，使得两人没有翻脸，此时，他们三股势力站在一起，却并不稳固。三股势力开始慢慢分散，首先动手的是舍瓦利耶。

阿尔诺虽然保留了舍瓦利耶的集团董事长职务，但是作为职业经理人，舍瓦利耶心里也一直不悦，毕竟真正掌权的是"隐形老板"阿尔诺，他不过是执行者而已。董事会召开会议的次数不多，第一次是选择广告册，第二次是批准路易·威登集团 6 月收购纪梵希。舍瓦利耶当初不同意这次收购，但是无法阻止。阿尔诺也不同意收购，对此大发雷霆。

阿尔诺："我不明白您居然就让这笔交易进行了。"

舍瓦利耶："我反对过，我跟里佳米尔说了自己的想法，可他还是我行我素。"

阿尔诺："我得提醒您，路易·威登集团是 LVMH 集团的子公司，这种缺乏透明度的行为是不被容忍的。"

舍瓦利耶："我完全同意您的意见。"

阿尔诺："我希望您能够让里佳米尔守规矩。"[1]

舍瓦利耶明白一切都要按照阿尔诺的指令办事，他曾经对媒体表示："如果我回到 35 岁，绝不会选择与现在相同的职业道路。我会像所有的年轻人一样，尝试着自己创业。"夹在两派势力中间，舍瓦利耶越来越觉得进退两难。看到阿尔诺在集团里面呼风唤雨，自己却因为没有资本人微言轻。所以，他选择反抗，联合其他股东共同对抗阿尔诺。

心有不甘的舍瓦利耶再次与里佳米尔走到一起，舍瓦利耶同意让 LVMH 集团分裂，恢复 LV 集团的独立地位。他们制订了一份详细的计

---

① 奢侈品之王：我是 LVMH 集团的老板［EB/OL］．中国经济网，［2013 - 04 - 12］，http：//book. ce. cn/xw/gl/201304/12/t20130412_ 24284363. shtml

划，双方通过购进 LVMH 的股票提高在公司的投票权，将 LVMH 集团在路易·威登集团的持股比例由 98% 降到 50% 以下，然后由他带领威登家族建立新的控股公司，通过公开竞价将路易·威登集团买走。舍瓦利耶则相应的将酩悦·轩尼诗集团的持股比例由 100% 降到 50% 以下，然后再协同家族及健力士集团通过公开竞价买回公司，实现各自的独立。

这一连串的资本运作将涉及 600 亿—700 亿法郎。舍瓦利耶与集团总经理马叙雷尔密集接触银行家，共谋这一攻击行动。此时，热拉尔·埃斯凯纳齐建立的商业银行 Parifinance 准备公开竞价，为了排挤对手里昂信贷银行，法国巴黎银行总裁勒内·托马也积极参与这一行动。舍瓦利耶还邀请了安东尼·坦南特，希望健力士的董事会也能参与这次行动。

从 1988 年 12 月初开始，股票市场出现波动，涉及的几家公司股票频繁交易。阿尔诺的眼线及时向他汇报了舍瓦利耶的计划，他并不急于反攻，而是等待对手出错。当 LVMH 集团召开新年庆祝会议时，阿尔诺没有收到邀请，他对此十分不悦，也想趁此机会和舍瓦利耶摊牌，于是给舍瓦利耶打电话。但是舍瓦利耶并不着急解释，新年后才回电话。

争夺战开始了，健力士集团不断买进 LVMH 股票，阿尔诺通过重要伙伴拉扎德集团得知这个消息，命令拉扎德集团买进在售的所有股票。双方的争夺战使 LVMH 集团的股价狂涨，达到每股 4 700 法郎。同时，阿尔诺以与健力士集团合股人 SA 公司签订的协议为由，敦促健力士停止购进 LVMH 股票。此协议明确说明，未经过双方合资的雅克·罗贝尔公司操作均不得单独购买 LVMH 集团的股票。健力士随即召开董事会，最后决定停止购进股票，舍瓦利耶得知后非常恼怒："英国人在最后一刻抛弃了我！"

舍瓦利耶和里佳米尔立刻意识到，没有健力士的支持，在股票如此高价位时机会非常渺茫。他们立刻阻止 LVMH 股票的交易价格继续上升，防止阿尔诺进一步稳固地位。随后 LVMH 总经理、舍瓦利耶一派的让·

路易·马叙雷尔散布一则公告，暗指阿尔诺购买股票带动此次股价大涨，希望证券监管部门能够强制停牌。阿尔诺也不甘示弱，第二天便找到私交甚笃的法国证券交易所主席吉斯·鲁塞尔。后者曾经负责过雅克·罗贝尔公司的公开募股，他坚决站在阿尔诺一边：不予停牌。在最后的争夺战中，阿尔诺获得胜利。

舍瓦利耶彻底败下阵来，只好提出辞职，阿尔诺为其提供了 1 500 万法郎的离职津贴。作为抵抗派的战友，里佳米尔却在背后留了一手，他看到 LVMH 的股票大涨，便在最高点每股 4 720 法郎的时候卖出手中的 8 万股股票。虽然没有达到狙击对手的目的，却也收益丰厚。舍瓦利耶与里佳米尔双双离开董事会，阿尔诺独掌 LVMH 集团大权。

翻云覆雨的继续大举并购。据统计，自从阿尔诺 1987 年进入 LVMH 集团之后，共进行 62 笔收购，在宝格丽、芬迪等 60 多个规模各异的奢侈品牌中，超过一半通过并购而来。在眼花缭乱的资本运作中，LVMH 先后持有 74 家公司的股份，同时也卖掉 48 家公司。

所以，伯纳德·阿诺特才是真正的时尚霸主。在时尚界的杂志上，人们不止一次地着迷于迪奥的著名设计师詹弗朗哥·费雷，这位意大利设计奇才实现了迪奥的复兴；着迷于"英国时装界的野孩子"约翰·加利安诺，鬼才用独特的创作风格赋予了纪梵希全新的性格。可是，伯纳德·阿诺特才是他们的幕后操控者，难怪被称为"精品界的拿破仑"。

"拿破仑"是扩张、称霸、野心的代名词，在下一个十年中，法国商业教父将集体走上国际化的漫长征途。先行者历经坎坷、几经沉浮之后，终于在全球商业舞台上艰难站稳脚跟，这景象犹如八仙过海，每个人都试图蹚出一条适合本土企业走向全球市场的成功之路，尽管发展模式千差万别，结果也大相径庭，但是探索过程中所付出的汗水甚至血水，都同样值得尊敬，这是后来者在国际化成长中最弥足珍贵的养分。

第12章
商战无形

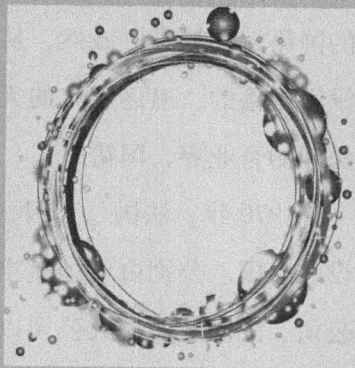

世界历史进入 20 世纪 90 年代，一个崭新的世界呈现在世人面前。在世纪末的十年中，没有大规模战争的威胁，冷战对峙的局面也逐渐瓦解，有自主要求的国家也先后实现独立，和平与发展真正成为世界的主旋律。国家间的竞争逐渐从军事力量转向经济实力的较量，经济的较量最终成为企业的较量，而企业的较量在于企业家。

尽管世界已走向和平，但法国商界却烽烟四起，商战成为 20 世纪最后十年的主题。在计谋与道术的斗法中，在并购与竞争的沉浮中，法国商业教父的人性被充分放大，毫无保留的留墨于商业史篇章之中。随着规模效益不断释放，行业引领者的差距不断缩小，冠军之争必将更加激烈，双方的厮杀和争夺战也会达到前所未有的凶猛与艰辛程度，而且战场将会蔓延至更多领域。在未来若干年内，这些企业家之间的商战还会不间断上演，成为法国商业史上最精彩、最深刻的记忆。

伴随多种所有权结构兴起以及资本市场的发展，现在界定一家公司的国籍越来越难。诚然，从本质上来讲，作为追逐利润的组织，公司是没有国籍的，追逐资本的天性决定哪里有利润企业就会在哪里出现。在法国的企业界，国籍最多、结构最复杂的企业非空中客车公司莫属。

1970 年，法国、英国、德国和西班牙共同创立空中客车公司，总部设在法国。分别由英国航空航天公司、德国戴姆勒—克莱斯勒航空航天公司、法国航空航天公司以及西班牙凯撒公司四家国有性质的航空公司组成，各个成员公司分工协作。其中法国航空航天公司负责机头、机身中下部、发动机吊架和总装，英国航空航天公司负责机翼，德国戴姆勒—克莱斯勒航空航天公司负责机身其他部分、垂直尾翼和机翼总装，西班牙凯撒公司负责舱门和水平尾翼。

90 年代，这家具备复杂政府背景公司的掌门人是法国人诺埃尔·弗吉尔德。正是由于他的到来，让空客的头号竞争对手波音公司头疼不已。

第一次世界大战之后四分之一的世纪里，美国波音公司基本占据世界大型客机市场。为了与美国波音公司及麦道公司竞争，技术能力和生产能力分散的欧洲国家开始走向联合。50 年代初开始，英、法就曾联合研制"协和"号超声速喷气式客机，但在商业上并不成功。1966 年，英、法、德确定研制 A300 计划，1967 年 9 月，英、法、德共同投资 19 亿英镑开始研究。空客从成立之日起就是个有国际背景的联合产物，各成员公司按照所占股份比例行使表决权，这样就导致领导权的分散，代表各国利益的不同公司甚至产生严重分歧。在生产 A318 型客机的计划中，法国航空航天公司极力抵制，他们认为生产任务分配不均。同时，各公司也认为对空客的供货价格越高越好。由于各方争权夺利，1998 年，空客巨亏 2.04 亿美元。

在竞争对手方面，20 世纪 90 年代以来，美国波音公司从没有放松对空客公司的关注。毕竟在 80 年代初，空客在净资产和工人人数等方面都是全球最大的航空飞机制造公司，当时空客为 105.3 亿美元和 17.76 万人，而波音仅为 57.9 亿美元和 9.67 万人，麦道为 46.2 亿美元和 7.25 万人，直到 1997 年，波音公司收购麦道公司，才坐到头把交椅。

但是两个竞争对手却在 1996 年差点走向合作。经过一系列谈判，波音公司和空客公司签署研制一种 500—800 座、航程为 19 000 千米的超大型客机的计划。但是最终由于一个小技术问题，双方产生矛盾，波音公司宣布退出，合作不欢而散。就此，坊间传闻波音公司只是利用合作来拖延空客的研发计划。空客并没有受此影响，还是拟定继续研发大型巨无霸客机。

自此之后，无论是实质竞争还是口水战，双方都互不相让，指控对方搞"不正当"竞争：波音控告空客为抢夺订单赔本销售，而空客反过来指控波音低价抢夺市场；波音指控欧洲某些国家政府违反世界贸易组织的有关原则，因为这些政府为空中客车公司提供大量补贴，同时为购买空客飞机的航空公司提供低息贷款，空客公司也反过来指控美国政府为波音公司提供大量政府补贴。

激烈交锋中，人们不难发现，空客和波音纯属五十步笑百步，两家公司都有政府背景，自然受到政策扶持，美国政府通过军事订单、军事科研和基础研究等方式支持波音公司的研发，空客大同小异。在激烈的市场竞争和贸易争端中，空客和波音的交手成为航空飞机发展史上最精彩的商战博弈。

就在此时，个子瘦小、性格开朗的弗吉尔德离开此前供职的法国航空航天设备制造企业马特拉公司，来到空客担任董事长。他为空客带来一股新风气，空客的决策过程不再拖泥带水，犹豫不决，运营效率得以提升。弗吉尔德经营目标明确：集中决策权；明细账目；让空客持续盈利。这三个目标基本瞄准空客存在的三个问题：表决权过于分散形成的决策过程拖沓烦冗；各成员公司的明争暗斗，利益纠葛带来的公司账目混乱，价格控制手段失灵；与波音公司竞争，特别是价格大战导致与波音公司两败俱伤，各国家的航空公司却双边压价，从中渔利。

根据以前的研发计划，弗吉尔德对一些大型航空公司进行调研，继续坚持研发大飞机，也就是后来成功运营的空客 A380 客机。但是竞争对手却不以为然，特别是波音公司，他们认为航空公司需要频繁的资金周转和每千米的运营成本，顾客需要的也是频繁的、直达的航空服务，而大型客机意味着航班频率的降低。这个结论来自于美国各航空公司当时的盈利状况，美国航空业基本面临全线亏损的局面，唯有西南航空公司保持盈利，它的成功就得益于频繁班次、覆盖所有城市的点对点航线。联合航空公司的财务副总裁弗雷德里克·布雷思也认为，空客的风险是大飞机没有市场，而航空公司的风险是没有足够的乘客，他提醒采购的时候一定要万分小心。

各方质疑并不能打消弗吉尔德带领空客公司抢占航空市场份额的信心。他决定对空客进行重组，只有形成不同成员国之间的有效纷争解决机制，才有可能获得研发大飞机的庞大资金。这项计划需要大约 150 亿美元，除了 30% 由空客公司支付外，其他 70% 来自政府的贷款和供应商提供。机构重组被弗吉尔德提上日程。

弗吉尔德下令建造一个高达 237 英尺（72 米）的实物模型，向顾客展示其内部的装饰；为了避免双层设计给乘客带来空间局促感，设计师在上下层之间架设宽阔的楼梯，甚至设计包括健身房和睡眠区。对于航空公司担心的每千米运营成本，空客承诺该大型客机的设计先进，而且采用最新的轻质材料取代通用的铝制材料，会使单位运营成本降低 15% 左右。

在具体的销售战略上，弗吉尔德明确定位，向波音公司无法满足需求的航空公司销售空客的飞机。此时波音正面临着管理上的难题：由于90 年代初国际航空运输业一片黯淡，波音公司客户仅剩下 32 家，股价下跌 18%，客机被迫大幅减产，因此 1992 年制订提前退休计划，这项计划使大约 9 000 员工特别是经验丰富的技工流失，1993 年又裁掉 2.3 万名员工。后来，为了完成生产计划，临时招来的技师经验不足，失误风险增加，成本升高。生产上目标定得不合理，而且生产机型太多，导致生产系统问题突出，最严重的问题是不能按时生产，只得延期交货。

当时《华尔街日报》报道了一些令人惊讶的事情：零部件由出租车运送到工厂；主管加班催促供应商尽快到货；经验丰富的员工加班补贴超过 10 万美元，新员工却站在旁边派不上用场。波音的很多顾客产生抱怨情绪甚至是放弃订单，空客的弗吉尔德抓住机会，大量抢夺顾客。最明显是争得英国航空公司 59 架飞机购买计划，英航同时宣布以后可能继续购买 200 架。鲜为人知的是，英国航空公司一直是波音的客户，甚至有国外报道这份价值 110 亿美元的订单可能是空客战胜波音获得的最大订单。

1999 年，弗吉尔德参与一场更为有趣的营销争夺战。当时新加坡航空公司给了波音一份 10 架波音 777 的订单，价值 19 亿美元，但是作为订单条款之一，波音需要买走原有的 17 架空客 A340—300 型客机，然后由波音公司转售。由于波音急于拿下这份订单，冒险接下这个变相价格战的合同。波音认为，这是波音的一次胜利，因为这有助于淘汰对手的客机。空客对此耿耿于怀，因为已经有多家航空公司对波音转手的空客飞机感兴趣。不久，空客公司便宣布，各航空公司接受波音公司转售的空客飞机将不再享受售后服务。空客的做法简直是釜底抽薪，波音公司与新加坡航空公司的合同执行力大大受挫。

直到如今，波音与空客的战争还在继续。不可否认的是，正是弗吉尔德的到来，让原本一潭死水的航空业波澜壮阔，他打破波音公司独霸天下的局面，波音并购麦道之后，原本 77% 的市场份额逐步萎缩，空客则异军突起。当然，空客成功的最直接影响，就是让弗吉尔德的死敌、波音总裁罗纳德·伍达德黯然下课。

80 年代中期至 90 年代，法国企业卷入世界经济全球化的潮流当中，大多数法国企业走出国门，有的是主动走向国际市场寻求扩张机会，有些是逼不得已，国内的市场环境已经失去继续增长的潜力。

同绝大多资本主义国家一样，法国当时面临着经济衰退的困境，而且社会问题更加复杂多样，此时社会党人罗卡尔临危受命组阁政府。这位国立行政学院毕业的专家治国论者费尽九牛二虎之力，仍无力回天。1990 年的经济增长率甚至降到 1973 年经济危机时 2.6% 的水平。1991 年第一个季度，增长率接近于零，甚至没有增长。而在这样的社会环境下，法国的大量中小企业破产，而大企业也不断裁减人员，冻结工人工资。到 1991 年 3 月，法国的失业人数已经突破 260 万，失业率达到 9.3%。全国上下罢工活动不断。

法国历来有根深蒂固的罢工传统，这种传统起源于法国大革命，罢工意味着反抗，意味着追求平等和自由。在此后历次重大历史时刻，法国人民特别是巴黎民众用罢工见证了巴黎革命政府的建立、第二次世界大战法国抵抗运动与 1968 年的五月风暴。此时的罢工有过之而无不及，特别是 1995 年的大罢工最为激烈，时间长达数周，包括巴黎在内的法国 60 多个城市都被罢工潮流波及，涉及的行业包括铁路、邮政、电讯、航空、教育、卫生、电力和煤气等重要部门。罢工期间，铁轨上运行的火车屈指可数，火车站空空如也，地铁站冷冷清清，天上更没有民用飞机的影子。处于罢工潮暴风眼的巴黎市政全面瘫痪。1996 年，罢工的卡车司机出动上万辆卡车，封锁全国各个交通要道。1998 年法国世界杯前夕，法国航空公司全员罢工，让世界各地乘坐该公司航班的球迷人心惶惶。

食品行业也出现罢工现象，第二次世界大战之后，大型超市在国内急剧增长，他们以超低价格和先进管理给势单力薄的中小企业主造成严重冲击。据资料统计，法国面包店的数量从战后的 5 万家减少到 3 万家左右，中小商业就业人数也从 1980 年的 21.7 万人锐减到 1994 年的 8.4 万人①。众多饮食行业中小企业主联合起来相继罢工。

实际上，中小企业主对大型商场的对抗早在 1960 年兴起的反资本主义运动之时便已初露端倪，当时的情况与现在极为相似。从 1972 年开始，国家通过立法对零售商征收专税，作为对无法继续经营的小型业主的养老补贴。在此影响下，家乐福增加缴纳的税款差不多已经占到销售额的 0.15%，这种高额税费一直持续到 90 年代。这次中小企业主的罢工潮更加猛烈，让法国政府意识到必须采取措施来缓解矛盾。为了平息愤怒，提高就业率，密特朗政府相继出台多项措施，限制大型超市在国内的发展和扩张。

政府出台更加严厉的限制措施后，审批程序更加严格，审批过程越来越复杂，因此国内超市行业竞争异常激烈，加之市场容量已经饱和，对于家乐福来说，国内似乎已经没有前途。从 1985 年开始，家乐福创始人之间在经营管理方面也出现矛盾，经过协商，决定聘请外部人士担任集团主席，丹尼尔·伯纳德于 1992 年接手家乐福集团董事长一职，他果断将战略重点定为海外扩张。

相比与之前仅在欧洲市场小打小闹，此时家乐福已经具备全球扩张的实力。他们开始在世界范围内大举扩张：先进军饮食文化、风俗习惯相似的西班牙、葡萄牙和意大利，之后是整个欧洲大陆，接下来是美洲

---

① 寒冰. 家乐福海外扩张的成功之路 [J]. 中国工商，2001（6）.

和亚洲。短短四年之后，家乐福已经在 14 个国家和地区建立数以百计的门店，其中西班牙 55 家，意大利 52 家，巴西 44 家，阿根廷 15 家，墨西哥 13 家，中国台湾 12 家。此外，在波兰、土耳其、韩国、泰国和马来西亚都有家乐福的地盘。虽然海外销售额只占到家乐福全部销售额的 40%，却带来 60% 的利润。

每开一家门店，家乐福都要对当地市场进行细致的调研。通常分成两个调研小组，其中一组对当地的生活方式、消费水平、人口增长、居住条件、都市化程度、风俗传统等进行调研，另外一组考察当地合作伙伴，并与行政管理部门建立联系。开店之前的调研和考察活动通常需要两年时间，这对于普通企业来说不可想象。正是这种煞费周折的考察，使得家乐福开张的新分店迅速适应当地的条件，哪怕是在大萧条时期的巴西，家乐福也能稳如泰山。为了更好地适应当地的消费习惯，家乐福与当地合作伙伴联手经营，将经营理念与管理模式同当地经销商和人力资源很好地结合起来。在联合经营的理念下，他们将管理权完全下放，门店经理几乎全权管理。

家乐福在全球市场迅速扩张，不得不面对美国沃尔玛的竞争。70 年代，在家乐福刚刚走出国门，沃尔玛就已经将势力范围伸向家乐福的后花园——欧洲大陆，欧洲传统的零售商面对高度集约化的沃尔玛根本无力抵抗。1999 年，伯纳德在全球范围内布网扩张，沃尔玛宣布 100 亿美元收购英国传统连锁超市集团 ASDA，这无疑让包括家乐福在内的欧洲零售商大为震惊。

更为严重的是，沃尔玛的并购矛头直指家乐福和普美德斯，将他们拟定为下一步收购对象。在世界零售业排名第一的龙头老大要收购同样世界排名前十的零售商，在全球引发轩然大波。既然沃尔玛已经不宣而战，伯纳德也不能坐以待毙，1999 年，伯纳德在沃尔玛采取行动之前率先出击，主动找到普美德斯公司谈合并，普美德斯也意识到，只有联合起来才能对抗沃尔玛的威胁。双方达成协议，家乐福以 166 亿美元将普美德斯公司收购。这次收购并不是伯纳德一时冲动所为，而是经过深思熟虑的结果。普美德斯的固定存货以及销售系统一直为业界称道，家乐福在这方面逊色不少，而在市场知名度方面，家乐福则略胜一筹，两者的结合可以实现优势互补。

显然，这样的结果是沃尔玛最不想看到的。这不仅意味着欧洲大陆的扩张战略严重受挫，而且在世界市场上又多了一个强有力的竞争对手。伯纳德的收购使得家乐福超越德国麦德隆，成为欧洲第一大零售商，并从世界排名第六跃居为第二位，为沃尔玛的进一步扩张设定障碍。而且，通过此次收购，伯纳德充分尝到甜头，为家乐福的扩张开辟了另外一种道路，收购与联合。2000 年，家乐福收购意大利的 GSSpa 公司；在希腊，家乐福与 Marinopoulos 结成伙伴关系，并通过联合夺得希腊零售冠军；在本土，家乐福与 Klepierre 地产公司合作共建 150 个欧洲商业中心；在比利时，家乐福成功地购得 GB 公司另外的 72.5% 的股权，成为比利时最大的大型超级市场。

在进行全球业务扩张的过程中，法国企业家采取的方式基本有两种，一种是简单的业务和地域的扩张，还有一种就是收购与兼并。这两种方式特别是后一种，会使公司的股份结构不断发生变化，这意味着控股股东随时都有可能失去控制权，老板随时都可能换人。但是，全球扩张又是一种势在必行的潮流，对于一个家族企业来说，就存在全球扩张引起的股份变化与保持家族控制权的矛盾。法国著名的家族企业管理典范——布依格公司同样面临这种进退两难的局面。

1952 年，30 岁的弗朗西斯·布依格从法国里昂信贷银行得到 1700

美元创办布依格公司①。1952—1960 年，布依格公司迅速发展，营业额年增长率达到了惊人的 70.2%。1978 年组建集团公司。80 年代法国经济增长开始下滑，建筑市场萎缩，银行利率高企，布依格公司被迫裁员，为了稳固公司的利润水平，布依格公司走上多元化的发展道路。1984 年收购法国第三大水务处理公司 SAUR，1986 年并购法国最大的道路建设集团、第二大建设公司 SCREG，从而成为世界领先的建筑公司，后来收购专门从事市政公用事业承包的建设公司 Dragageset Travaux Public，还将法国电视一台纳入名下，从而进入大众传媒业。在美国，布衣格收购了很多工程公司，并重组为 HDR 公司，总部设立在奥马哈。同时在美国成立一家控股公司 centerra，从事设计、工程、融资和建设。1986 年，布衣格的年营业额增至 70 亿美元。布依格集团公司的帝国版图已经确立，主要业务包括三大板块：建筑、电信多媒体和服务，涉及六大行业分别为电信、通信、公共服务管理、BTP、道路和房地产业。

1989 年，弗朗西斯退居二线，37 岁的马丁·布依格继任。马丁出生在布依格创立的 1952 年，1974 年进入家族企业，从底层的工程监理做起，一步步成长为公司总裁。但是据统计，法国只有 10% 的企业可以将产业成功交由下一代管理②。而此时，布依格家族与布依格公司股东关系并不如以往稳固。

随着布依格公司在世界各地的收购与扩张，布依格家族对于公司的控制权被一点点稀释。1970 年弗朗西斯带领布依格公司在巴黎证券交易所成功上市之时，对外发行 5 亿法郎的股份，但是弗朗西斯仍然持有46% 的股份，公司还掌握在布依格家族手中，但是到 80 年代，布依格家

---

① 陈传. 顶级承包商的成长轨迹 [J]. 施工企业管理，总第 246 期，2010（8）110.

② 世界的富二代 [N]. 扬子晚报，2010—10—23（A40）.

族渐渐失去控制公司的绝对优势。里昂信贷银行资助弗朗西斯创立公司之后一直作为公司股东存在，在 80 年代末已经成为公司的最大股东。

马丁兄弟成立的 SCDM 公司以 27 亿欧元的资产持有布依格公司 18% 的股票，马丁与弟弟澳列弗以同一名字持有的股权时间长达两年以上，这种双重投票权使他们控制 27% 的票数，父亲弗朗西斯·布伊格的股票全部加起来也不到总股权的 8%。1993 年，71 岁的弗朗西斯去世，股权比例被稀释到 5%，他的遗孀剩下 1.6% 的股权，但是布依格家族全部加起来也只有不到 38% 的投票权。如果公司员工和布依格家族的意见保持一致，加上员工 18% 的股份比例，布依格家族可以控制 46% 的投票权。

在名义上，布依格家族可以与员工联合成为第一大股东，可如果一旦有所闪失，家族将失去绝对控制权。而且，因为缺少有实力的机构大量持股，布依格公司极容易招致被恶意收购的噩运，收购拉抬股价升高会使其他股东受益而支持收购交易。马丁兄弟既不希望父辈的产业拱手让与他人，也不愿看到可能的威胁夺走他们的遗产。实现家族对公司的绝对控制权成为马丁的最终目标，布依格家族能否成功实现大逆转，马丁肩负重任。

马丁执掌大权前后，紧锣密鼓地开展一系列复杂而隐秘的股权交易，逐渐掌握公司的绝对控制权。马丁夺回控制权的手段可以简单理解为通过个人持股以及个人控制的第三方公司与布依格公司交叉持股，达到控制布依格股份公司的目的。

早在 1979 年，马丁兄弟就创立销售预制房屋的美森·布伊格公司。作为布伊格公司现有房屋建设活动自然延伸的一部分，马丁只用了 500 万法郎就启动这项生意，由于客户在公司账户中存入保证金，筹资成本更是降到最低。马丁兄弟控制这家公司 52% 的股份，他们利用在布依格公司的影响力，由后者掌握另外 48% 的股份。马丁说服公司股东的理由很简单，布依格公司可以将美森·布伊格公司当作一个子公司对待，将销售收入与利润视为集团销售与利润的一部分。但实际上，布依格公司并没有控制超过美森公司 50% 的股权比例。马丁此举就是要将布依格股东的利益和布依格家族的利益捆绑在一起。这家公司不断发展壮大，5 年后销售额达到 14 亿法郎，成为行业第二大公司，也成为马丁后来控制布依格股份公司的重要工具。

布依格家族尝到甜头之后，马丁与父亲弗朗西斯心照不宣，准备将这种模式移植到新的事业范围。80 年代，通用水务集团和里昂水务公司作为两大巨头，控制法国各地政府的给水和排水服务。弗朗西斯既希望分得一杯羹，开拓布依格新的版图，也想通过这次扩张将布依格公司股东与家族的利益进一步捆绑。弗朗西斯父子心仪的对象是法国第三大供水公司——SAUR 公司，1984 年，他们以协议方式用 4.24 亿法郎购买该公司 96% 的股份。

股份构成经过深思熟虑。弗朗西斯执掌的布伊格股份公司购买其中 45% 的股份，马丁·布伊格控股的美森·布伊格公司持有 51% 的股份，成为最大股东。虽然通过直接持有 SAUR 45% 的股份，和持有美森·布伊格 48% 的股份而间接持有 SAUR 24.48% 的股份，名义上布伊格股份有限公司获得 SAUR 69.48% 的股份，布伊格兄弟只凭借美森·布伊格公司 51% 的股份占 SAUR 的 26.5% 股份。但如果将直接和间接持股分开来算，真正的受益者是马丁兄弟，他们通过控制美森·布伊格公司实际控制 SAUR，而投资者并未拥有 SAUR 的控制权。

这些精巧设计都是家族为马丁兄弟控制布依格集团公司所做的铺垫。除此之外，弗朗西斯也在人事安排上煞费苦心。1982 年，他安排马丁进入布依格股份公司董事会，1984 又让澳列弗进入董事会，这些任命让人觉得弗朗西斯正将家族利益和股东利益混淆起来。随后，马丁打出手中的王牌——SAUR 公司，这家公司有稳定的现金流且基本没有债务，1988 年，马丁借由清除狡猾的英国媒体巨头罗伯特·麦斯威尔股份的机会，利用 SAUR 公司以中间人的身份向子公司 Cofipex 借款，购进布伊格股份公司的股份。马丁在声明中说，麦斯威尔可能对集团事务插手，对股票产生不可预料的后果。当年 8 月中旬，Cofipex 购入布伊格股份公司 5% 的股份，到了年底持股比例增加到 10%，成为公司第二大股东。

真正使公司不被旁人控制最有效的办法就是成为绝对控股的大股东。1989 年 5 月，马丁兄弟将美森·布伊格 52% 的股份划转到他们旗下的 SCDM 公司，SCDM 成为美森·布伊格大股东。这笔不涉及现金交易的股权变化，使 Cofipex 拥有的布伊格股份公司 10% 的股份控制权转移到布伊格兄弟手中。虽然名义上布伊格股份有限公司拥有 SAUR 公司 69.5% 的经济利益，但是抛开间接持有 SAUR 24.48% 的股份，布依格股份公司直接持有 SAUR 股份比例只有 44.9%，低于马丁控制的美森·布伊格持有的 51% 的股份比例，因此并没有对 SAUR 和 Cofipex 形成控股，他们因此失去对那 10% 的股份控制权。马丁正是利用了这样的漏洞，没有花一分钱就成为布依格股份公司实际上的第二大股东。1989 年 10 月，马丁利用在布伊格股份公司的特殊身份，促使集团由原来对美森·布伊格从 48% 的持股比例减少到 34%，然后利用 SCDM 公司购买了这 34% 的股份，价值 2.26 亿法郎。

1989 年，布伊格股份公司以接近公司资产四分之一的价格——9.24 亿法郎买下一家西班牙银行 Banco Central 公司 3.5% 的股权。这家西班牙银行隶属于桑坦德集团，为了防止恶意收购，桑坦德的管理层希望得到友善的投资者加盟，马丁·布伊格顺理成章进入银行董事会。1990 年 4 月，马丁利用董事的身份促使 Banco Central 公司宣布对布伊格股份公司进行相互持股。但是他们的持股方式却出人意料，他们没有直接购进股份，而是用 6 亿法郎购买 Cofipex 的股份的方式持有布伊格股份公司股份。

但是马丁并不希望这家西班牙银行控股 Cofipex 公司。因此，Banco Central 公司买入的 Cofipex 股份并不是公司的可流通股，而是份额不多的非流通股，尽管在 Cofipex 公司董事会中，Banco Central 公司占有一个董事会席位，但是他们只具备有限投票权。马丁的算盘打得很精明，他利用布依格股份公司股东的钱投资一家西班牙银行，为自己赢得发言权，再用这家银行的钱对另一家同为马丁·布伊格控股的公司给予资金支持。

这就构成马丁对布依格公司控制的一条路径，通过资金流的方式可以概括为：Cofipex 资金流入 SAUR 公司，然后流入布依格股份公司，接着流入 Banco Central 公司，最后流回 Cofipex 公司。虽然具体的资金数量有所差异，但是耗资成本并不高，最重要的是实现了对布依格股份公司的控股。另一个途径是，马丁兄弟用不到 500 万法郎掌控美森·布伊格 52% 的股份，美森·布伊格持有 SAUR 公司 51% 的股份，SAUR 持有布依格公司 10% 的股份，通过一系列的间接控股，马丁兄弟用不到 500 万法郎实际控制布依格公司 10% 的股份。而最后实现对布依格公司控股的是马丁建立的 SCDM 公司，除了直接持有布依格公司股份外，还通过间接控股 SAUR 公司控制布依格公司 10% 的股份。后来，布伊格股份公司将持有的 SARU 公司 45% 的股份以 10 亿欧元的价格转让给一家私有公司。马丁兄弟通过眼花缭乱的资本交易，使 SCDM 公司在布依格股份公司中的股份价值增长超过三倍，达到 12 亿欧元。

马丁兄弟最终实现布依格家族对布依格集团的绝对控制，手段扑朔迷离，甚至有评论这是钻法律的空子，损害了其他投资者的利益。资本运作眼花缭乱，众说纷纭，但是人们不得不叹服于马丁的商业智慧与过人胆识。

2008 年的《福布斯》法国富豪榜出现令人称奇的一幕，排名前四位并非来自科技、房地产、能源等传统意义上的财富领域，而是时尚奢侈品大佬。法国首富是 LVMH 的伯纳德·阿尔诺，第二位是欧莱雅的利利亚娜·贝当古，紧接着是 PPR 的开创者弗朗索瓦·皮诺，最后是香奈儿公司的拥有者维特海默兄弟。

当你站在财富变迁的角度纵观整个法兰西民族的经济发展史，会发现一个有趣的现象：在法国经济问题层出不穷的时候，总会有时尚品牌或者奢侈品集团站出来。第一次世界大战后的香奈儿，30 年代经济危机的夏帕瑞丽，第二次世界大战结束初期的迪奥，50 年代后的皮尔·卡丹，80 年代经济低迷中的 LVMH 集团。21 世纪初期也不例外，这时候出现的是世界排名第三位的奢侈品帝国 PPR 集团。

1936 年 8 月 21 日，PPR 集团创始人弗朗索瓦·皮诺出生于法国布列塔尼的尚热罗市，皮诺家族本是法国西部农村的农民，弗朗索瓦甚至没有高中毕业，15 岁辍学后就到父亲的木材厂做工，一直待到父亲去世。在这里，他与妻子相识，是父亲私交甚好的供应商的女儿。但是皮诺对木材加工毫不感兴趣，在父亲去世后不久的 1963 年，他在岳父支持下卖掉木材厂，在雷恩市创办以家族命名的皮诺木材贸易公司，专做木材贸易，时年 27 岁。

对于弗朗索瓦来说，买卖木材可比加工木材有意思得多。绕过所有的中间环节，直接与价值链的上游供货商以及终端买家做生意。此后的投资生涯中，弗朗索瓦的创富秘籍很简单，就是通过低价买入高价卖出赚取差价，与木材贸易无本质区别。

木材贸易的生意越做越大，皮诺又低价买回当初卖出去的木材加工厂，此后不断通过并购，控制好几家公司，业务涉及木材交易、家具产销、图书销售、建筑材料等多个方面。皮诺也因为公司业绩直线上升而获得丰厚回报，逐渐被法国民众所知晓。

1987 年，皮诺入主面临经济困难的沙佩勒达布莱造纸厂，他发现这家造纸厂积重难返，立即转手给芬兰的芬欧汇川集团，并在这笔交易中小赚一笔。这也让皮诺家族看到引资扩张的重要性，第二年他们就在巴黎交易所二级市场上市，来自里昂信贷银行和法国 AGF 保险公司的资金大量注入。皮诺手中的资金越来越多，1990 年，他收购非洲贸易商 CFAO。1992 年又买下法国春天百货，转型零售业，这个法国 100 多年的老牌企业后来成为 PPR 集团振兴的重要功臣。

在收购巴黎春天的同一年，弗朗索瓦还收购了邮购公司雷都集团。至此，皮诺的 PPR 集团正式组建，第一个"P"取自"Pinault"，是皮诺家族的姓氏，也代表家族的传统生意；第二个"P"来自于"Printemps"，是春天百货；"R"就是"Redoute"，代表雷都邮购公司。这三个来自不同行业的企业在皮诺手中发生化学反应，为家族带来源源不断的财富。集团成长的轨迹充分体现弗朗索瓦的经商哲学：赚钱，并购，赚更多的钱，再并购更多的公司，开公司要"像战略家般思考，像动物般行动"。90 年代，互联网浪潮兴起，弗朗索瓦与时俱进地将邮购公司雷都搬到网上，并成为法国排行第一的电子商务销售平台。

弗朗索瓦的扩张进程并非一帆风顺，1999 年是皮诺集团重要的一年，这一年，弗朗索瓦遭遇 LVMH 集团的伯纳德·阿尔诺。毫无疑问，阿尔诺在法国商界有着绝对的领导地位，唯一可以和阿尔诺在各方面较量的当数 PPR 集团的创办人弗朗索瓦·皮诺，双方第一次交锋由意大利著名品牌古驰引起。

古驰是中国人最为熟悉的奢侈品品牌之一，1921 年由意大利人古驰奥·古驰在佛罗伦萨创办，古驰也是奢侈品界第一个将名字当成 LOGO 印到产品上的人，后来古驰的双 G 商标成为财富与奢华的象征。但是古驰家族内部的股权争夺一直不断，由此带来经营管理上的失误，最后导致市场地位下滑。这时，首先收购古驰的是美国投资机构集团 Investcorp，时任古驰总裁德索尔启用更有活力的汤姆·福特担任艺术总监，准备重振品牌。但是美国人更关心财务投资带来的现实效益，对品牌复兴毫无兴趣。因此当公司状况出现好转后，便准备出售套现。

阿尔诺对此洞若观火，却按兵不动。因为在奢侈品市场上，古驰品牌一直是强有力的竞争对手，野心勃勃的阿尔诺不会容忍帝国版图受到挑战，想尽千方百计将对手收入囊中。直到 1999 年 1 月份，阿尔诺在股票市场上疯狂操作，收购古驰 34% 的股份，成为最大股东。之所以没有一口吞下，阿尔诺是希望以较小的代价控制古驰，抑制古驰对旗下迪奥、路易·威登等品牌的竞争，还能够从这次投资中获益，可谓一举三得。

阿尔诺足智多谋，古驰 CEO 德索尔也不是平庸之辈，他向阿尔诺提出条件，要求全盘收购。阿尔诺冷漠回绝，德索尔奋起反击，他顺利说服管理层，迅速扩张公司股本，同时密会 PPR 公司的弗朗索瓦，后者兴奋地答应全部要求，用 30 亿美元收购古驰 42% 的股份，成为最大股东。双方签订战略协议，保证古驰公司独立性发展多品牌战略。弗朗索瓦的介入令阿尔诺十分气愤，扩充股本后，LVMH 的股份由原来的 34% 稀释至 20%，控股地位旁落敌手。

恼羞成怒的阿尔诺向荷兰法庭提出诉讼，因为古驰虽是意大利公司，总部分别设在意大利佛罗伦萨和英国伦敦，但是注册地在荷兰的阿姆斯特丹。阿尔诺的诉讼理由很充分，他认为德索尔言行不一，收购成功的 PPR 公司并没有 100% 收购古驰，而将古驰置于 PPR 公司名下，严重损害古驰股东的利益。他们甚至暗示，最终让德索尔改变主意的原因是他变相收受贿赂，他们指出 PPR 公司与德索尔签订了秘密协议，答应收购成功后将给他以及古驰设计师汤姆·福特一笔巨额股票期权作为报酬。

同时，阿尔诺还将矛头对准弗朗索瓦：要求 PPR 公司如之前德索尔所提议的那样，必须全盘收购古驰的其他股份，包括自己在古驰 20% 的股份。他要价每股 100 美元，这样转手就能获益 6 亿美元。

阿尔诺的诉讼请求提交后杳无音讯，直到 2004 年 4 月，一家荷兰法院才受理此案，并对德索尔当初的扩股行为进行调查。官司持续僵持，结果难解难分。弗朗索瓦收购古驰的决心却并未动摇，他不惜卖掉一些优质资产到处筹钱，最终付出 88 亿美元的高价，买下古驰 99.9% 的股份，成为无可争议的拥有者。

这是一场跨越世纪的官司，一场你死我活的较量。21 世纪到来之后，法国企业家之间的商战，又会发生哪些惊心动魄的故事？

第13章

走向复兴

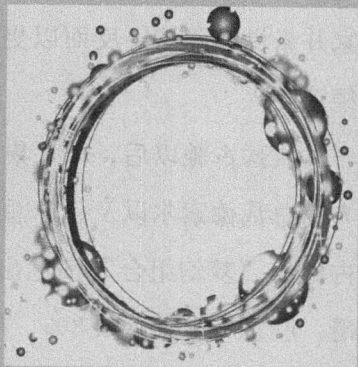

　　20世纪90年代，法国衰落论在全球范围开始滥觞。《衰落中的法国》《破产的法国》《小上帝的末日》《精英的垂死期》等描写法国衰落的书籍在书店热卖，而各种"衰落学家"也成为法国电视节目的常客，甚至有人将20世纪末继承法国总统职位的希拉克与拿破仑相提并论，通过拿破仑的伟业来抨击希拉克的一系列政策，相形之下，希拉克的"宏伟蓝图"被攻击得体无完肤，民众今不如昔的愤怒和伤感也油然而生。哲学家德尔索的观点引起强烈共鸣："一个如此辉煌的民族怎么会变得如此平庸、如此沉闷、如此锢于己见，在今天做法国人就是去悼念我们不再拥有的品质。"

　　进入21世纪，唱衰法国的论调甚嚣尘上。面对新的机会与挑战，法国的经济问题依然突出：在全球体系中失势，在欧盟的地位削弱，经济停滞、失业激增、移民问题日益严峻。如人饮水，冷暖自知，对法国经济和社会问题感知最深刻的无疑是企业家群体。面对质疑与担忧，企业家并未畏缩胆怯，反而以更猛烈的姿态并购扩张，以实际行动带领法国经济复兴。

收购古驰以后，PPR 集团创始人弗朗索瓦·皮诺与古驰的两位灵魂人物总裁德索尔以及设计总监汤姆·福特产生矛盾，2004 年，两位复兴古驰的"梦幻组合"愤然出走，事件震惊全球时尚界，古驰业绩明显下滑，股票应声下跌 5.8%。事件不断发酵，不久之后，古驰管理层集体离职。外界议论纷纷，有人认为皮诺是个冤大头，花大价钱不仅没有给 PPR 集团带来收益，反而糟蹋古驰品牌，使这个百年品牌成为弗朗索瓦的陪葬品；有的人认为 PPR 原本经营的生意与奢侈品行业根本不沾边，这次吞下古驰纯属盲目扩张。

对于不关心此次收购的旁观者而言，他们更关注古驰如何实现复兴，而不关心谁去谁留。作为老板，弗朗索瓦绝不会暗自嗟叹，独自垂怜，他遍寻各界管理人才，邀请联合利华的罗伯特·波雷特出任古驰首席执行官兼董事局主席。

罗伯特刚上任就马不停蹄地前往全球 168 家古驰分店实地调研，并与集团 11 000 名员工中的 2 500 名进行面对面交谈。回到总部之后，他开始大刀阔斧的改革：第一步，公司总体目标是在 2010 年前使古驰的收入翻番；第二步，鉴于古驰旗下小品牌严重亏损，给予旗下小品牌三年的考察期，如果三年内不能扭亏为盈就会被出售；第三步，他开始建设新的管理团队，重用有设计思维的年轻设计师。

在产品开发上，罗伯特要求旗下各品牌加快推出新产品的步伐，增加品种，加快节奏。在公司管理中，他抛弃大权独揽的局面，增加其他高管以及产品经理的权力。改革之后的古驰业绩斐然，2005 年营业额高达 18 亿欧元，增长率为 18%，远超老对手路易·威登 10% 的增长率。虽然古驰的营业额只占 PPR 集团总营业额的 10%，但利润却占到集团的 45%，高达 4.85 亿欧元。此后，古驰对 PPR 集团总利润的贡献率一直维持在 45%～50% 的高水平。相比罗伯特的经营能力，弗朗索瓦的慧眼识珠和战略眼光同样令人折服。

作为 PPR 的开创者，弗朗索瓦可谓功成名就，但家族企业的接班问题终究是一道坎。早在 1978 年，弗朗索瓦就安排儿子弗朗索瓦·亨利·皮诺经营一家木材进口配送公司。1990 年，弗朗索瓦收购 CFAO 公司，这是一家在非洲大陆和法国进行汽车代理经销、医药品销售的代理公司，1993 年亨利担任这家公司的总裁。弗朗索瓦收购雷都公司正式组建 PPR 公司之后，2002 年任命亨利为执行副总裁，负责该集团的互联网活动。2003 年 6 月，亨利被任命为阿特米斯公司的董事长，这家公司于 1992 年由父亲创立，后来陆续并购波尔多拉图尔葡萄酒庄、佳士得拍卖行、新闻杂志《法国观点周刊》和《经济与金融日报》，并持有 PPR 集团 40.3% 的股份。

2003 年 4 月的一个周末，老皮诺把亨利带到一家小酒馆共进晚餐。亨利并没有把这次进餐放在心上，但是老皮诺显然有备而来。老皮诺点了一瓶葡萄酒，服务员将两位贵客的酒杯斟满。吊顶上的灯光透过载满葡萄酒的酒杯映射到老皮诺慈祥的脸上，67 岁的老皮诺拿出三枚戒指套环，亨利看了看父亲神秘的表情，仔细端详这些小东西：第一枚戒指上刻着"1963"，第二枚刻有"2003"，最后一枚是一个问号。聪明的亨利一下理解了父亲的意思："1963"是家族公司成立的年份，"2003"暗示父亲即将把家族大权交给自己，最后一个问号代表未来，也代表父亲对自己的期待。

这三枚戒指套环是老皮诺特意请珠宝商朋友为亨利打造的。环上还挂着一把钥匙，老皮诺把它们放到亨利面前的餐盘中，说道："下周一，你就接管家族生意了。"这时候亨利明白了，这就是父亲在阿尔忒米斯办公室的钥匙。据亨利后来回忆说，当时他还以为父亲在开玩笑，但是周一来到父亲办公室，发现这里真的被清空了，就连抽屉里面也一无所有。

也是在这一刻，亨利正式接管这个有着上百亿美元资产的庞大集团。亨利虽然早已经接触集团各公司的业务，但是全面接手这个庞大的帝国还略显稚嫩，甚至面对办公室职员演讲都会满脸通红。亨利的管理风格与老皮诺明显不一样，他一开始便将公司的营运权利委派给各部门主管及分公司经理，而且他更加平易近人，甚至将电话号码大范围告诉给员工，鼓励他们有问题随时打电话沟通。老皮诺对亨利接班后的评价不低："我从没有培养他认为继承遗产是一种权力，而是培养他必须去克服困难。"

在发展路径上，亨利的思维非常明确：提供战略，人员到位，然后栽培某项业务 10～15 年，视其成熟度决定抛售还是加注。在这一点上，亨利与父亲老皮诺所见略同，他们一致认为"怀旧扼杀幸福"，一成不变的观念必须抛弃，不能对旗下品牌植入浓厚个人感情而忽视投资的真正目的，比如巴黎春天百货公司。虽然这家公司员工总数达 5 287 人，2005年营业额达 7.52 亿欧元，但是由于人工、运营等成本上升以及电子商务兴起等因素，与巴黎其他几家大精品百货企业的状况一样都不容乐观，而且百货业在集团利润所占比例逐年下滑。因此在 2006 年，亨利毅然决定将这个昔日的家族支柱生意以 10.75 亿欧元出售。

出售巴黎春天百货之后，PPR 集团少了公司名字当中的第二个字母"P"，集团内部也对今后的发展方向产生不同意见。一派认为古驰的收入占集团的份额过大，主张将古驰拆分成一个独立公司，投资银行伯恩斯坦调查的奢侈品分析师卢卡·索尔卡也建议分割 PPR，把奢侈品部门作为单一业务公司；另一些人认为应该像出售春天百货一样砍掉赢利能力差的 FANC 和家具生意，全力发展利润率高的奢侈品。

各种意见都有合理之处，但是亨利关注的是快速增长的潜力，是否是奢侈品并不重要。他对世界知名运动品牌彪马产生极大兴趣，在他看来，古驰与彪马的结合是"一致的"。彪马是具有快速增长潜力的国际品牌，它是定位于大市场、低利润的大众零售业，与古驰等奢侈品定位于小市场、高利润的高端零售业正好可以互补，如果彪马加入集团，不仅可以平衡 PPR 在零售业的布局，而且能够增强经济低迷时期的抵抗力。因此在出售巴黎春天百货的第二年，2007 年 4 月 10 日，PPR 与德国赫兹家族签订协议，以 14 亿欧元收购彪马 27.1% 的股份，补上品牌名称"PPR"中的第二个"P"（彪马，PUMA）。几年之后，PPR 正式完成对彪马的收购，增持股份至 62.1%。

在收购过程中，以美国次贷危机为导火索的金融危机爆发，之后迅速波及整个世界，各种危机接踵而至。亨利对此已有所防备，在 2007 年秋季，PPR 管理部门起草下一年预算时，亨利就要求考虑经济危机带来的影响，转变运营方式，减少库存，节省现金。受他的影响，古驰也应声对公司政策做到调整，招聘和薪酬全部冻结，奖金也减少一半，同时减少四分之一到三分之一的支出项目。不过，亨利并没有止步于节流，开源才是根本，从政策上把创造能力提上日程。

全球经济危机改变了人们的消费习惯。在第五大道百货公司的柜台上，高价商品在卖，低价商品也在卖，受到挤压的就是中间价格的商品。危机之前，中间价大约为 2 000 美元的套装非常难买，而在危机当中，这个价格正在向 1 500 美元进发。为了适应消费需求的变化，亨利积极调整旗下高档品的定价，这样就可以满足不同阶层人群对"奢侈品"的需要。亨利乐观地认为，经济危机并没有改变奢侈品的核心吸引力，"人们仍然会买它，消费者的价格认知也没有改变"。

1999 年，为了共同抵抗美国沃尔玛超市的进攻，家乐福以 166 亿美元的价格将普美德斯公司收购，但是普美德斯的老板保罗·路易斯·哈雷通过相互持股成为家乐福集团的最大股东，持有 13％的股权以及双重投票权。

但遗憾的是，2003 年年底，69 岁的保罗·路易斯·哈雷在英国空难中丧生，弟弟罗伯特·哈雷接替他的位置。显然，罗伯特的战略眼光以及经营管理能力与哥哥相比逊色不少。而哈雷家族内部也并不团结，家族成员分布在欧洲各地，他们并不对公司的运营发表看法，只是当成一项财务投资，据估计，1999 年他们在家乐福的资产达 42 亿欧元，2003 年下降到 31 亿欧元，这使得家族成员产生分歧，犹如一盘散沙。同时，保罗兄弟的下一辈有 9 个孩子，第三代有 12 人，却无一对经营家族生意感兴趣，更没有谁有执掌公司的能力。加上互联网经济的日益发达，家乐福的生意大不如前，哈雷家族在家乐福的地位也进入危险时期。此时，掌管家乐福管理大权的是丹尼尔·伯纳德。

规模化和信息化是伯纳德在家乐福的重大贡献。当流水生产线的生产方式在制造领域广泛采用之后，规模生产的成本效应逐渐显现。但是规模效应在零售领域得到重视，却是在 80 年代以后。伯纳德借助全球各地的经营网络，除了在驻地经常举办供需见面会进行单店采购外，他还在驻地增设全球采购中心，进行规模性采购，并在全球范围销售。理由很简单，各国生产的产品具有其他国家不可比拟的优势，而且消费趋势越来越倾向于特色消费。靠大规模、低成本的全球性采购，家乐福在艰难时期都能够保持强有力的竞争优势。

另外，面对庞大的商品数量，海量数据需要处理，一旦失误会对企业运营效率造成重大影响，实行全球性采购后，这种风险有增无减。伯纳德意识到家乐福必须引进先进的管理工具，信息化建设由此拉开序幕。

家乐福与雀巢公司合作开发出供货商管理库存系统，将近一年之后，雀巢对家乐福物流中心的产品到货率由原来的 80％ 左右提升到 95％，家乐福物流中心对零售店面的产品到货率也由 70％ 左右提升至 90％ 左右，库存天数由原来的 25 天左右下降至目标值以下，订单修改率由 60％—70％的修改率下降至 10％ 以下。这个系统将供货商、物流中心、各分店以及总公司的相关信息以电子信息的方式结合起来，能够更准确地掌握进销存数据，及时更新家乐福的商品数据，以便迅速补充商品。而且，交易资料更透明，双方都能够利用信息平台，使整个供应链在最短时间内达到最大效率。

对于家乐福来说，法国本土一直贡献最重要的营业额，并且是重要的利润来源，但是伯纳德在国际化扩张中却忽视了本土竞争环境的变化，很多大超市都出售比家乐福更便宜的商品。而且，家乐福在金融市场上的信誉下跌，股票毫无起色。2005 年，国际零售业传言美国沃尔玛和英国乐购打算公开出价收购家乐福。2006 年，哈雷家族将全部股票出售给德国工商银行的消息不胫而走。

为了稳定局面，哈雷家族找来普美德斯董事会主席范德维德接替伯纳德的监督会主席职务，家乐福董事会主席乔斯·路易丝·杜兰同范德维德一起将提高家乐福的股价作为主要任务。范德维德放弃了家乐福的亏损业务，在中国、土耳其、巴西等国家大举扩张。但是没过多长时间，范德维德就同家乐福出现隔阂，据传言他想通过与外部投资财团的合作提高家乐福的股价达到每股 60 欧元，但是投资者并不买账，认为这个价格太高。而且，范德维德上任后家乐福股价只上涨 26％，而其他公司的股价平均上涨了 44％。加之 2006 年最后一个季度家乐福的营业额低得离谱，2007 年 1 月，范德维德辞任哈雷家族麾下投资机构 Citra 主席职务，离开管理团队，随后辞去家乐福监督会主席职务。就在人事震荡的几天之后，家乐福发生惊天剧变。

2007 年 3 月 6 日下午，家乐福监委会主席罗伯特·哈雷正在巴黎寓所悠闲地喝下午茶，突然接到一个电话，是路易·威登 - 酩悦·轩尼诗集团总经理巴兹尔和美国柯蓝尼资本欧洲事务部 CEO 塞巴斯蒂安·巴赞共同打来："我们已经收购家乐福 9.1% 的股份，我们现在是第二大股东。"罗伯特对于这个消息毫无心理准备，接到电话后差点从椅子上摔下来。一位与哈雷家族保持良好关系的银行家深刻理解罗伯特当时的心情，他曾经对媒体比方说：试想一下，当你和家人共进晚餐的时候，突然来了位不速之客。他坐下来，自己斟满酒，喝着、吃着，临走他扔下一句话："你们家该换厨子了！"这种遭遇不是每个人都能够接受的，而且，如此大规模的股份收购，证券市场却毫无端倪，市场上也没有一丝一毫的信息，就因为背后的收购者太过老辣，来者不善。

LVMH 集团由阿尔诺掌舵，他是法国有名的"狼族"。1998 年，阿尔诺家族和哈雷家族的财富相差无几，都在 35 亿欧元左右，可如今，阿尔诺家族财富已经接近 200 亿欧元，哈雷家族却只有 40 亿欧元左右。美国柯蓝尼资本由汤玛斯·巴瑞克创立，他原先在尼克松私人律师事务所工作，和阿尔诺一样不按常理出牌，他的挣钱模式是收购不良贷款的资产，经过包装之后再出售。2005 年，柯罗尼资本就曾突击收购雅高集团，当时主要运作此项收购的就是 2013 年 8 月开始任雅高集团董事长兼 CEO 的巴斯蒂安·巴赞。

2007 年，柯罗尼资本盯上了家乐福。时值法国总统大选，政府保护本民族企业的倾向越来越明显，以防止国外资本入侵。巴斯蒂安打算寻找法国本土企业共同收购，来一曲暗度陈仓。法国首富阿尔诺出现在他的视线，巴斯蒂安给潜在合伙人的理由是：家乐福和 LV 一样是国际品牌，而且家乐福具有丰富的地产资源，存在较大的升值空间，如今家乐福股价一路走低，非常有利于收购的实现。

阿尔诺接受了巴斯蒂安的建议，双方合资成立"蓝色资本"，阿尔诺注资 15 亿欧元。3 月 6 日，蓝色资本购买家乐福 6 400 万股股票，加上之前持有 0.7% 的股份，累计持有家乐福 9.8% 的股票，成为第二大股东。以 3 月 7 日市值计算的话，这些股票价值 35 亿欧元。阿尔诺向来不喜欢和别人分享权力，这次却公开宣称受到柯罗尼资本的鼓动。而法国政府有明确规定，投资者拥有 10% 以下的股份不必发表公开声明，可阿尔诺却高调对外宣布，看来别有用意。

阿尔诺和柯罗尼资本进入家乐福之后，三方对于发展房地产业务产生分歧。20 年来，家乐福大卖场在欧洲积累大量土地，如今已升值几十倍，将这些地皮高价出售或者出租，然后再去郊外重新开店，利润将直线上升，家乐福董事会主席杜万此前已将房地产确立为第二大业务。从 2006 年下半年开始，家乐福就着手整合西班牙、法国和意大利的房地产业务，并成立家乐福地产，掌握家乐福集团 60% 的物业，市值 200 亿欧元。

柯罗尼资本进入之后，主张快速将"家乐福地产"上市，他们希望延续雅高酒店集团的做法，先把房地产卖出，再通过期权等金融衍生工具回租。而阿尔诺看重 LVMH 与家乐福的业务互补，在迪拜，奢侈品牌路易·威登将和主打低价超值的家乐福超市靠近营业；在印度，双方积极寻求进入机会；在中国，消费者将在家乐福看到路易·威登 – 酩悦·轩尼诗集团旗下的化妆品、服装以及高档红酒等，所以阿尔诺对待房地产的态度是："现在还不是时候。"

显然，蓝色资本已经逐渐主宰家乐福的发展方向。2008 年 3 月 5 日，哈雷家族对外宣布，家族成员达成一致，终止与家乐福集团股东间的协议，哈雷家族成员将不再作为整体持股人，哈雷家族发言人劳伦特·沃姆塞尔说："家族成员现在可以根据自己的意愿自由出售持有的公司股份。"因此，哈雷家族在家乐福董事会中丧失了双重投票权与两个监事会的席位，而蓝色资本趁势继续增持家乐福的股份，最后以 14% 的股份成为第一大股东。

收购家乐福不久，阿尔诺又突然袭击另外一个品牌：爱马仕。2010年 10 月 23 日，LVMH 集团对外宣布，他们用 14.5 亿美元收购爱马仕14.2% 的股份，加上持有的可换股衍生工具，总计持股量达到 17.1%，这一比例相当于爱马仕自由流通股的三分之二。此时杜马斯家族、Puech以及古兰德家族仍然控制爱马仕 72% 的股份，三大家族共同控制公司。

虽然阿尔诺一直宣称不是敌意收购，也不谋求在董事会的席位，但是爱马仕对阿尔诺的所作所为早有耳闻，先入股后收购控股是他的一贯手段。爱马仕不得不采取防御措施，防止阿尔诺像控制其他品牌一样控制爱马仕，因为爱马仕自创立以来一直保持独立地位和家族控制。再者，阿尔诺以每股 80.5 欧元的低价购入爱马仕股份，收购后股价出现大幅上涨，他已经赢得巨额账面利润，完全可以在高位出售，但是他并没有这样做。三大家族虽然对外声称内部团结，但是家族持股人员超过 60 人，单个继承人持有股份都没有超过 5%，难免会出现抛售套现而撤出的成员。毕竟，按当时的市值估算，0.1% 的爱马仕股权价值就高达 1 800 万欧元，约合 2 400 万美元。

爱马仕以管控公司股份为由，向法国金融市场管理局（AMF）申请豁免权，如果三方中有一方不同意或者不知道，公司无法出售剩余股份。这个由 16 人组成的评审机构最终批准爱马仕的申请，同时，AMF 允许爱马仕重新分配三大家族股份，而无须购入外部小股东的股份。如果三大家族小股东试图出售手中股份，AMF 表示授予 Hermes 有权力保护自己资本出售，这项决议虽然在一定程度上保护了爱马仕，却限制了三大家族成员小股东售股套现。即便大部分成员对阿尔诺的收购持反对态度，但也不排除有些人倾向于 LVMH 整体收购，从而将股票换成现金。

爱马仕的三个家族还采取进一步控制措施，他们协商同意抽出超过 50% 的股份单独组成一个不上市的子公司，三个家族通过该公司控制爱马仕。在帕特里克·托马斯的领导下，这家控股公司于 2011 年 12 月成立，持有爱马仕 51% 的股份，并且股份冻结 20 年。

阿尔诺对此毫不客气的反击。据知情人透露，阿尔诺忍痛割爱，将 LVMH 集团旗下的酩悦香槟和轩尼诗出让给英国帝亚吉欧集团，随后套现 110 亿欧元。其中 43 亿欧元用以收购全球第三大珠宝商宝格丽集团，剩余现金再一次增持爱马仕股份。2011 年 12 月，LVMH 宣布增持爱马仕股份至 22.28%，成为家族继承人以外最大的单一股东。

但是，阿尔诺随后却陷入官司。从 2010 年开始，AMF 就开始对这起收购案进行调查。2013 年 5 月 31 日，AMF 决策机构认定，阿尔诺收购爱马仕股份涉嫌违规，并且对 LVMH 集团罚款 1 000 万欧元。他们认为 LVMH 集团在收购爱马仕股份的过程中"隐藏账目"，并且通过与三家银行进行股权掉期来收购股权，存在严重违规及欺诈行为。

2001 年，阿尔诺通过 LVMH 在卢森堡、美国和巴拿马的企业收购爱马仕 4.9% 的股份，但是在公布的财务报表中，他将此项目放在与国际标准不一致的项目当中，而且在信息披露部分并没有对此进行说明。从 2008 年起，阿尔诺通过与法国的三家银行合作，由这三家银行出面购买爱马仕的衍生金融工具后，将其变成普通股，LVMH 再用现金将这部分股票购回。

针对 AMF 的判决，阿尔诺的辩护律师乔治·泰里耶发表声明，否认所有指控，并准备通过法律途径捍卫权利。他认为 2010 年的收购并不存在欺诈和隐瞒，当年爱马仕的普通股股价大涨，同时流通量迅速下降，在此情况下，LVMH 将可换股衍生工具转换为普通股完全合乎规范。另外，法国金融市场管理局在 2012 年才规定，现金收购股权方有义务对社会公开披露，在此之前的操作并不违反法律，集团也完全可以不对社会公布。在 LVMH 准备上诉的过程中，爱马仕的托马斯也没有闲着，他根据 AMF 的认定，向巴黎商业法庭提出诉讼，指责 LVMH 一开始就想获取股权，动机不纯要求，LVMH 出售通过股票掉期操作增持的 12% 爱马仕股权。

这场官司已成为法国备受瞩目的商业纠纷案，过程必将峰回路转，结果实在难以预料。不过，无论如何，判决必将被视作法律和政策的风向标，影响法国商业未来的走向。

有并购的赢家，也有破产或转卖的失败者。进入 21 世纪，随着并购潮流愈演愈烈，法国大公司的破产数量呈直线上升，仅 2003 年破产企业总数就达到 24810 家，同比上升 8%。其中包括法国第二大航空公司自由航空、法国金属加工商北方欧洲金属公司以及汽车零部件生产商大宇奥利安公司等①，阿尔斯通公司也面临破产的命运。

阿尔斯通公司创立于 1929 年，有三大运营板块：运输设备制造、发变电设备制造和输配电业务，产品包括发电设备、高速列车、远洋豪华游轮、输变电设备等，业务范围遍及 70 多个国家，雇员达到 11 万人。公司股票 1998 年上市，2001 年达到顶峰，每股 33.67 欧元，此后开始走下坡路。

2003 年 3 月 11 日，帕特里克·科隆手临危受命，接任阿尔斯通董事长兼首席执行官。他在股东大会上宣布，在 2002—2003 财年，公司净亏损总额超过 10 亿欧元，公司债务累计高达 50 亿欧元，自有资金不足 10

---

① 阿尔斯通 Alstom 危机挑战法国破产程序［EB/OL］. 搜狐财经 2003 年［2003 - 09 - 24］，http：//business. sohu. com/05/08/article213570805. shtml。

亿欧元，无力偿还到期的中短期债务，准备申请破产，巨额债务牵涉包括法国巴黎银行、法国里昂信贷银行和法国通用银行等 60 家银行。2003年 8 月，阿尔斯通向法院申请破产保护。

但是阿尔斯通一旦破产，将在社会引发动荡，不仅 11 万员工要失业（包括 26 000 法国人在内），而且这 60 家银行都将面临财务危机，甚至破产，因此科隆与这 60 家债权银行同时请求政府出面干预。法国财经工业部部长弗朗西斯·梅尔一开始并没有准备大动干戈，他找到斯奈克玛集团和法国阿尔珐集团等公司。斯奈克玛公司是法国重要的航空航天发动机制造商，自 90 年代以后逐步涉足电气领域，与 GE 通用电气有良好的合作关系。阿尔珐集团是法国重要的核工业公司，在核能源建设领域名气颇大。弗朗西斯·梅尔想让这些公司直接将阿尔斯通公司整体兼并，但是受邀方只对阿尔斯通个别部门感兴趣，阿尔珐集团只愿出资 10 亿欧元收购阿尔斯通的输配电部门。

随后，弗朗西斯·梅尔召集阿尔斯通和债券银行开会，提出政府为解决阿尔斯通债务问题确定的重组方案。方案从两个方面向阿尔斯通注入 6 亿欧元的资本金。其一，政府以 3 亿欧元购买阿尔斯通全部资本金的 31.5%，成为最大股东；其二，法国几家银行采用同样的方式提供 3亿欧元，如果债券银行愿意，也可将债权直接转成股份。作为阿尔斯通的最大客户，政府直接变成控股股东将使公司增加大量的订单，而且政府持有股份也会使信誉危机得到改善。

但是法国关于阿尔斯通的债务重组计划遭到欧盟委员会的反对。欧盟委员会宣布立即对该项援助计划进行深入调查，并且授权蒙蒂与法国就该项援助进行磋商，如果双方达不成任何协议，只要欧盟委员会主席普罗迪给予肯定，蒙蒂就有权禁止法国向阿尔斯通注资。欧盟委员会作为欧洲区域游戏规则的制定者，必须保障为其他成员国提供公平的竞争环境。一开始，双方互不相让，谈判几乎陷入破裂，阿尔斯通的股票不断下跌，甚至要求在巴黎交易所停牌，暂停交易。不久之后，蒙蒂宣布禁止法国政府直接注资的计划，并宣称在 2003 年 9 月 22 日以前落实该项禁令，如果法国政府执意进行直接注资援助，将遭受欧盟的不正当竞争调查。欧盟认为，法国直接注资阿尔斯通，人为地改变了在该公司欧盟市场上的竞争地位，违反了公平竞争原则。同时欧盟竞争的相关法律规定，欧盟成员国在向本国企业提供援助的时候，只能提供补贴、贷款和金融担保等措施，严禁直接注资。

最终双方互相妥协，9 月 22 日欧盟通过了法国经济财政和工业部提交的拯救计划。根据这份计划，法国政府和银行通过几个阶段向阿尔斯通注资 47 亿欧元，其中法国政府 20 亿欧元，银行投资 27 亿欧元，"第一，通过增加 3 亿欧元资本和发行 9 亿欧元可转换股票的债券，使公司的自有资本达到 12 亿欧元；第二阶段，国家通过发行可转换股票的债券，其中第一次发行为期 20 年期的 3 亿欧元，第二次发行 15 年期的 2 亿欧元债券，此 5 亿欧元作为国家对该公司的长期融资资金；第三阶段，公司将可享受一笔金额为 15 亿欧元的为期 5 年的中期贷款，其中国家贷款金额为 3 亿欧元，银行为 12 亿欧元"①。

在 2003 至 2004 财年，阿尔斯通公司仍然亏损 18 亿欧元，公司的订单下降了 25%，涉及金额 70 亿欧元。但是在帕特里克·科隆的带领下，公司开始从信任危机中复苏过来。科隆进行了一系列改革，雇员从 2003 年的 11 万人缩减到 2006 年的 6.5 万人。而且，按照给援助计划公司的承诺，科隆在 2004 年 3 月前剥离了 27 亿欧元的资产，其中包括 2004 年 1

---

① 阿尔斯通公司面临危机始末 [EB/OL]．中华人民共和国驻法兰西大使馆经济商务参赞处，2003 年 [2003 - 09 - 24]，http：//fr. mofcom. gov. cn/aarticle/jmxw/200309/2003090 0129944. html。

月以 9.5 亿欧元的价格将输电和配电部门出让给阿尔珐集团，将工业用燃气轮机部分以 9.5 亿欧元出让给德国西门子公司。2005 年剥离电动机和变流器业务，2006 年剥离造船业务，将大西洋造船厂部门与其他公司合并，仍然维持阿尔斯通的控股地位。

科隆还关停了一些盈利能力较低的工厂。得益于政府的援助计划，科隆不仅稳定了股东，政府的持股也使公司从信誉危机中走出来。阿尔斯通的技术人员通过努力，终于将 AAP 中存在的燃气轮机的技术问题攻克。面对公司此前在生产和合同管理上出现的重大失误，科隆将生产质量和合同执行放在重要位置，总共推出 2 000 多项质量改进措施。

大刀阔斧的改革收到奇效。阿尔斯通公司 2006 年的财务报告显示，在连续 4 年亏损后开始出现盈利，净盈利额为 1.78 亿欧元，到 2007 年公司的订单额也超高 300 亿欧元。2006 年 4 月 26 日，政府将持有的阿尔斯通 21% 的股份转让给布依格公司，三个月后，公司的股票在巴黎证券交易所重回 CA40 指数，这标志着阿尔斯通公司彻底从危机中走出来，当年也基本还清全部债务。

走出危机之后，阿尔斯通的三大业务板块仅剩发电和轨道交通基础设施的制造，针对于此，科隆制定了盈利增长战略。在发电基础设施方面，继续开发产品系列和服务，覆盖各种能源，包括煤、天然气、核能、石油、地热和生物质能等。在水电方面，阿尔斯通获得为中国三峡电站这个全球最大的水电站提供水电设备的合同，还销售出 60 台燃气轮机，在核能上为法国 Flamanville 核电站提供蒸汽轮机，这座发电机达到市场上最高水平，发电功率达到 1750MW。在轨道交通方面，继续扩大产品系列和服务，并发展信号系统以及设施维修服务，赢得为新加坡提供全自动地铁合同，同时再次获得中国订单，为其提供最大功率货运机车。

在技术研发和工业资源的升级上，科隆继续加大预算投入。到 2013

年，投入已经达到 8 亿欧元。得益于巨大的研发投入，2007 年 V150 高速列车的最大行驶速度达到 574.8 千米/小时，再一次创造了世界纪录。运用该列车的大部分创新技术，2008 年阿尔斯通推出第四代高速列车（AVG），电力部门试运行世界上首套采用富氧燃烧技术的碳捕集系统①。除此之外，阿尔斯通还推出海上风机、高压直流输电和智能电网等技术。

员工数量的增加也直观反映出阿尔斯通的复兴。2006 年达到最低谷 6.5 万人，2009 年公司增加到 8.2 万人，到 2013 年超过 9 万人。

2008 年，全球经济危机爆发，美国和西欧受到危机的波及最严重，欧洲随之发生债务危机，这两个地区是阿尔斯通公司的传统市场。2009 年，全球用电市场出现市场下滑，这是 60 年来都不曾发生过的事情，阿尔斯通公司的订单也随之出现下滑，2010 年，科隆对外宣布 6 年来首次出现订单大幅下降，下降幅度达 39%。

传统市场出现下滑，科隆决定开拓新兴市场，特别是在中国、俄罗斯、巴西和印度等新兴经济体。2011 年，阿尔斯通依靠新兴市场的订单，再次实现销售额的增长，据统计，这些国家为阿尔斯通贡献了超过 60% 的订单。科隆意识到这是阿尔斯通在国际再平衡战略中的重要市场，他下令在中国、巴西、印度和哈萨克斯坦投资建设新的工厂和研究机构。在发电领域，与印度的 BHEL 和俄罗斯的 Atom Energymash 建立合作关系。在轨道交通方面，与俄罗斯的 Trans Mash Holding 结成合作伙伴，进一步开拓俄罗斯的铁路市场。

凭借在新兴市场开拓疆土，在全球经济危机的形势下，阿尔斯通不仅没有出现萎缩，反而逆势增长，而且开始大规模收购。比如收购之前出售给阿尔珐集团的输配电部门，强化公司在高压直流输电和智能电网

----

① 阿尔斯通过去十年（2003—2013）变化深远［EB/OL］. 2013 年［2013 - 03 - 21］，http：//www.alstom.com/press - centre/cn/2013/3/20032013 -/

等方面的优势。2011 年，收购西班牙的风电企业 Ecotècnìa 公司，具备在风电市场扩张的基础。2012 年，收购罗尔斯·罗伊斯公司旗下的一家企业，这家企业能够在潮汐能应用领域提供权威解决方案。至此，阿尔斯通公司基本具备全部能源领域的制造能力：煤、天然气、核能、石油、地热、生物质能、风能、潮汐能和水电等。

2011 年，为了保持阿尔斯通的活力，科隆将公司改组为 4 个大部门，分别是热力发电、电网、轨道交通和可再生能源，为了适应公司业务改组，科隆也对管理层进行大调整。在科隆的领导下，2012 年订单额达到500 亿欧元，这一数字在 2001 年公司遭遇危机前的最高值是 200 亿欧元。

显然，阿尔斯通的复苏势头越来越强劲。不只是这一家企业，整个法国商业和经济，在 2008 年的全球经济危机肆虐过后，也呈现出欣欣向荣的局面，复兴指日可待。

先后出炉的数据都在显露法国经济的回暖势头。2018 年 8 月中旬，法国全国统计及经济研究所（INSEE）公布数据，当年第二季度法国经济环比增长 0.5%，超过预期一倍多。而且，前两个季度连续下滑的趋势被遏制。半年之后，2014 年 3 月上旬，法国巴黎股市大型上市公司陆续公布上年度业绩。据统计，40 家上市大公司 2013 年营业收入总和与 2012年基本持平，三分之二的企业 2013 年盈利增加，整体盈利 477 亿欧元，其中 25 家公司净利润增加，10 家净利润缩减，5 家亏损。尽管复苏依然缓慢，但在全球经济增长萎靡、欧元区继续衰退的大环境下，法国经济的表现已难能可贵。

法国经济复苏领先于欧洲其他国家，主要在于政府对一些大型公司拥有控股权，因而当经济刺激计划出台后，能得到企业家的支持与配合。中央政府集权的优势在经济危机来临后得以体现，在资源配置效率、政策落实力度、提振民众信心等方面体现得淋漓尽致。

欧债危机之后，复苏与减赤是法国政府的头等大事，都希望通过财政、税收、养老、福利等各项改革摆脱危机。众所周知，法国人一向信奉平等原则，因此在 2013 年年底，当劫富济贫的"奥朗德富人税"出台后拥护者众，却给困境中的企业家如当头棒喝，包括法国首富、LVMH 老板贝尔纳德·阿尔诺在内的富豪纷纷移居国外，以逃避奥朗德推行的高达 75％ 的收入税。看样子，奥朗德想摘掉"不懂经济"的帽子，还有长路要走。

企业家是法国经济复兴最重要的力量，商业教父更是中流砥柱，他们的言论与行为，都将在法国、欧洲甚至全球范围产生影响，一旦出现如贝尔纳德·阿尔诺将 55 亿英镑巨款带入比利时诸如此类事件，所引发的震荡和恐慌，犹如又一波债务危机侵袭。

2014 年是法国生产、商业、经济和精神振兴的关键年份，在此回望二百多年来的法国商业史，有一条真理颠扑不破：企业家应该有与政治领袖同样重要的社会地位，甚至更为重要，他们才是改变法国、改变世界的核心力量。

致　谢

　　在过去九年里，我长期阅读中外企业史和企业家传记，尤其是世界五百强企业和顶级商界领袖的史料。交叉对比阅读时，我发现目前国内还没有一本书来系统性梳理全球大企业的发展史，对纷繁复杂、割裂模糊的全球商业史变迁做完整描述，甚至连讲述商业史的著作都很少，除了财经作家吴晓波在中国商业史领域卓有建树的研究。想到这些，我突然冒出一个念头：立足当下，为全球商业史留下一些可供参考和研究的文字。

　　激情归于平静之后，我被自己的冲动和无知吓了一大跳。虽然这些年我写过近十部企业史和企业家传记作品，深入企业访谈、调研，查阅、搜寻、核实浩瀚企业史料，每天置身于喧嚣与浮华之外。不过置身于全球商业史浩繁史料的故纸堆中，我逐渐意识到这是项不可能完成的浩大工程。我非新闻、中文科班出身，没有人教过我如何从事专业写作，更无专业历史研究功底。豪情满怀地提笔之后，却无数次有过放弃、绝望的念头。

　　为了自我鼓励，我开始在《芭莎男士》（商业版）、《企业观察家》、《支点》、《中国民商》等杂志开设专栏，长期撰稿。一边研读企业史、企业家传记，一边进行商业史写作，前后两年有余。在此期间，我完成

第一部商业史作品——《全球商业一百年1914－2014（上）：大商崛起》，这本书是一次大胆而成功的尝试，我因此信心倍增。不过，在创作过程中，我深刻感觉到全球商业史无法由一部书稿叙说详尽，需要扩大成"全球商业史"系列漫说开来。

我的写作方法是以国家为分类，以教父级企业家与代表性企业为主体，以时间为顺序、以史料为标准真实记录，融合国别体与编年体于一炉。选取国别的逻辑是从全球GDP排行榜入手，通过长期研究，我发现全球GDP国家排名与世界500强公司数量、全球有影响力企业家数量、全球富豪数量的各国排行次序高度正相关，换句话说，国家经济发展水平是企业竞争力和商业影响力的真实映照，国家的较量在于企业家的较量。

依此思路，我开始从事美国、日本、德国、法国这四个国家商业史的研究和写作。当然，我希望日后能将"全球商业史"系列不断完善，将更多国家在商业领域的有益探索和成功经验奉献给读者。

在这里，我不想用太多的文字来倾诉写作过程的艰辛与困苦，尽管这是我迄今为止耗费时日最长的一次写作经历。相较而言，我愿意多花点时间，对刘冰峰、王景超、王晶、王桂娟、胡世同、张晓义等诸位朋友表示感谢，你们为"全球商业史"系列图书的资料查找和初稿梳理付出颇多。

感谢"全球商业史"系列图书的策划编辑李红霞老师，你一如既往的耐心和热情令我十分感动。感谢责任编辑侯景华老师，你的严谨认真令我铭记于心。感谢封面设计师周琼同学，你的才华和创意常充满惊喜，为这套作品锦上添花。

为创作"全球商业史"系列图书，我查阅了大量杂志和报纸，包括网络资料，引用近百部企业史、人物传记图书中的史实，我要感谢所有精彩报道和图书著作的写作者。

　　坦白说，整个写作过程堪称一项不知天高地厚的冒险历程，甚至有些勉为其难，错漏之处难以避免。但我相信在认真、严谨、客观的努力创作中，每本书都有精彩、闪光、值得回味的故事和道理，无论写作还是阅读，面对浩瀚商史，全球巨擘，谦虚者总是收获更多。

　　商业本身就是一场冒险，失败的概率远高于成功，但正是所有冒险者的前赴后继，才共同书写出荡气回肠的全球商业史。这种向上、不屈的力量摄人心魄，催人奋进，让我更加坚定写作"全球商业史"系列作品的信念。

陈　润

2017 年 1 月 18 日凌晨于北京